U0819024

高等院校文化产业基础教材

WENHUA CHANYE

丛书主编 王育济 韩 英

文化产业概论

（第二版）

韩 英 付晓青 编著

海峡出版发行集团 THE STRAITS PUBLISHING & DISTRIBUTING GROUP | 福建人民出版社 FUJIAN PEOPLE'S PUBLISHING HOUSE

序

2004年1月，教育部新设“文化产业管理”本科专业，山东大学历史文化学院成为全国首批承担这一专业的四所院系之一，并于当年实现了本科招生。次年春，山东大学文化产业管理学系成立。

任何一门学科的基础与范式，都只能建立在对研究史的总结之上，这是学科建设的第一块基石。山东大学已故史学名师郑鹤声先生有言：历史系每成立一个教研组，其首要工作必是整理学界相关著述之索引。基于这种办学传统，山东大学文化产业管理学系成立伊始，即会同历史系、档案系、考古系等，着手基础资料库的建设，并渐次启动《中国文化产业学术年鉴1979—2008年卷》的编纂工作。《中国文化产业学术年鉴》按学术编年史的框架，通过“年度学术论著选编”“评价集成与结论”“研究总目索引”等形式，对改革开放30年来中国文化产业研究的学术历程进行了系统的梳理。《中国文化产业学术年鉴》的编纂工作历时7年，出版后获得学术界、文化界的广泛好评，被认为是“涵盖了近30年相关领域中最完整的学术信息和最丰富的理论内容，既包括文化产业的概念、定义、逻辑内涵、行业边际、学科特点等学理方面的研究，又包括中国文化产业的历史、现状、行业模式、区域布局、新兴业态、业内典范等方面的宏观理论、政策和案例研究……近700万字的各类索引，更是为文化产业的学术理论研究和文化产业发展提供了海量资讯”（《光明日报》2010年3月31日）；产业界、政府管理层，甚至央视《新闻联播》等，也对这套历时7年而成的学术年鉴给予了特别关注。

与《中国文化产业学术年鉴》相类似，现由福建人民出版社出版的这套“高等院校文化产业基础教材”，也是山东大学文化产业管理学系成立伊始即已启动，历时多年才完成的一套大学本科基础教材。首批推出的六种分别是：《文化产业概论》《文化产业管理学》《文化资源学》《文化产业文献导读》《文化产业知识产权》《广告创意与文案策划》。这六种教材所对应的都是山东大学文化产业管理专业的核心课程，从最初的备课教案、自编讲义开始，经历过2004年至2012年间的若干轮授课实践和若干轮修改。同时，这也是目前国内唯一一套由同一所院系的一线授课教师完成的本科基础教材。因而，除了相对严谨、扎实之外，这套教材也非常适合大学本科教学。

作为一套完全由山东大学一线授课教师所完成的教材，自然还会表现出某些“山大特色”，即山东大学师生有关文化产业的某些共识性的理念。

第一，关于“文化产业”自身的发展历程，我们的共识有两点：

1. 认为“文化产品”的历史可以追溯久远，但“产业”意义上的“文化产业”则是现代“工业革命”后形成的一种产业体系。工业革命提供了强大的能源动力，如留声机、照相机、印刷机、播放器、摄影机等可以把一件文化产品按产业的需求海量复制，火车、轮船、飞机又足以把海量文化产品的营销链条无限延展。正是伴随着工业文明体系的建立，才产生了真正产业意义上的现代文化产业。

2. 认为“农业文明”关联的只是“文化产品”，“工业文明”关联的是“现代文化产业”，而数字技术关联的则是“当代文化产业”。数字技术对文化产业的最大影响，就是使文化产品彻底突破了时间与空间的限制，从而创造出巨大的利润，“文化产业”也因此而成为“朝阳产业”“黄金产业”，或“最后一块暴利蛋糕”。但是，这也同时提醒我们，不能笼统地把“文化产业”认定为“朝阳产业”，只有数字技术所催生的“当代文化产业”才是“朝阳产业”。从这一意义上说，以“三屏产品”（电视屏、网络屏、手机屏）为代表的数字文化产业，应该成为当代文化产业发展的主要方向。

第二，关于文化产业的公众认知和理论导向，我们的共识有四点：

1. 认为“文化、创意、财富”是文化产业三个最为本质的表达元素，也是“文化产业”最通俗、最平实的诠释。

2. 认为“文化”经过“创意”而产生“财富”，这之间并不存在“阿里巴巴”式的神话，存在的永远是《资本论》中所描述的从商品到货币的“惊险一跃”。而且，与工业、农业相比，文化产业的市场需求是“弹性”而非“刚性”的，这也就意味着这一产业更大的风险性。因而在宣传文化产业是“黄金产业”“最后一块暴利蛋糕”的同时，更应突出“文化产业的高风险性”这一往往被忽视的观点。

3. 认为文化产业的发展对“文化”始终是一把双刃剑，既有普及、提升文化的功能，又始终包含着强烈的“反文化性”。

4. 高度认同“历史文化资源的丰富是中国文化产业的最大特点和最大的优势所在”。2002年的中国共产党第十六次全国代表大会，首次在大会报告中提出发展文化产业的战略部署。2003年1月，时任中共中央政治局委员、中国社科院院长的李铁映撰文指出：“中华民族有着五千年悠久的历史和灿烂的文化，其文化累积之丰厚、文化形态之多样和文化哲学之深刻，是世界上其他国家少有的。这是一笔怎么估价也不过分的宝贵的文化资源，是我们得天独厚的优势。对于中国新兴的文化产业来说，启动并整合、包装这些文化资源，就有可能形成具有中国特色的文化产业，并在全球市场的激烈竞争中占有可观的优势。”这些关于中国文化产业优势与特征的科学认识，至今仍然有着强烈的导向意义，当下中国文化产业最现实、最积极的发展策略就是如何将“历史文化资源大国”变为“文化产业强国”。这其中，历史文化资源与数字技术的结合，可能是最值得关注的方向。

第三，关于近30年中国文化产业理论研究的“学理架构”和当下的学科建设，我们的共识有三点：

1. 认为“文化产业”这一概念在近30年的中国出现，并不是对法兰克福学派“文化工业”概念的简单转译，它的生成，可以直接追溯到改革开放之初对知识分子地位的认定：由于当时知识分子已从“臭老九”跃升为工人阶级的一部分，于是各个“知识部门”，如教育、文化部门等，也就与“农业”“工业”一样，成为“一种生产部门，一种产业部门”。正是在这种理论思维的推动下，“第三产业”的概念在1980年前后即为中国学术界所关注。“第三产业”作为一个包含着“知识生产”在内的术语，又直接导致了“文化产业”这一概念的生成。因而早在1981年就出现了“文化的产业化”的说法，出现了“第四产业”与“精神经济学”之间的讨论，至1987年就出现了“文化产业”的概念。尽管当时尚无学者对这一概念进行定义，但是这一概念所具有的“望文生义”的优势十分明显，与中国传统思维的路数亦十分吻合——无需定义和解说，即可粗知内涵。正因如此，“文化产业”这一概念才能超越“第四产业”“精神经济学”，以及后来的“文化工业”“创意产业”“内容产业”“版权产业”等外来概念，被中国学术界和社会普遍接受。“文化产业”这一概念在中国首度出现的时间是1987年，远早于20世纪90年代末才为学界所引介的“文化工业”，因而“文化产业概念的内生性”，是近30年来中国文化产业理论最重要的“学理性起点”。

2. 认为作为国家战略层面上的文化产业发展起始于近十年，但关于文化产业的学术研究则贯彻于近 30 年。其中重要的节点是：1979 年以来经济学界关于“精神产品”和“知识价值”的讨论；20 世纪 80 年代学术界关于“第三产业”“第四产业”“精神经济学”“文化市场”“文化个体户与经纪人”“文化搭台与经济唱戏”“大众消费文化与精英文化”的讨论；20 世纪 80 年代中期“文化产业”概念的首度出现，以及 20 世纪 90 年代有关“文化产业”“创意产业”“版权产业”“文化经济学”“文化管理学”的诸多讨论；2000 年以来关于“文化事业与文化产业”的讨论，以及党的十六大以后国家战略层面上的文化产业研究等等。对这些节点进行整合性梳理，可以为当下中国文化产业学科奠定坚实的基石，也是创立有中国气派、中国风格的文化产业理论体系的必由之路。

3. 认为文化产业管理专业作为教育部新设的一个十分年轻的应用型专业，就其人才培养目标而言，可以简单表述为：既要有纵贯古今的文化视野，也要有策划经营的文化理念，以及现代产业意识和经营思路的复合型人才。但就课程的设置和教学的重心而言，文化产业管理专业显然应该与具体的工艺美术设计、图书编辑出版、游戏创意、景区规划，以及演艺产业、广告产业、体育产业、旅游产业等有所区别。所以，在文化产业的教学、科研和学科建设中，应该突出“通识意识”“学问意识”和“经典意识”，要从学术史的梳理中奠定这一应用学科的学理基础；要引导学生关注工业革命以来有关“文化工业”“文化产业”的经典文献，关注近 30 年来中国学术界在文化与文化产业问题上的深度思考，从而保持大学教育应有的内在思想的活力、反省能力、质疑能力和价值动力。换言之，“文化产业”这一学科所面对的问题可能非常现实、非常政治和非常经济，但大学教育和学科建设仍应该与“现实”“政治”“经济”拉开距离，要努力建立并坚持大学自身的学术话语，并依据大学应有的治学逻辑设计学科建设的路径。

以上理念和观点主要体现在《山东大学关于增设“文化产业管理”本科专业的建议报告》（2003 年）、《山东大学关于建立山东省文化产业研究基地的论证报告》（2003 年）、《培养文化产业管理专业的合格人才》（2004 年）、《文化产业：学术阐释的原则与目的》（2006 年）、《加强文化产业的基础理论研究》（2006 年）、《文化·创意·财富：三论“文博会”主题词》（2006 年）、《论文化、创意、财富三者之间的关系》（2006 年）、《关于文化创意产业的几点认识》(2006年)、《也谈文化与文化产业的关系》(2006年)、《1987：中国文化产业的重要节点》(2009年)、《中国文化产业学术年鉴2003—2008年卷出版说明》(2009年)、《中国文化产业学术年鉴1979—2002年卷特别说明》(2009年)、《文化产业学科建设要有四大意识》(北京大学第七届文化产业新年论坛主题发言)(2010年)、《济南历史文化资源与文化产业》(济南市政策研究室委托课题结项报告；文化部基层文化干部培训班讲义)(2012年)、《数字技术与当代文化产业》(济南市第三届青年科学家论坛主题发言)(2012年)等相关文献和著述中。山东大学的各位同仁在教学和研究中对这些方面的问题思考和讨论也较多，所形成的共识也都以这样或那样的方式渗透、沉淀在这套教材的相关章节之中。这也使得这套教材有了一些区别于其他著述的显著特色。

这套"高等院校文化产业基础教材"的出版，得益于福建人民出版社的全力支持和赖炳伟先生的促成，从选题调研、审定编写提纲、编稿到今天的付梓，时间已过去了一年多，这期间，赖炳伟先生以及责任编辑们的工作热忱和辛劳，感动了我们每一位作者。可以说，没有他们的努力，这套教材可能还会以内部讲稿的形式存在若干年。

《中国文化产业学术年鉴1979—2008年卷》的编纂和这套教材的出版，大致夯实了山东大学文化产业学科建设的基础，但能否在这一基础上更筑层楼，显然还有待更多的努力。

是为序。

王育济

2012年8月23日

目　录

第一章　文化产业理论概述

第一节　文化产业的概念生成及理论演进

文化产业这一概念在中国的提出和应用，最早出现在 20 世纪 80 年代，[1] 但对于何为文化产业，至今没有一个公认的权威定义，造成这一情况的原因很大程度上在于社会多元化思想下对文化产业定义的角度及其涵盖范围等方面的认识差异。然而就发展文化产业而言，则没有明显的分歧。

如今在我国，无论是政治层面还是经济、文化层面，对于大力发展文化产业已基本没有异议，文化产业研究也逐渐成为显学。无论是研究文化产业的基础理论还是应用理论，在对其进行分析之前，先梳理一下其历史发展脉络是很有必要的。

西方文化产业理论的源头可追溯至法兰克福学派的文化工业理论。文化工业这一概念的首次提出是在 1947 年阿多诺与霍克海默合著的《启蒙辩证法》中，指的是大众文化产品及其生产过程。文化工业这一概念在确立之初，其本身并非是中性的，而是带有强烈的批判色彩。在阿多诺看来，文化工业按照社会所喜欢所需要的样子塑造所谓的个性，“个性被归结为普遍的能力，偶然性，只有当它完全具有普遍的特性时才能存在下去。文化工业的绝对规则不再与自由有任何共同之点。它宣示于众的是：你应该循规蹈矩，即使是在未被告知任何规矩的情况下；应该与任何已经存在的东西保持一致。像其他任何人那样思考”[2]。这或可视为直至今天西

① 参见王育济、齐勇锋、侯样祥、韩英主编：《中国文化产业学术年鉴（1979—2002 年卷）》，济南，山东大学出版社，2009。

② ［德］阿多诺：《文化工业再思考》，《文化研究》第 1 辑，204 页，天津，天津社会科学出版社，2000。

方有关文化产品社会影响的论著之观点大多带有否定性倾向的渊源所在。不过，随着全球化进程及科技水平的提高，文化工业的社会认同程度也越来越高。在英语中文化工业与文化产业是同一个词组——“Culture Industry”，目前，我们通常代之以文化产业这一特定称谓。

我国文化产业的实质性发展及相关的理论研究则是在改革开放后，其间也受到了包括法兰克福学派在内的西方文化产业学术理论的深刻影响，在意识形态、经济属性、社会作用等各方面都展开了多方位的讨论。1985年，在国务院批转国家统计局的《关于建立第三产业统计的报告》中，首次将“文化艺术”作为一个行业列入了第三产业进行统计，尽管“文化艺术”无论就其所涵盖的范围还是其所具有的经济属性与我们今天所说的“文化产业”都不具可比性，但这可以看作是“文化”的“产业”性质在我国首次被正式认可，而文化与经济生活日益密切的联系也逐渐引起了学术界的重视。

其后，结合我国的经济发展形势以及相关理论研究，文化产业这一表述逐渐被社会及诸多学者认可，其直观性的表述较“文化工业”“版权产业”等外来直译词汇更符合我们通常的表达习惯，其内涵主体也更加明确。此外，与西方基于发达的资本主义市场体系发展起来的文化产业不同，我国的文化产业发展不仅仅是经济发展导致的市场需求的结果，更与其意识形态属性有着密切的关系，这也使得其内涵及外延与西方文化产业有着一定的区别。

“文化产业”这一概念在中国首次出现的时间是1987年，远远早于1990年末才为学界所引介的“文化工业”，因而“文化产业概念的内生性”是近30年来中国文化产业理论的“学理性起点”。[①] 改革开放之初，文化产业附属于第三产业，并没有独立的经济定位。文化产业在20世纪80年代作为一个通用术语为学术界所接受，[②] 加之当时服务经济与知识经济在我国的发展刚刚进入一个快车道，受其影响和推动，文化产业作为独立的

① 王育济、齐勇锋、侯样祥、韩英主编：《中国文化产业学术年鉴（1979－2002年卷）》，4页，济南，山东大学出版社，2009。

② 1987年，李军《试论文化艺术的商品性质及其调节机制》发表在《求索》1987年第6期，该文首次以“文化产业”作为独立术语引用，阐释了“社会主义文化产业市场与行政相结合”等观点；1988年，李建中《论社会主义的文化产业》发表在《人文杂志》1988年第3期，是我国首篇以“文化产业”命名的学术论文，并明确点明“文化产业”与“文化事业”的区别。详见王育济、齐勇峰、侯样祥、韩英：《中国文化产业学术年鉴（1979－2002年卷）》，222－268页，济南，山东大学出版社，2009。

学术研究对象及专门的经济发展体系的地位也逐渐得到确立，研究方向也逐步由文化产业在国民经济中的地位、作用等方面转向对其本身内涵、属性、发展模式等问题的探讨，而 80 年代也因此成为中国文化产业形成和发展的重要阶段。① 不可否认，我国理论学界对“文化产业”这一概念的认识受到了包括法兰克福学派在内的西方文化产业学术理论的影响，但并不是机械地译介法兰克福学派“文化工业”这一概念，其内因是改革开放之初国家对知识分子地位的重新肯定，对“知识部门与行业”，如教育、文化、演艺等的全新定位。在这一形势下，诞生了“第三产业”的概念，而“第三产业”作为一个包含着知识生产在内的术语，又直接导致了“文化产业”这一概念的生成。

按照联合国教科文组织的定义，文化产业是按照工业标准生产、再生产、储存以及分配文化产品与服务的一系列文化活动。这一表述目前在国内被广泛用于文化产业研究的各领域。当然，对文化产业内涵的界定，研究角度不同，学术立场也不尽相同，基本上有这样几类：

（1）从区分类别的角度将文化产业定义为社会经济中以文化产品消费对象为主体的门类集合，并将文化产业分为诸如影视、演艺、出版等各行业。从严格意义上说，这算不上是对文化产业的定义，但这种划界式的分类方式在文化产业研究之初是有其代表性与实际作用的。②

（2）就文化产业的经济属性，以经济、管理、产业等学科理论为主导，重点强调其产业的本质属性，而认为文化是产业的从属特色。“文化产业是把文化产品和服务市场化经营以谋取利润的公司，生产同类产品、提供同类服务的企业集合。”③ 在此基础上将文化产业定义为各类文化产品以及相关文化企业的集合。

（3）强调文化在文化产业中的核心地位，认为文化性、精神性是文化产业的基本属性，“文化品格是文化产业的头等问题；文化产业的发展始终需要‘精神标尺’的考量”④，“精神标尺”是衡量其发展程度的根本性

---

① 王育济、杜丽芬：《1988 年：文化产业的一个重要节点》，《中国文化报》2009 年 8 月 7 日。

② 高占祥：《在改革开放中发展文化产业》，《中国文化报》1993 年 12 月 8 日。

③ 刘志彪：《什么是文化产业》，《文化产业研究》第 1 辑，南京，南京大学出版社，2006。

④ 王育济：《文化·创意·财富——三论山东文博会主题词》，《中国文化产业学术年鉴（2003—2007 年卷）》，1255 页，北京，文化艺术出版社，2009。

评价标准。在这一理解基础上，文化产业被定义为人类文化资源或精神产品向文化商品的系统转换过程。本书以此类型定义作为理论出发点。当然，对于文化产业的产业属性，也会有专章论述。

对于文化产业内涵，不同的定义反映了学术界不同的学术立场，但无论理论重点着眼于文化性还是经济性，无论研究成果偏重于产业属性还是意识形态属性，在主要的几个方面学术界的立场保持了高度一致：

（1）研究对象以文化行业、文化商品以及其面向的受众为主体；

（2）研究目的是以文化产业如何满足社会对于文化产品的需求为出发点和归宿；

（3）承认文化与经济的双重属性。

第二节　中国文化产业的兴起

中国的文化产业随着改革开放而萌芽，20 世纪 80 年代逐渐酝酿和起步，90 年代进入自觉发展的时期。进入 21 世纪，中国文化产业进一步发展，特别是 2002 年党的十六大召开，明确提出把发展文化产业作为党和政府工作的一项重要任务，标志着发展文化产业成为一项国策。党的十六大之后，文化产业步入了快速发展和战略调整的时期，在拉动国民经济发展、促进文化繁荣、带动社会进步和应对国际竞争等方面发挥着越来越重要的作用。

中国文化产业兴起和发展，是经济发展和社会进步的必然结果，是人民日益增长的文化和精神需要的客观需求，得益于国家对文化产业在现代社会中的价值和功能深入认识之后的主动引导和扶植，同时也是在经济和文化全球化背景之下维护国家文化安全和应对国际文化市场挑战的迫切需要。中国文化产业的兴起和发展，是客观需求和主观需要、国内背景和国际环境等多种因素综合作用的结果。

一、经济发展的必然结果，文化消费的客观需求

社会主义经济快速发展，人们的生活水平日益提高，消费需求特别是文化消费需求快速增长是文化产业兴起的重要原因。改革开放之后，中国逐渐由计划经济体制向社会主义市场经济体制转变，体制的松绑极大地促进了经济的发展。中国成为世界上经济增长速度最快的国家之一，取得了举世瞩目的经济发展成就。特别是在第一、第二产业稳步发展的基础上，

第三产业也迅速发展起来并且占国民经济的比值越来越高，从而为文化产业的兴起奠定了必要的基础。经济的快速发展使人民的生活水平日益提高，国内恩格尔系数不断降低，人民的消费需求逐渐超越物质层面向多样化和高层次发展，特别是对文化产品和服务的消费需求快速增长。根据当代经济学家的研究，当人均 GDP 超过 1000 美元的时候，一般的物质性消费开始下降，精神和文化支出开始上升，当人均 GDP 超过 1500 美元的时候，人们对精神生活质量和生活环境的要求大为提高，进入追求时尚和个性的需求阶段，为文化产业的发展带来了良好机遇。据统计，中国人均 GDP 在 2003 年超过 1000 美元，2004 年已经超过 1490 美元，特大型城市人均 GDP 超过 4000 美元，中国已经进入文化和精神需求的旺盛时期，文化需求的规模不断增长。而且，人们为获得生活必需品所付出的劳动时间减少，加上双休日、节假日等工作和休假制度的实行，人们的闲暇时间增多。据统计，我国的法定休息日已经达到 114 天，一年有接近三分之一的时间可以用于休闲，这已经达到发达国家的水平。人们休闲时间的增多也在很大程度上使娱乐性和消费性的文化需求上升。日益增长的文化和精神需求是中国文化产业发展的机遇，为人民提供丰富多样的文化产品和服务是中国文化产业的责任。

二、国家政策上的重视与扶植，体制改革的“松绑”和推动

在知识经济的时代，文化产业被称为 21 世纪的“朝阳产业”和“最后一块暴利蛋糕”，具有高附加值、高技术含量和低能源消耗的优势，文化产业在创造巨大经济价值、带动社会整体提升的同时，还能够增强国家的文化软实力和国际竞争力。随着党和国家对文化产业功能与价值的深入认识，文化产业逐渐受到重视，国家通过政策上的倾斜，引导和促进中国文化产业的兴起和发展。从文化产业概念的确立到文化产业司的设立，从党的十六大将发展文化产业确立为一项国策到 2009 年《文化产业振兴规划》出台，国家将发展文化产业提升为国家战略，相关政策不断完善，在引导、扶植文化产业发展的过程中发挥了极为重要的作用。

另一方面，中国文化体制改革逐渐深化，为文化产业的兴起和发展扫清了障碍。长期以来，我国的文化建设处于计划经济体制之内，文化属于意识形态范畴，文化系统主要发挥着宣传党和国家的方针政策的作用，文化产业的发展受到体制性的束缚。伴随着改革开放的步伐，文化体制改革逐渐展开和深入，特别是党的十六大之后，文化体制改革的步伐加快，为

文化产业的发展创造了新的环境，开拓了更广阔的空间。每一次文化体制改革的深化，都是对文化生产力的进一步解放，是对文化产业发展注入的强劲动力，这种体制性的“松绑”在中国文化产业的兴起和发展中起着重要的推动作用。比如，2003年6月底全国文化体制改革试点工作在各个文化行业、文化领域铺开，而“国家统计局提供的数据显示，自2003年开展文化产业体制改革试点以来，我国文化产业年均增长率达17%以上，高于GDP年均增长5—7个百分点”①。随着文化体制改革的深入和政策的放宽，国家允许社会资本进入文化产业的大多数领域，这极大地激发了民营企业的积极性，它们以良好的适应性和灵活性成为带动文化产业发展的生力军，在国家允许进入的文化产业行业特别是新兴行业中占有举足轻重的地位。文化部的统计数据显示，在其管辖范围内的文化产业，非公有制经济所创造的增加值已占增加值总量的一半以上。总之，日渐完善的文化产业政策体系和逐步深入的文化体制改革，理顺了文化产业和文化事业的关系、确立了文化企业的市场主体地位、规范了文化产业市场运作体系、解放了文化生产力和创造力，在我国文化产业兴起和发展中起到关键的保障和推动作用。

三、技术革命的历史机遇，高新科技的有力支撑

科学和技术的进步，一直是推动文化产业进步和发展的有力工具，纵观世界文化产业的发展历史，印刷术、广播、电报、电影、电视、互联网等新技术的发明，都深刻改变了文化产业的形态并推动文化产业向前迈进一大步。按照法兰克福学派的文化工业批判理论，正是由于第二次工业革命之后，机械广泛应用于文化产品的复制，才产生了文化工业。考察欧美和日本等国文化产业强大的原因，我们发现先进的科学技术在文化产业的发展中发挥了重要的支撑作用。信息科学技术尤其是数字和网络技术的快速发展，也是我国文化产业兴起的重要推动力。

自20世纪90年代以来，信息技术革命的浪潮席卷全球，我国的数字信息技术产业也获得了长足的发展，为我国文化产业的兴起带来了机遇。通过与文化产业的融合，信息和网络技术一方面为相关文化产业和新兴行业的发展提供了技术支持，另一方面对传统文化产业行业产生了深刻影

① 齐勇锋：《关于文化产业在应对金融危机中的地位和作用的探讨》，《东岳论丛》，2009(9)。

响。以传媒产业为例，数字和网络技术在传媒领域广泛应用，不仅使网络、手机等新兴传播媒介深入并改变了人们的日常生活，还使报纸、电视、电影等传统的传播媒介在内容制作、信息传输、经营方式等方面都发生了巨大的变化，而且以数字和网络技术为基础，新媒体和传统媒体之间相互渗透，改变着传媒产业的形态，为其发展带来新机遇。数字和信息技术一方面改变着传统文化产业的产业结构与运营方式，另一方面催生文化产业的新兴业态，数字电视、数字电影、数字出版、动漫网游等新兴文化产业业态成为文化产业发展的亮点，并在带动文化产业整体发展方面发挥着重要作用。信息科技特别是数字和网络技术与文化产业的融合，带动着我国文化产业整体格局和结构的合理化调整，是文化产业兴起的重要支撑力量，也是构成我国文化产业核心竞争力的重要因素。

四、应对国际文化市场竞争，提高国家文化软实力的需要

进入 21 世纪，经济全球化已经成为必然趋势，世界性的市场已经形成。经济全球化所带来的文化商品的全球性流通，给各国的文化建设和文化产业带来了深刻的影响。特别是一些国家依托强大的文化产业，使附带其价值观和国家意识形态的文化商品广泛流通，对很多国家的文化主权安全和文化产业健康发展都造成了威胁。这使得大力发展文化产业，提高国家的文化软实力成为维护国家文化安全、应对国际文化市场竞争的客观需要。2001 年，中国正式加入世界贸易组织，国内市场逐渐开放并全面参与国际竞争，而文化市场的开放给刚刚起步的中国文化产业带来了巨大的挑战。可以说，中国文化产业是在不成熟的条件下加入国际竞争的，“实践准备的不足使得中国的文化产业无论是在产业形态、产业结构，还是在产业制度、产业政策等方面，都还没有充分地展开它的矛盾性和丰富性”①。但是随着文化市场的步步开放，大量的文化商品和国际文化资本进入我国市场，这既是对我国文化产业发展的挑战，某种程度上也是对国家文化安全的威胁。

文化产业除了具有促进经济增长的功能之外，还具有意识形态导向、教育和审美、文化传播等功能，这使得文化产业在当今的国际竞争特别是文化软实力竞争中担当了特殊的角色。进入知识经济和信息时代后，国家的文化软实力变得异常重要。美国哈佛大学教授约瑟夫·奈指出，一个国

① 胡惠林：《文化产业概论》，225 页，昆明，云南大学出版社，2005。

家的综合国力既包括由经济、科技、军事实力等表现出来的“硬实力”，也包括以文化和意识形态吸引力体现出来的“软实力”。文化产业内容如传媒、影视等在世界上的地位与影响在很大程度上决定着一个国家的文化软实力，大力发展文化产业成为公认的构建和增强国家文化软实力的重要举措。众所周知，美国好莱坞不仅是电影和美国文化产业的代名词，还是美国及其世界影响力的代名词，大量的好莱坞大片在世界范围内广泛流通，宣扬着美国的价值观和主流文化；日本的动漫不仅是其国家支柱产业，还成为日本外交的名片。这些文化产品及其影响力都是国家文化软实力的构成因素。面对强势文化的渗透，我们必须积极发展本国的文化产业，满足国内人民日益增长的多元文化需求，同时实施文化产业“走出去”的战略，提高国家的文化软实力，维护国家文化安全。

第三节　文化产业及其发展模式的基本特性

“内容产业”“比特经济”，这些都是文化产业的别称。抛开严谨与否的争论，这些称谓都揭示了文化产业的一种重要实质，即其产业主体是通过各种载体来传播和表达的精神产品，即文化商品，这与其他传统的实体产业及实体商品有着本质的区别。文化商品是文化生产经营者通过市场交换，向文化消费者提供的精神文化产品或文化娱乐服务。文化产品可能具有一定的实物形态，但即使形态是实物的，其实质内容仍是观念的。也就是说，文化产品在价值上所传递的主要是精神的东西，只是部分文化产品需要附着在一定的物质载体上，就文化商品的本质内容来说并没有发生变化，依然是精神的东西。

文化商品具有双重属性，即商品属性和社会意识形态属性。文化商品的生产过程总体上包括两个阶段：精神生产阶段和物质生产阶段。其物质生产与一般商品生产没有本质的区别，而精神生产则是普通商品所不具有的。作为精神产品，文化商品所反映出的思想性、艺术性和审美观，突出地表现出它作为社会意识形态的本质特征。文化商品作为一种精神产品，其生产过程既是物质形态的形成过程，更是其中所蕴含的丰富文化内容与精神价值形成的过程。作为特殊的商品形态，文化商品总是与一个国家、民族或地域的道德规范、价值理念、民族精神、宗教信仰等紧密结合，体现着一个国家和民族的精神面貌与文化智慧。

无论是书籍、报纸，还是电影、电视，抑或是手机与平板电脑等等，对于文化产业而言，它们不过都是载体，绝大多数消费者使用它们的最终目的是为了体验其所能带来的文化产品以及由此所产生的精神愉悦。即便是各类自然乃至人文的旅游资源，游客的目的也绝不是将景观实体据为己有，而是通过游览领略美景、陶冶性情，说到底还是一种精神文化层面的“虚拟消费”。

文化产业所生产的这种虚拟化的商品与传统实体产业的实体商品实质内容的不同不难理解，与此相应地，两者总体的发展模式也必然有着较大的差异。如果用一个词来概括文化产业发展模式的性质，无限性应该比较贴切，而文化产业所具有的这种无限性是以其文化性为基础的。文化产业的无限性具体包括以下三个方面。

一、文化产业的无限生产能力

文化产业具有的无限生产能力并非是一个绝对的概念，这只是与实体产业的生产模式相对而言。

从经济学的角度来说，资源的稀缺性是导致实体商品无法绝对满足市场需求的重要原因，也就是说没有足够的资源以生产出足够的实体商品以实现按需分配的人类终极理想。但相当一部分文化产品在一定程度上并不受物质资源稀缺性问题的影响。比如书籍（这并不是指书籍本身，而是指其所承载的内容），在一本书诞生的过程中，所消耗的最重要的资源是人的智慧，而在一定程度上，这一资源是无限的，这也就在一定程度上意味着随着人类社会文明程度的不断加深，书籍的生产能力将会越来越强。至于数字化及互联网性质的文化产品更是明显地具有此类性质。当然，充足的原材料供给不一定就意味着能生产出大量的有效产品，但根据经济学一般原理，相对过剩的供给势必会导致文化商品市场价值的大幅降低。我们这里所要强调的是，文化产品无论是依附于原有资源（如各类自然、人文景观等）的再生品，还是作为人类理性思维的直接产物（如小说、散文、戏剧、诗歌等），均在相当程度上摆脱了生产上所面临的资源稀缺性限制，从而在理论上有着无限生产的可能。

就文化的角度而言，文化本身从来都不缺乏将文化资源转化为文化产品的动力。中国五千年文明所流传下来的书山翰海、雕梁画栋、古董珍玩乃至珍馐美味，都是凝结着中华民族智慧的文化宝藏。对于现代人来说，这些都是不可多得的文化资源，但站在古人的角度，这些也应该算作他们的文化产品。只是与商品经济时代不同，经济因素绝不会是先贤们创作的主要动力来源。他们可能受修齐治平的信念驱使，也可能受诸子百家的影响感召，可能是出将入相的现实需要，也可能只是怡情悦性的心灵所至……将其文化产品的创作归结为“文化动力”似乎更为合适。不同的社会发展时期，文化动力促使文化资源转变为文化产品的情况是一以贯之的，所不同的只是转换方式而已。由此，我们似乎可以得出这样一个结论，文化产业所具有的无限生产能力，归根结底来源于其所具有的“文化性”，而“经济性”则只是这一无限生产能力的加速装置。

需要强调的一点是，文化产品的生产在这里仅仅是指原创性文化作品的产生或者在前人文化作品的基础上进行的独创性的加工和演绎，更接近于创新而不同于工业产品的批量式重复性生产。而我们所说的文化产业的无限生产能力其实就是源源不绝的文化创意所带来的源源不绝的文化产品。

二、文化产业的无限复制能力

文化产业的“无限性”还体现在文化产品具有无限复制的能力。尤其是人类社会已经进入了数字时代，借助各类数字化产品，复制的手段变得相对简单，复制成本也大大降低。这其中表现最突出的当属信息的复制，无论是单纯的文本、书画还是影视作品，通过简单的数字复制设备即可直接进行低成本的大量复制。通过扫描仪复制存储文件、通过移动存储设备如 U 盘复制文件、通过打印机打印文件……这些简单的直接复制手段已经相当普遍地存在于我们的日常生活中。而对于书法、绘画作品的高仿复制印刷则已经形成一个科技含量极高的行业，许多产品因其复制工艺精湛，具有很高的市场价值（当然，这与文物造假并不是一回事，后者是一种明显的违法犯罪行为，不在讨论之列）。如雅昌集团通过其“传统印刷＋现代 IT 技术＋文化艺术”的雅昌经营模式，将中国传统印刷、现代 IT 技术与文化艺术完美结合，其高端艺术品印刷水平之高、做工之精湛，令人叹为观止，集团董事长万捷则获得了“当代毕昇”的美誉。①

即便是景观、建筑甚至音乐会、体育比赛等现场感较强且更具即时性的文化产品，也可通过各类 3D 设备以及声光电的配合在另一空间进行逼真的还原。3D 电影、3D 电视的独特效果使得观众进一步融入其中，感觉

---

① 万捷也因此成为 2008 年度中国十大经济人物之一，而当年十大经济人物之中只有两位属于文化产业领域，另一位则是中国电影集团公司董事长韩三平。

眼中所见似是触手可及，体会到了某种实质意义上的感同身受。而在2010年的上海世博会上，台湾馆通过4D技术展现的“自然城市”，则使参观者有了身临其境的逼真体验。当然，仅凭技术手段，也许我们永远无法达到对文化资源和文化产品100%完美复制的效果，但以此为途径使更多的受众能够更直接地体会其中的文化魅力应是我们努力的方向。

在科技的协助下，通过诸多有效载体，各类文化产品的无限复制能力——这既包括单纯的数量复制，也包括不受空间乃至时间限制的复制——达到了一个全新的高度。实体产业的发展是以产品工业化为基础的，文化产业的发展也是如此。从一定程度上说，文化产业就是使文化产品的生产与复制达到堪比乃至超越工业化生产的水平。

当然，这里所说的复制并不意味着对源产品的取代，而是文化推广或者说文化产业化进程的一种必然选择。源产品在文化产业发展进程中不但不会因大量的复制品或类似品而贬值乃至淘汰，反而会因其大量复制品所产生的广泛影响力进一步凸显其原创性价值，以至升格为艺术品，并在新的领域创造出更多的经济、文化价值，这在如今的书画、图书出版、动漫游戏、影视戏剧等行业已不鲜见。

延伸阅读

据媒体报道，在冰雪覆盖的瑞士阿尔卑斯山，科学家正在打造一个名为瑞士诺克斯地堡（Swiss Fort Knox）的设施。这里防护严密，有能抵抗核打击的3.5吨重的大门，通道像迷宫般错综复杂。科学家准备在这里存放人类的数字资料，以备后人解译。

据悉，欧盟正在资助科学家进行一项名为Planets（Preservation and Long-term Access through Networked Services，通过网络服务进行长期数据保存和获取）的项目。该项目旨在确保“我们的数字化文化和科学宝藏可被长期访问”。据该项目的一位领头人说，爱因斯坦的纸质笔记今天我们仍能看到，但斯蒂芬·霍金的数字笔记在70年后我们很有可能看不到。

Planets项目开始于2006年，在该项目进行4年后，科研小组已经将一个密封舱放进瑞士诺克斯地堡的核心部位。这个密封舱内保存有穿孔卡片、微缩胶片、软盘、磁带、CD、DVD、USB和蓝光媒介。这些长期保存的数据对我们子孙后代来说就如同我们今天在历史档案馆里看到的纸本资料，科学家希望未来的科研人员能够通过这些数字资料，来重建我们的媒质，发掘抢救我们的历史。

维也纳教授安德烈亚斯·拉伯是Planets项目的合作伙伴，他解释道：

和记录在羊皮纸上的字迹或刻在龟甲、兽骨上的甲骨文不同，数字信息有一定的生命周期，如果今天我们没能找出长期保存这些数据的方法，未来我们将花费更高的代价来研究如何保存它们。

以数字方式保存资料不仅仅是出于节省的考虑。当前我们的社会越来越依赖硬盘，来取代人类大脑和纸张的存储信息的功能。尽管目前这仍然非常有效，但是无法断言未来的人们能否解译我们存储的数字资料。令人高兴的是，有人已经未雨绸缪，思考解决这一问题的方法。（摘自新浪科技 http://tech.sina.com.cn/d/2010-05-24/09364223798.shtml。）

三、文化产业的无限流通能力

与文化产业的无限复制能力相对应的是其无限流通能力。以信息内容为主的文化商品，以虚拟化形式通过网络及其附属设施，在理论上几乎不受空间限制即可进行即时性的流通。当然，实际情况并非如此。除了世界各国与地区从自身利益出发对文化商品的流通有区别地加以限制、对知识产权加以保护等原因外，文化的差异性是实现文化商品无限流通的主要障碍。

理想状态下的文化商品流通应是交互式的，即双方或多方的文化商品在平等的条件下实现互相交流。但现实情况是，无论在全球化背景下还是在局部国家和地区间，受主流文化影响的文化商品输出无疑具有压倒性的优势，具有一定程度的无限流通能力。这本身并非有什么不好，但在很多情况下这种流通往往有意无意间是以侵蚀非主流文化商品的地位为代价的，从而在相当程度上影响了文化商品的多元化发展方向。从经济学的角度，基于比较优势原理，实体经济水平有差距的两方在自由贸易条件下进行的实体商品贸易将会使贸易的双方都从中受益。而在文化商品的流通过程中，对于经济水平与文化输出能力有差异的两方，比较优势原理似乎起不到其在实体经济中的作用。从这个角度来看，如果说全球经济所追求的最终目标——自由贸易——在理论上可以“顺其自然”地实现的话，那么文化商品的自由流通则需要更多外部力量的支持与帮助。

基于文化商品的无限流通能力，我们不难判断出全球化的文化融合几乎是不可阻挡的历史趋势，但关键的问题在于这应是一个真正的融合过程，即两种文化在交流过程中你中有我我中有你，两类文化商品在互相流通过程中有来有往，而非一种文化同化另一种文化。每个民族对本民族的文化都有一种天生的自豪感，这与所在国家和地区的大小贫富无关，但当文化作为一种产业模式要被加以推广之时，情形则大不相同。文化的影响力与经济实力有关，更与文化商品的推广方式关系密切。本土的文化商品在他国的销售情况无疑可作为文化交流中一个较易把握的标准，可以此来判断本国文化对他国的文化影响力。

延伸阅读

一位出生于18世纪中叶的英国军官查尔斯·史都华因东印度公司到了印度，爱上当地文化，开始收藏印度艺术品并鼓励当地人欣赏，但是没有人理解他的热情。过世之后，他的收藏品被纳入大英博物馆。今天定居英国的印度移民都是透过大英博物馆的收藏品来认识自己的文化历史。另外，大英博物馆最著名的罗塞塔石上记载了不同国家、时代的文献数据，博物馆花了20年的时间，透过全球智慧分享才解读了石头的内容。罗塞塔石虽然归大英拥有，但是它所记载的内容是让世界共享的。

在中国，博物馆的收藏几乎清一色来自中国，要如何了解非洲、印度或世界其他角落？麦格雷戈（时任大英博物馆馆长）告诉我，虽然洪堡论坛十分乐意将馆藏与世界分享，“但是最大的问题是，作品到中国展览，政府不提供保险。”他说，“在英国展览，保险费是由政府出的。”他接着指出，英国政府虽然担起保险责任，并没有权利干涉博物馆的政策。他告诉我，几年前伊朗博物馆要向大英博物馆借展，当时英国与伊朗的关系十分恶劣，政府不希望文物借给伊朗，但是大英博物馆还是借了。大英博物馆的分享政策显然超越了政府的期待。

在研讨会闭幕的酒会上，歌德学院文化部部长安德烈斯·史图赫尔博士告诉我，德文的分享是“teilan”，文字中几乎带有分割的暴力。在德文，被分享的物体（geteilt）代表物体永远不再完整。我告诉他，中文也是，必须先分开，才能够共同享受。然而，分享空间与分享想法是不同方式的分享，分享不一定要透过切割。不论是设身处地地诠释文物的意义与用途，还是让文物到世界巡回，与他人共享。只要找对了方法，分享世界遗产是大有可能的。德文的“切割”可以是破坏，也可以是分享，而中文的“分”与“共”虽然相反，“分享”与“共享”却是相符的。（摘自宋佩芬：《世界文化遗产该怎么分？》，《金融时报》中文网，2016年6月17日）

四、文化产业的无限发展潜力

需要明确的是，此处所言文化产业的无限发展潜力并不是指其可利用人类无限的理性思维创造出大量文化产品的能力，而是其作为一类特殊产业所具有的可塑性以及尚不为人熟知的巨大发展潜能。

文化产业发展至今，对可资利用的文化资源的发掘达到了一个前所未有的水平。好莱坞是其中的典型代表，它的电影作品大量借鉴不同国家、不同民族的传说故事、历史人物、风俗习惯等，通过自身特有的方式予以塑造整合，并将这些充满美式价值观的作品成功地推向全世界，这种世界上诸多国家和民族的文化资源皆可为其所用的文化产品塑造力的确令人叹为观止，这一点从我们熟知的《花木兰》《功夫熊猫》等好莱坞大片表现出的文化取向和不俗的市场反响可见一斑。当然，这只是其中的一种方式。在对本民族的文化资源进行发掘并使之产业化的道路上，我国的学者和文化工作者也进行了相当有益的探索，并取得了不俗的成绩。《百家讲坛》无疑是一个很好的例证，以古籍、史料为原料，以幽默的语言、严密的逻辑、饱满的热情加以包装，掀起了一波又一波全民读史习经的热潮，而其本身也成为一个关注度极高的文化品牌。以上仅仅是文化商品可塑性的一般示例，文化商品的开发现在已经不限于文史资源、景观建筑等传统意义上的文化资源，越来越多的工业化产品出于市场的需要也日益迫切地与文化联姻，希望其产品属性中能够添加更多的文化色彩。

文化产业的巨大发展潜能在2008年源起于美国并最终蔓延至全球的金融危机中得到了很好的体现。当全世界的经济进入了一个相对萧条的时期，各行业均面临缩减产能规模、下调利润预期的窘境的时候，全球的文化产业各行业却逆势上扬，无论是影视、演出还是图书、动漫，产品的销售总量与总体收益都持续提升，造就了那段黑暗时期为数不多的经济亮点，并成为拉动各国经济复苏的重要动力来源。各国政府、学界乃至普通民众开始对文化产业的发展模式、发展潜能进行全新审视，其不同于实体经济的一系列特点在可预见的将来都将成为各国政界学界研究的重点。

延伸阅读

2008年，国际金融危机席卷全球，许多领域的投资和发展受到严重冲击，以房地产起步的大连万达集团也不例外。然而，出乎万达集团董事长王健林意料之外的是，也是在2008年，我国电影票房收入首次进入全球前10名，达到43.41亿元，较2007年增长30.48%，增幅中近三成的贡献，正是来自万达集团独资的万达院线。

在全球金融危机中，王健林见证了中国电影产业的逆境逢生。

“口红效应”，是国际金融危机爆发以来中国电影产业中提及率最高的词汇之一。

在20世纪二三十年代的美国经济危机中，人们的消费心理和行为都发生了转变，类似口红之类的消费成本不高、却可以带来特殊时期心理安慰的商品在市场上大受欢迎。与此同时，在几乎所有行业都沉寂趋冷的环境中，好莱坞电影却乘势腾飞，热闹的歌舞片大行其道，给观众带来欢乐和希望，还让卓别林和秀兰·邓波儿成为家喻户晓的明星。在近一个世纪后的今天，历史经验正在启示着中国电影产业在逆境中的发展机遇。

“从以往的经验来看，经济下滑和不稳定时期，人们的精神需求会提高，往往会出现社会文化需求的高峰期，”清华大学影视传播研究中心主任尹鸿说，“相对于购房、买车等大宗消费，人们更愿意花不多的钱在电影院中获得高品质的精神享受。”

此外，有专家指出，与美国好莱坞相比，中国电影产业规模较小，结构原始，对资本市场的依赖较低，受金融危机的影响不大；另一方面，内地电影观众人群相对高端，电影消费能力下降有限，而刚被释放的消费需求仍有扩展空间。（摘自人民网 http://media.people.com.cn/GB/9302056.html。）

第四节　文化产业的价值体现方式与社会影响

一、文化资源转换为文化商品的条件及其价值体现方式

文化的产业化进程也是市场对文化产品的一个选择过程，而“有资格”入选的文化产品则需同时具备两个基本条件：

其一，它应具有消费性，即可转化为文化商品以纳入文化产业发展进程中，并为一定数量的消费者所认同与接受，从而产生一定的或潜在的经济价值。

并非所有的文化产品都具有消费性，也就是说在文化领域，文化的产业化是有其界限的。对于那些不具消费性的文化产品，我们习惯上将其纳入文化事业的范畴。当然，这一界限并非固定不变，无论是社会环境的变化还是个人审美方式的转变，乃至突发性的社会文化事件都有可能在不同程度上改变文化产品在广大消费者眼中的定位。至于因教育背景、人生经历的不同导致文化消费习惯不同，从而对文化产品需求造成的差异，则更增加了文化产品“消费边界”的不确定性。一言以蔽之，一种文化产品究竟是属于文化产业的范畴还是文化事业的范畴只能从其目前的情况予以现

时的划分，而其未来的发展定位则存在着相当的不确定性。

其二，它应保持自身的文化性，在具有一般商品属性的同时能够凸显其文化价值。

文化商品理所当然需要体现自身的经济价值，但同时应该体现其文化价值，如果以丧失自身的文化价值为代价来体现经济价值，那么这类商品就不能称之为文化商品，也就不属于文化产业乃至文化事业所讨论的范畴。

文化资源一旦转换为商品，也理应体现其经济价值。只是文化商品作为一种特殊的商品形式，与实体商品不同，除前文简略地提到的几点外，还有一点就是其经济价值的体现方式。绝大多数实体商品一旦进入流通领域，其经济价值往往会有比较直观的体现，而文化商品中只有部分能够通过市场直接体现其市场价值，还有相当一部分则是以免费或是低于成本价格的形式进入市场的——这固然与这部分文化商品巨大的市场供应总量、单位商品极低的价格成本以及文化商品经营者的市场策略有关（这在后面章节将会予以讨论），但最重要的还是文化商品中所蕴含的文化属性决定了其经济价值体现方式的不同。

现代报刊业的崛起及成功运营，使得文化产业找到了一种可行的盈利模式：厂商支付一定的费用给报纸所有者用于刊登其所生产产品的广告，报纸所有者则以低廉的价格（低于报纸发行成本）将报纸出售给消费者，其发行的损失则由厂商提供的部分广告费弥补。其结果是消费者得到廉价的报纸，厂商增加了产品的销售，而报纸所有者则赚取了相当的利润，是一个典型的三方共赢的局面。虽然这种类似于成本转移的循环支付方式现在已经成为一种普遍的经营模式，但其对于文化产业发展而言，却具有里程碑式的重要意义。它使得文化商品经济价值的体现方式有了巨大的转变——不体现在或不完全体现在文化商品的销售端，而是通过一定的转移方式，提高自身的经济附加价值。

随着互联网的崛起，一种新的文化产业三方运营模式也日益成熟起来。以搜索引擎为例，目前的互联网搜索引擎大多有类似于“竞价排名服务”的项目，企业通过购买产品关键词，使得通过搜索引擎查找这类产品的客户能轻易地发现这些企业，并倾向于优先选择浏览这些企业的相关信息，具有很强的针对性。因为这类客户对此类产品往往会有直接或潜在的购买意向，容易成为企业的潜在客户。以国内某知名搜索引擎为例，每天有超过1亿人次在此查找信息，企业注册并购买与产品相关的关键词后，企业就会被查找这些产品的客户找到。因为是按照给企业带来的潜在客户访问数量计费，企业可以相对灵活地控制推广力度和资金投入。其结果是企业的广告支出得以下降并更具针对性，搜索引擎则整合了资源，赚取了利润。而这样的资源整合无疑创造了新的价值，从而使受众能够享受到免费的搜索服务，方便了人们的生活。当然，上述例子是一种理想状态下的情况，在实际运行过程中会有这样那样的细节问题，但从产业发展角度而言，任何符合经济发展规律的创新型文化产业发展模式都是值得肯定的。

由此也不难看出，文化商品的价值体现方式可谓多种多样，除了像一般实体商品那样通过直接交易得以体现外，交叉补贴、第三方支付乃至通过创造新价值而实现本身免费等方式更显示出其独特的市场活力。

二、文化产业兴起对社会文化观念的影响

关于文化是否应该以及是否能够产业化的争论已经不是文化产业发展的主要着眼点，当全球化、市场化已经成为这个世界的主流力量之时，文化的产业化已经是势在必行了。结合目前的实际情况，在保证自身文化底蕴不变的同时如何实施或进一步深化文化的产业化进程才是各国及各地区所关注的。

可以被产业化的文化主要针对的当然是大众文化，不过这并不是说所谓的高雅文化就被排除在文化产业涵盖的范围之外，但后者终须经过一定的适应性的产业化改造。毕竟文化产业的目标消费人群是大众消费群体，并通过他们实现经济与文化的双重价值，这决定了文化产业最终的发展方向。

经济价值与文化价值体现在某种形式的文化商品上，往往表现出一定的趋同性，也就是说如果一件或一类文化商品同时具备经济价值与文化价值，那么这最起码可算作是合格的文化商品。但经济价值与文化价值之间在很多情况下也有互斥性，尤其是在损失文化价值即可获取更多经济价值的市场利益驱动下，对经济价值的追求往往超过了对文化价值的追求，从而产生一系列劣质的文化商品——如果我们还可以称其为文化商品的话。

由此，对于文化产业发展的社会认知焦点主要体现在文化产业发展过程中对经济价值与文化价值的平衡的判断标准上。如东北“二人转”，作为一种典型的地方性民间曲艺形式，近年来经过一系列较为成功的市场化运作后，已经在诸多一线城市站稳脚跟，而其顶级演出团体的演出场次竟

然出现了一票难求的情况，许多人认为“二人转”发展至今，从产业发展角度而言，已经达到了一个新的高度，其所能体现的文化价值与所能带来的经济价值完美地结合在了一起。而不同的观点则认为，“二人转”表演本身就是为了迎合所谓的“大众口味”以实现其经济价值，大量爆粗口、荤笑话等形式，几乎已成为此类演出的特色，这大大削弱了其作为一种艺术形式所具有的文化价值，否定其具有文化价值的声音也不绝于耳。评判标准的不确定性，导致了对文化商品接受度的极大不同。如今，“绿色二人转”的出现无疑也是其在经济价值与文化价值的平衡上所做的一次有益尝试。

这只是就单一的文化商品而言。此外，文化产业的蓬勃发展使得文化商品的数量激增，人们由原先对文化资源匮乏的担心转向另一个方向，即担心相对过剩的文化产品以及日新月异的文化产品传播方式使人无所适从，并悄然改变着公众话语的内容和意义。中西方许多学者都表达过对这一问题的关切，其代表人物美国学者尼尔·波兹曼在他的代表作之一《娱乐至死》一书中就极具倾向性地表明了这一立场。他甚至尖锐地指出“毁掉我们的不是我们所憎恨的东西，而恰恰是我们所热爱的东西”①，尽管他写作此书的年代互联网还远未兴起。这无疑给文化产业的发展预先敲响了警钟，即便许多业内人士包括部分学者都认为其观点有言过其实之处，但其敏锐的洞察力已然深深影响了当今文化产业界。当然，这种观点如果通过类似技术价值论的角度进行表述，大多数人在理智上似乎更容易接受。②

如果上升到上层建筑层面，亨廷顿的文明冲突论无疑是发展文化产业的有效理论依据，他明确指出未来世界的冲突将不再是政治和经济的冲突，而是文明和文化的冲突。而随着各国文化产业化进程加速，外来文化商品及其承载的文化思想输入力度增强，由此所引发的社会文化观念的融合与冲突也就更加在所难免。为了应对文明与文化的冲突，维护本国本民族的文化利益以及由此牵涉到的国家民族利益，发展文化产业借以对抗外来的文化侵袭更是势在必行。对此我们当然应该有着清醒的认识。

---

① ［美］尼尔·波兹曼：《娱乐至死》，5页，桂林，广西师范大学出版社，2009。

② 技术价值论的观点认为，技术本身负载有价值，一方面技术具有相对的价值独立性，这种相对独立性不仅表现为技术对客观自然规律的遵循，还表现在技术活动对可操作性、有效性、效率等特定价值取向的追求，而这种独特的价值取向对于社会文化价值取向具有动态的重构作用；另一方面，技术是包括科技文化传统在内的整个社会文化发展的产物，技术的发展速度、规模和方向，不仅取决于客观规律，还动态地体现出现实的社会利益格局和价值取向。

第二章　文化产业发展现状及趋势

第一节　国外文化产业发展现状

作为一种新兴产业，文化产业以其高附加值、高增长率、低能耗和大容量的就业机会等重要特征而受到越来越多国家的重视。发达国家在完成工业化和城市化之后，纷纷把目光投向文化产业，制定并实施了一系列文化产业发展战略和政策，将其作为推动产业结构优化和经济转型升级的重要战略举措。在各国的高度重视和大力扶持下，文化产业在国家经济社会发展中的重要作用也日益凸显，并以惊人的速度增长。统计数据显示，目前全世界文化产业每天创造的产值高达 220 亿美元，并以 5%左右的速度递增。即使在 2008 年经济危机海啸袭来时，全球文化产品与服务的世界出口额仍保持自 2002 年以来每年 14%的增长态势。[①] 发达国家的文化产业经过近半个世纪的探索和发展，在产业政策、投资模式、市场运作等方面积累了丰富的实践经验。有效借鉴发达国家发展文化产业的经验，利用其文化产业发展的一般规律，对于促进我国文化产业的持续、高速、健康发展，推动文化产业成为国民经济支柱性产业，有着重要的现实意义。

一、美国文化产业

美国是世界各国中文化产业发展最早、最为成熟的国家，其文化产业竞争力和总体实力没有任何一个国家可与之抗衡。在美国，文化产业主要以版权产业的形式存在，主要分为四大类，即核心版权产业、交叉版权产

---

① *Creative Economy*：*A Feasible Development Option*，p. 20，http://unctadxiii. org/en/sessiondocument/ditctab20103_en. pdf.

业、部分版权产业、边缘支撑产业。[1] 就行业范围而言，美国文化产业主要包括新闻媒体业、广播电视业、图书出版业、影视娱乐业等。

（一）美国文化产业的发展历程

称霸全球的美国文化产业经历了一个从无到有、从小到大的发展历程。纵观美国文化产业发展史，大致可划分为以下三个阶段[2]：

第一个阶段从20世纪20年代到第二次世界大战前后，是美国文化产业萌芽并发展壮大的时期。20世纪20年代，无线电、放映机等新技术日渐发展和成熟，美国文化产业中的一些重要分支，如广播业、电影业等开始萌芽并迅速成长。据统计，美国国内电台数从1922年1月的30座增加到1923年3月的556座，收音机数目也从1921年的5万台猛增到1922年的60万台以上。20世纪30年代初，度过经济危机的美国迎来了好莱坞长达20年的黄金时代。随后，随着显像管等技术的发展，电视业也逐步发展起来。

第二阶段从二战后到冷战结束，是美国文化产业在世界冷战大背景下逐步发展壮大、独霸全球的阶段。在东西方冷战的政治大格局下，美国文化产业突出了意识形态性，国家在这一领域加大了扶持和干预的力度，凸显了文化产业的对外扩张性。此外，20世纪50年代计算机的发明带来了传播媒介的第三次革命，成为美国文化产业发展的一个转折点。计算机、通信卫星、微电子、光纤通信、激光、数码等信息技术在这40年间获得重大发展，带来的信息革命和知识经济成为美国文化产业飞速发展的巨大动力。

第三阶段从冷战结束到现在，美国文化产业进入全球化时代。从20世纪90年代起，美国掀起了网络化浪潮，具有瞬即性、交互性、生动性

---

① 核心版权产业是指那些主要目的是为了受版权保护的作品或其他物品的创造、生产式制造、表演、宣传、传播与展示或分销和销售的产业，包括出版与文学、音乐、剧场制作、歌剧、电影与录像、广播电视、摄影、软件与数据库、视觉艺术与绘画艺术、广告服务等；交叉版权产业是指那些生产、制造和销售主要功能是促进有版权作品的创造、生产或使用的设备的产业，包括电视机、收音机、录像机、CD、录音机、电子游戏设备及其他相关设备等；部分版权产业是指那些有部分产品为版权产品的产业，包括服装、纺织品与鞋类、珠宝与钱币、家具、瓷器、玩具与游戏、建筑、工程、室内设计、博物馆等；边缘支撑产业是指那些主要为了便于受版权保护的作品或其他物品的宣传、传播、分销或销售而又没有被归为“核心版权产业”的产业，比如版权产品的一般批发与零售、大众运输服务、电讯与因特网服务等。参见蓝爱国、马薇薇：《文化传承与文化消费：电影产业的文化道路》，12－13页，北京，北京大学出版社，2009。

② 参见张慧娟：《美国文化产业发展的历程及启示》，《中国党政干部论坛》，2011（10）。

等优点的网络，作为新的传播工具迅速遍及全球。与此同时，文化产业成了美国最大的出口产业。从 1996 年开始，美国的文化产品超过了其他所有传统产业，成为美国最大宗的输出品。各国文化产业壁垒不断被打破，企业兼并重组浪潮汹涌澎湃，在美国出现了一批超级跨国文化产业集团，引领全球文化产业的发展。

（二）美国文化产业的发展现状

作为当今世界文化产业头号强国，美国的文化产业飞速发展，其文化产业在国内产业结构中位居第二（居首位的是军事工业）。美国 2014 年数据显示，美国文化产业的产值已占 GDP 的 18％～25％，对其他行业和整个经济产生了显著的拉动作用。据统计，美国拥有 1500 多家日报、8000 多家周报、1.22 万种杂志、1965 家电台和 1440 家电视台，还拥有美国广播公司、哥伦比亚广播公司、全国广播公司三大电视巨头以及全球最具影响力的电影生产基地好莱坞。全世界 56％的广播和有线电视收入、85％的收费电视收入、55％的电影票房收入都流入美国。伴随着文化产业的崛起，其雇用的人数也与日俱增。仅在世界影都好莱坞所在的洛杉矶，从事电影制作和发行的企业共有 4767 家，雇用人员 17.6 万，平均每家企业雇用 84.6 人，居各行业之首。[①] 经过多年发展，美国文化产业以高度商业化和垄断性为特点，形成了以新闻媒体、广播电视、图书出版、影视娱乐等为核心，旅游休闲、健身体育、艺术演艺、博物馆业等行业快速发展的全方位、多领域的多元化格局。

1. 新闻媒体业

美国的新闻媒体业十分发达，构成其文化产业的重要基础。美国拥有的日报、周报（收费或免费的）是世界上最多、发行量最大的。例如，最大的甘尼特集团拥有 90 家日报，总发行量 550 万份，此外还拥有 30 多家周报和半周报、7 个电视台、16 个广播电台。许多报业集团同时拥有杂志、广播电台和电视台，甚至其他行业，成为规模巨大的垄断集团。此外，美国有 12000 多种杂志，很多杂志发行量都在百万份以上，其中《读者文摘》《电视指南》《国家地理杂志》等多达 1700 多万份。

2. 广播电视业

美国是世界上最早兴起广播电视业的国家，也是私有商业化广播电视

① 刘海燕等：《文化产业，被各国推上经济发展最前台》，《新华每日电讯》2011 年 11 月 8 日。

业最为发达的国家。广播一直是美国所有媒体中最普遍、最个人化的一种形式。据统计，全美国有近6亿收音机，广播听众家庭户为9440万户，在12岁以上的美国人中，每天收听广播的人超过94%。[①] 电视于1941年首次开始商业性播出，20世纪60年代后期在全国范围内普及。全国98%的家庭都有电视机，其中近一半拥有两台以上。电视台每天日夜播放节目，一般美国家庭每天收看7个多小时的电视。美国电视业主要是由哥伦比亚广播公司（CBS）、全国广播公司（NBC）、美国广播公司（ABC）等大公司垄断。它们除在几个大城市直接经营各4—8家电视台外，还各拥有附属电视台200多家，形成全国性电视网。

3. 图书出版业

美国的图书出版业也非常发达，一些大型商业出版社为适应国内竞争和向海外扩张的需要，自20世纪60年代起逐渐发展成跨国出版集团。美国图书出版业的年度营业额以平均3.5%的年增长率稳步上升，年度图书与期刊的出版种类、销售量与营业额均居世界前列。6万余家出版商，主要由商业图书出版社、政府出版机构和大学出版社组成。其中，商业图书出版社有2万多家，学会、协会出版社6000多家，个体小型出版社1万余家。商业出版社中，年度出书100种以上的大型出版社在150家左右，年度出书50—100种的中型出版社1000家以上。[②] 20世纪90年代后，出现了“按需生产”(on-demand printing)[③] 和“数字出版”等新趋势。

4. 影视娱乐业

美国的电影公司大部分集中在洛杉矶市的好莱坞地区，好莱坞已成为美国影片的代名词。现在，美国影视业的市场份额基本上被迪斯尼、索尼、派拉蒙、二十世纪福克斯、环球、华纳兄弟这六家大公司瓜分。据统计，美国人到影院观看电影的人次在世界上居首位，每人年均5次。从全球市场范围看，美国的电影产量虽然仅占世界电影产量的6%，但在世界电影市场的总体占有率却达到80%，全球销售的各类影视录像制品大多数都是美国公司生产的。[④] 此外，全美有约1000家唱片发行公司，主宰唱片业的主要是华纳兄弟公司、索尼音乐娱乐公司、BMG娱乐公司等十几家。

---

① 凌晨：《美国广播业发展的启示与思考》，《新闻战线》，2008（1）。

② 陈明瑶：《美国图书出版业的发展轨迹》，《中国出版》，2011（6）。

③ 即根据读者的需要，运用先进的印刷和装订设备，直接将所需资料的文件数据进行数码印刷、装订。

④ 李思屈、李涛：《文化产业概论》，47页，杭州，浙江大学出版社，2007。

据统计，由美国公司生产的音乐唱片已占世界音乐唱片消费总量的60%。

此外，美国旅游休闲业、健身体育业、艺术演艺业、博物馆业等产业发展势头强劲。以艺术演出业为例，美国百老汇已经成为与好莱坞齐名的美国文化标志，仅百老汇地区就有36家剧院，每年为其所在城市纽约带来43亿美元的收入，并提供3.6万个就业机会。

（三）美国文化产业发达的原因

美国实行一种“无为而治”的文化政策，在行政体制上，不像其他国家的政府那样通常设有“文化部”（法国、中国）、“文化、新闻和体育部”（英国）、“遗产部”（加拿大）或“艺术与通讯部”（澳大利亚）等全国性的文化事务管理机构。对此，美国学者罗伯特·库恩指出，美国文化产业坚持的一个基本原则是，在市场竞争机制下，依靠商业运作，让最好的文化产品流行于市场，为媒体等社会潮流的引领者认知和接受，继而影响大多数民众，为民众提供多样的选择，同时减轻政府的财政负担。[①] 虽然美国政府至今没有一个正式的官方文化政策文件，但文化产业却已是当今美国最大、最富活力并带来巨大经济效益的产业。为了维护经济利益，发展新兴的版权产业，提高在全球的竞争力，美国全面推行了一系列有效举措。

1. 加大政策投入力度

美国政府和各地方政府十分注重对文化产业的管理和投入，通过法律法规和政策杠杆来鼓励各州、各企业集团以及全社会支持文化艺术。在公益性文化事业方面，早在1917年，美国联邦税法就明文规定对非营利性文化团体和机构免征所得税，并减免资助者的税额。同时，美国政府还注重通过制定优惠政策，鼓励各州、各企业以及全社会赞助和支持文化事业。1965年，美国通过了《国家艺术及人文事业基金法》，创立了国家艺术基金会与国家人文基金会，保证美国每年拿出相当比例的资金投入文化艺术；1967年成立“公共广播公司”，负责非商业广播电视的资助；1996年，美国组建了国家博物馆图书馆学会，专门负责对博物馆、美术馆和图书馆文化项目进行资助。在商业性文化产业方面，美国凭借强大的经济实力和国际政治优势及其在国际组织中的影响力，利用国际贸易多边规则来推动美国文化产品进入国际文化市场，并为占领国际文化市场提供外贸政策上的保护。在这种情况下，一方面，外国文化产品要打入美国市场，只

① 李文云：《美国文化扎根市场》，《人民日报》2006年6月5日。

能采取直接投资的方法；另一方面，美国贸易保护政策也限制进口，造成市场封闭，限制国际竞争国内化，在一定程度上促成了美国国内较高的利润回报率，从而吸引大量国际资本投资美国文化产业。此外，美国政府积极为国内文化产业的发展创造各种有利的条件，从资金、市场、就业政策、税收、监管等方面积极推动文化产业的发展。

2. 重视知识产权保护

美国政府高度重视知识产权的保护工作，加紧实施知识产权战略，形成了较为完善的知识产权战略体系。政府机构中设有版权办公室（隶属于国会图书馆），主要负责版权的登记、申请、审核等工作，并为国会等行政部门提供版权咨询；美国贸易代表署，主要负责知识产权方面的国际贸易谈判；海关，主要负责涉及知识产权产品的进出口审核等相关工作；以及商务部国际贸易局、科技局和版权税审查庭等。此外，美国政府还成立了一些政府部门直属的工作小组，加强对版权的监督与保护，如克林顿政府设立的美国国家信息基础设施顾问委员会、信息政策委员会等机构。此外，美国政府根据国家利益和美国企业的竞争需要，建立起一套完整的知识产权法律体系，并力图将国内的知识产权制度推向全球，一方面通过综合贸易法案的“301 条款”[①] 对竞争对手予以打压，为美国在海外知识产权被侵犯时提供法律依据，另一方面又积极推进 TRIPS 知识产权保护协议的达成，在世界贸易组织框架中，使有关反补贴的规则有利于美国技术政策的制定与运作，而且还使与贸易有关的知识产权条款体现美国的利益需要，从而形成了一套有利于美国的文化产品国际贸易规则。

3. 加大科技投入

美国的文化产业非常注重加大对科技的投入和应用，不断通过其文化产品及文化服务的科技含量来开发、转变和引导市场消费热点，增强自身的市场竞争力。网络传输、数字化、通讯卫星、数字电视等高新技术的广泛应用，使美国文化产业拥有了向全世界扩展的“桥梁”和“利器”。在

---

① 狭义的“301 条款”是美国《1974 年贸易法》第 301 条的俗称，根据该条款，当有任何利害关系人申诉外国的做法损害了美国在贸易协定下的利益或其他不公正、不合理或歧视性行为给美国商业造成负担或障碍时，美国贸易代表办公室（USTR）可进行调查，决定采取撤销贸易减让或优惠条件等制裁措施。广义的“301 条款”是指《1988 年综合贸易与竞争法》第 1301—1310 节的内容，包含“一般 301 条款”“特别 301 条款”（关于知识产权）、“超级 301 条款”（关于贸易自由化）和具体配套措施，以及“306 条款监督制度”。参见蔡四青：《国际技术贸易与知识产权》，172 页，北京，中国社会科学出版社，2007。

图书业，从20世纪90年代开始，销售公司利用因特网技术开发的网上售书业务，促进了产品销量的飞速增长，极大地推动了出版业的发展；在百老汇，音乐剧的科技含量之高，是许多传统表演艺术无法比拟的，高科技场景、高品质的灯光和音响效果，大大增强了其艺术感染力；在好莱坞，每一项可能对影视产业的创制与传播产生影响的科技成果，几乎都会同步运用于电影电视之中，融现代科技、舞台表演、特技于一体的各种表演惟妙惟肖，让艺术和科技真正融会贯通。高新技术的使用，不仅带来美国文化产业技术上的革命，加快了产业的发展进程，还促进了消费者思想观念上的革新。随着现代通信技术、数字印刷技术、网络技术的加速发展和电脑的普及，现代高新技术在文化产业中的运用越来越广泛，用高新技术推动文化产业的发展，已成为国际文化产业发展的一种趋势。

4. 重视人才培养

人才是参与市场竞争的有力武器，丰富的人才储备是美国文化产业保持竞争优势的一个重要原因。为保持其在全球市场的龙头地位，美国文化产业利用其雄厚的资金和广阔的市场前景，每年从世界各地吸收大量优秀文化艺术人才，源源不断地给美国文化产业注入新鲜血液。仅1990—1991年间，独联体各国就有10万文化界人士外流西方各国，移居美国的就有3万多人，其中著名人士达1500人。[①] 这些移民对美国文化艺术发展作出了重大贡献。好莱坞之所以成功，最大的原因就在于从国外引入大量的人才，世界上最著名的演员、最好的电影制作人和最大的投资人大都汇聚于此，参与电影制作。在引进人才的同时，美国还根据产业发展的需要，通过多种方式，培养了一大批高素质的文化产业人才，美国对文化管理学的研究和文化管理人才的培训处于领先水平。文化管理已形成一门专门学科。全美有30多所大学开办了艺术管理专业，培养本科生、硕士生和博士生等高质量的文化管理人才，提高了文化管理水平。

延伸阅读

美国拥有世界上规模最大、产值最高、国际竞争力最强的文化产业，文化产业产值已占其GDP的20%左右，是美国三大支柱产业之一。美国政府在推动文化产业健康发展的过程中发挥了重要作用，注重文化产业发展的法律保障是美国文化产业稳定、可持续发展的主要因素之一。

目前，美国已经形成了定位明确、层次清晰、相互衔接、体系完备的文

① 张士伦：《美韩文化产业的发展经验对我国的启示》，《集团经济研究》，2007(2)。

化产业发展法律体系。该体系主要由《美国宪法》、文化产业发展的基本法律、知识产权法、针对文化产业的行业性法律、其他相关法律等五种不同类型的法律构成，这些法律和法规为美国的文化产业发展提供了理念、政策和实践的法律指导和保障，使美国的文化产业发展有法可依，有章可循。

《美国宪法》是美国文化产业发展的基本法。一是《美国宪法》明确了文化自由权和平等权是公民的合法文化权益。《美国宪法》第一修正案规定，国会不得立法剥夺公民的言论自由和出版自由，这不仅明确了公民享有基本文化权益的基本权利，国家具有通过法治化途径对公民合法文化权益给付和保护义务，而且成为政府不直接经营文化事业，文化产业得以按照市场经济规律自由发展的法律基础和政治保障。二是《美国宪法》明确了对专利和版权的鼓励和保护。《美国宪法》第一条第八款规定国会有权“保障著作家和发明人对各自的著作和发明在一定的期限内的专有权利，以促进科学和实用艺术之进步”。《美国宪法》是美国文化产业立法的基础，从立法理念和行政实践上营造了美国文化产业自由宽松发展的环境，为美国建立分散式、多元化、动态的文化管理体制确立了法律依据。(摘自刘恩东：《美国文化产业发展的法律支持体系》，学习时报网，2015年8月13日，内容有删改。)

二、英国文化（创意）产业

英国是世界上最早由政府机构系统阐述创意产业理念，并以此为理论基础进行文化产业发展战略规划的国家。在英国，较少提文化产业的概念，一般称创意产业。英国政府把创意产业定义为“那些发源于个人创造力、技能和天分，能够通过应用知识产权创造财富和就业机会的产业”①。在创意产业范围的界定上，英国政府把就业人数或参与人数多，产值或成长潜力大，原创性或创新性高等三个原则作为标准，将广告、建筑、艺术品和古董交易市场、手工艺品、工业设计、时装设计、电影和录像、互动性娱乐软件、音乐、表演艺术、出版、电脑软件及电脑游戏、广播电视等13项产业纳入创意产业的范畴。②

（一）英国文化（创意）产业发展历程

英国被认为是世界上最早提出创意理念，并有系统地推动创意产业成

① Richard L. Florida: *The Rise of the Creative Class*. New York: Basic Books, 2002. p. 1.

② http://www.culture.gov.uk/creative_industries/default.htm.

为经济动力的国家。从20世纪80年代开始，联合国教科文组织“世界文化政策大会”明确把人文文化发展纳入全球经济、政治和社会的一体化进程，把推动文化发展当作各国政府面临新世纪所应当作出的承诺。到了20世纪末，对于出台适应新世纪文化发展的新政策的呼声愈发强烈。此时，以文化大国自居的英国已预见到文化与经济相结合的巨大潜力，率先将面向新时代的文化战略调整提上了日程。

1990年，政府委托英国文化委员会会同英国电影协会和手工艺委员会等单位开始起草英国文化发展战略，并于1993年以《创造性的未来》为题正式公布，这是英国有史以来第一次以官方文件形式颁布国家文化政策。“创造性”（creativity）成为英国新文化政策的核心，被引入文化政策文件；1997年，在新工党领袖布莱尔首相的直接推动下，英国成立了“创意产业特别工作小组”[①]，就文化创意产业的持续发展提出建议，并于1998年和2001年分别两次发布研究报告，分析英国创意产业的现状并提出发展战略。1998年出台的《英国创意工业路径文件》中明确地提出了“创意工业”（creative industries）的概念，提出把创意产业作为英国振兴经济的聚焦点，把推广创意产业作为拯救英国经济困境的有效方法，要求政府为支持文化创意产业而在从业人员的技能培训、企业财政扶持、知识产权保护、文化产品出口等方面作出积极努力。2001年，英国文化、媒体和体育部发布第二份《创意产业路径文件》时，英国已经从“世界工厂”转型为“世界创意中心”，全方位提高了英国的核心竞争力。2001年，英国创意产业产值约为1125亿英镑，占英国GDP的8.2%，超过制造业对国内生产总值的贡献。创意产业从业人员约130万，占总就业人口的4.3%。出口额为103亿英镑，成为仅次于美国的世界第二大创意产品生产国。在1997年至2001年间，年均增长率为15%，远远高于同期4%的英国所有产业出口的年均增长率。[②]

2007年，英国文化、媒体和体育部发布《文化与创意2007》（Culture & Creativity in 2007）报告，回顾英国创意产业十年发展成果。报告显示，

① 由布莱尔亲自担任主席，以文化大臣为首，成员包括外交部、英国文化委员会、财政部、贸易和工业部、教育和就业部、科学和技术部、环境交通和区局部、苏格兰事务部、威尔士事务部、北爱尔兰事务部、妇女部、唐宁街10号政策研究室等部门首长、政府高官以及与文化产业有关的重要商业公司的负责人和社会知名人士。

② 香港大学文化政策研究中心：《香港创意产业基线研究》，http：//www.cpu.gov.hk/chs/documents/csd/csd_edc_2_2006c.pdf。

英国创意产业在整个国民经济增加值中的比例超过了7%。在政府的引导下，英国创意产业增长速度已达到全球之冠，并与金融服务业一起成为英国知识经济的两大支柱。过去10年，英国整体经济增长70%，而创意产业增长93%。在这10年间，英国创意产业以平均每年6%的速度增长，其中艺术类产业平均增长9%，软件业增长11%，电视及广播产业增长8%。英国创意产业2005年出口达146亿英镑，比2000年增长了20%。据英国文化、传媒和体育部公布的统计数据显示，截至2011年12月，英国从事创意产业的企业共10万多家，占全国企业总数的5.13%，其中从事音乐和表演艺术的企业最多。文化创意产业为英国提供了近150万个就业岗位。2013—2014年，由创意产业创造的就业岗位增加了5.5%，是英国平均水平的两倍多。目前，英国创意产业创造的就业岗位已超过180万个，比2011年增加了24.7万个。另外，创意产业出口服务为英国创造的价值高达179亿英镑，比2012年增长3.5%。[①] 由此可见，英国文化创意产业大大缓解了就业这一难题，有效保障了社会稳定与民生发展。

（二）英国的文化管理政策

英国是世界上第一个以政策推动创意产业发展的国家，把发展创意产业作为提升英国综合国力的关键一步。英国政府为促进文化创意产业的发展，在政策上为其提供了很大的发展空间。

在组织管理上，1997年，英国把“国家遗产部”改名为“文化、媒体和体育部”，从整体上协调英国文化产业的发展。文化、媒体和体育部下设企业服务局，旅游、图书馆和社区局，创意产业、广播和彩票局，艺术文化局，体育局，战略和公关局，皇家公园署，奥林匹克运动委员会8个分局，主要负责创意产业文化商品的出口准许，并管理电影、音乐、国家彩票、体育和旅游等产业部门，整合各部门运作；贸易工业部主要负责广播电视、硬件、数字内容、计算机游戏、传播媒体、网络交流、旅游、体育休闲、造纸和印刷、报纸杂志图书出版等产业部门；对外经贸部指导文化创意产业投资以及文化创意产品和服务的出口。在文化、媒体和体育部、贸易工业部和对外经贸部等常务部门之外，英国政府还专门设立了文化委员会，负责海外文化交流。各级地方政府也成立了各类艺术委员会，扶持本地文化创意产业的发展。此外，英国成立了创意出口小组（CEG）、

---

① 郑苒：《英国创意产业创造就业岗位超180万》，《中国文化报》，2015年7月13日。

表演艺术发展小组（PAID）、设计协作小组（Design Partners）等三个产业出口指导小组促进英国创意产业的海外市场开发。

在文化管理上，英国建立了比较完整的从中央到地方的三级文化管理体制。英国中央政府的文化、媒体和体育部是最高一级的文化行政管理部门，从整体上协调英国创意产业的发展，负责制定文化政策，统筹划拨文化经费，不直接管辖文化艺术团体和文化事业机构。国家级的大型文化单位和大型文艺团体，如大英博物馆、国家美术馆、大英图书馆、皇家歌剧院、皇家芭蕾舞团等，都是独立运作，不直接隶属文化、媒体和体育部。中间管理机构是非政府公共文化机构和各类文化艺术委员会及地方政府，负责执行文化政策，并具体分配文化经费。其中文化艺术委员会带有准政府性质，包括英格兰艺术理事会、工艺美术委员会、博物馆和美术馆委员会等；基层管理机构是地方文化管理部门及各种行业性的文化联合组织，包括电影协会、旅游委员会、广播标准理事会、体育理事会等，负责具体使用经费。三级管理机构各自相对独立，无垂直行政领导关系，主要通过制定、执行统一的文化政策和逐级分配、使用文化经费，在政策上加以协调，共同促进英国创意产业的发展。

在文化资助上，英国政府谨守国家作为“赞助人”① 的角色，实行“一臂之距”的文化资助模式。政府将拨款交由非政府性质的公共文化机构分配，公共文化组织或个人通过公共文化机构获得政府的资助。非政府的文化机构一般由各文化领域的专家组成，不仅为政府提供文化政策咨询，而且独立地评估递交资金申请的全国各个文化组织或个人，并将政府拨款分配给选中的文化组织或个人。政府文化行政主管部门与非政府公共文化机构之间不存在行政领导关系，大多数非政府公共文化机构除从文化、媒体和体育部拨款取得经费外，还通过收费或从事其他商业活动获得收入来源。这样既保证了政府工作的高效运作，又有效防止行政力量干预文化创作。此外，政府对文化事业的财政资助是有条件的，政府鼓励其自创收入、争取社会赞助。即使享受政府长期资助的团体或机构，政府资助一般也只能占其收入的30%左右，其余部分仍需自筹解决。

（三）英国文化（创意）产业的发展措施

为促进创意产业发展，英国推行了一系列有力措施：

---

① Peter Duelund: *The Nordic Culture Model*. Nordic: Cultural Institute, 2003, p. 20.

1. 政府陪同资助

政府是英国文化产业的领衔者、推动者和组织者。英国对企业投资文化产业实行“政府陪同资助”，即如果企业决定资助文化事业，政府将陪同企业资助同一项活动，为这项活动的质量和成功打上“双保险”。政府特别鼓励“新投入”，即当企业第一次资助时，政府“陪同”企业资助，其比例是1∶1，对于第二次资助，政府则对企业多出上次资助的部分实行1∶2的比例投入。[①] 资金的加倍投入，必定会扩大文化活动的规模、质量和影响，广告效应自然增倍。实践证明，这一政策明显地提高了英国企业资助文化事业的积极性，已有3000多家公司加入了资助文化事业的行列，资金高达近亿英镑。

2. 支持小型文化企业

为鼓励小型文化企业在文化领域的创业，政府采取了一系列的政策措施，从资金资助、咨询建议、知识产权保护、场地、技能以及网络等方面给予扶持。如设立国家科学技术和艺术基金，推动和支持在科学、技术和艺术方面的创新。每年从国家彩票基金中拿出2亿英镑投向国家科学技术和艺术基金，这2亿英镑的基金每年可产生1000到1200万英镑的收益。国家科学技术和艺术基金还从其他渠道寻求资金来源，如社会捐赠、成功的风险投资利润等。政府还建立资助大学生创业的孵化计划项目，帮助和鼓励他们到文化领域创业；建立文化企业创业孵化基地，在厂地、设备等方面提供优惠；在税收方面向小型文化企业倾斜等。

3. 发行国家彩票

英国政府通过发行国家彩票（National Lottery），为文化事业筹集了大笔经费，有力地推动了英国文化事业的发展。英国国家彩票作为一项特殊的文化产业，成为国家财政的一项重要来源，并逐渐成为文化事业获得资金的主要渠道。政府主管部门文化、媒体和体育部全权负责彩票事宜，在彩票管理中起主导作用，其职责包括立法权、经营者选择权、收入分配权、经营及资金监督权。彩票收入由英国文化、媒体和体育部按一定比例分配、划拨到全国11个地区、行业文化公益事业主管部门；所有希望得到彩票资助的机构和个人均向这11个部门提出申请，由它们审定拨款额度。[②] 由此，行政体制和拨款类别共同构成了一套行之有效的彩票收入

---

① 魏鹏举、周正兵：《文化产业投融资》，321页，长沙，湖南文艺出版社，2008。

② 李庆本、吴慧勇：《欧盟各国文化产业政策咨询报告》，321页，郑州，大象出版社，2008。

拨款机制，一批国家级重大文化项目依赖彩票发行筹措资金得以实现。

4. 培养创意人才

英国认为创意产业的核心是创意，把创意人才作为发展创意产业的第一要务。英国不断加强正规教育体系和成人业余教育等领域中艺术教育的投入，形成职业课程、本科课程和研究生课程的多层次教学体系。伯明翰艺术设计学院、格拉斯哥艺术学校、东伦敦大学、爱丁堡艺术学院、伦敦学院、威尔士大学等院校都相继开设了创意类专业。统计资料显示，全英范围内开设的创意类专业学位课程高达3.7万多个，其中艺术设计类课程占了很大比例。此外，政府重视创意人才的技能和训练，建立了继续教育和研究机构网络。同时，成立研究成果转化团队、技能和企业家训练团队，以推动新的文化创意的产业化和创意人才的培养。在此理念的指导下，英国前瞻性地培养富于创造性、懂经营的创意人才，创意阶层开始形成并壮大起来，成为推动英国经济发展的助力器和主力军。

延伸阅读

英国政府的创意产业政策，是目前国际上产业架构最完整的文化产业政策。英国的文化创意企业不希望政府干预太多，只希望政府协助建立优质健康的环境，帮助产业的未来发展。所以，英国政府的推进举措主要集中在三个方面：首先，政府就组织管理、人才培养、资金支持、生产经营等有关方面加强机制建设，对创意文化产品，从研发、制作、销售到出口，实施全方位的系统性扶持。通过出口推广、教育及技能培训、协助融资、税收减免及开放规则、保护知识产权和容许每个地区保留本地文化发展的自主权等政策，大力推动创意产业。其次，规划创意产业蓝图，倡导创意产业的概念，培养公民创意生活与创意环境的意识，发掘大众文化对经济层面的影响力。再次，建议各地政府与民间广泛合作，对创意产业提供补救对策，如保护知识产权、促进文化产品输出、提供从业者教育和训练等。

目前英国政府对创意企业的资金扶持主要采用两种方式，一是提供信息支撑，为企业提供各地文化创意资金支持的相关机构，二是通过英国科学、技术及艺术基金会为具有创新点子的个人提供发展资金等。英国文化、媒体与体育部也曾经进行有关资金的研究计划，如针对英国的唱片业者的资金来源做调查，并提供各地可供给创意产业者资金机构的联络方式，指导相关企业或个人如何从金融机构或政府部门获得投资援助。政府的专案研究和研讨会的开展，使投资者了解到创意产业，也使创意产业者明白各种资金的来源，从而更好地进行选择。（摘自王可：《伦敦——用创意赢得世界》，《北京商报》2010年1月18日第F13版。）

三、日本文化产业

日本的文化产业在全球居领先地位，是日本经济发展的重要支柱行业。在日本，文化产业统称为娱乐观光业，主要包括内容产业、休闲产业和时尚产业等三大类。其中，内容产业是指动漫、网络、电视、多媒体系统建构、数字影像处理、数字影像讯号发送、录影软件、音乐录制、书籍杂志、新闻等产业门类；休闲产业是指学习休闲、鉴赏休闲、旅游休闲、运动设施和学校及补习班、体育比赛售票、电子游戏、音乐伴唱等产业门类；时尚产业是指时尚设计和化妆品等产业门类。近年来，日本更倾向于用“内容产业”（content industry）来取代“文化产业”的说法，强调文化产品的内容属性。

（一）日本的文化立国战略

二战以后，日本确立了以经济发展为中心的“经济立国”战略，创造了世界的经济奇迹。与此同时，日本人以经济和物质为中心的思维方式和行为方式造成了经济与自然、社会与环境、物质与文化建设的严重失衡，日本开始考虑新的增长方式。各州道县纷纷从本地实际出发，积极发掘地域文化特色。早在20世纪70年代后期，日本关西地区（指以大阪、京都和神户三市为中心的地区）积极推行“文化行政”，将文化作为各项工作的核心；神奈川县知事长州一二积极倡导“地方时代论”，力求把神奈川县办成“日本的头脑和中心”。1979年，日本学者日下公人指出：基础工业复苏的奇迹不会再出现，日本的产业结构应转向以最终需要为主的产业，这种产业结构重心的转移是各国经济发展的必由之路；文化产业是最终需要产业中最有前途的产业之一；日本人要利用文化资源创造新文化，从人的大脑中寻找资源、开辟市场，用人文精神去创造经济奇迹。①

在此背景下，日本政府充分意识到，文化的交流和辐射是日本文化创新和发展的基本动力。1990年，日本成立了由专家学者和艺术权威组成的“文化政策促进会议”，作为文化厅长官的咨询机构。1995年7月，文化政策促进会议提出《新的文化立国目标——当前振兴文化的重点和对策》报告，开启了“文化立国”战略的初步设想。1996年7月，文化厅正式提出

---

① ［日］日下公人著，范作申译：《新文化产业论》，145－158页，北京，东方出版社，1989。

了《21世纪文化立国方案》，标志着日本“文化立国”战略的正式确立。1998年3月，文化政策促进会议提交了《文化振兴基本设想——为了实现文化立国》的报告，对“文化立国”战略进行阐释，并把21世纪作为日本依靠本国的文化资源与文化优势开始新一轮发展的世纪。

2000年以后，为了保证“文化立国”战略目标的实现，日本密集出台了一系列相关配套法律法规、方针政策。2001年10月，日本对1970年颁布的《著作权法》进行修改，并更名为《著作权管理法》，引导人们公正使用文化成果，有效维护作者的权利，使文化产业得以健康有序发展；2001年12月7日，日本公布实施了《振兴文化艺术基本法》，明确界定了构成文化核心的文化艺术门类，规定了有关振兴文化艺术的基本政策和方法，有效促进从事文化艺术活动的行为者自主地开展活动，全面推进有关振兴文化艺术的政策实施；2002年3月，在小泉首相的提议下，日本召开了“知识财富战略会议”，确定了“知识财富大纲”，并于11月制定了《知识财产基本法》，确定了“知识财富立国”的方针；2002年12月，日本文化审议会制定了《有关振兴文化艺术的基本方针》，确定了今后5年日本振兴文化艺术的基本方向和国家应当承担的责任；2003年3月，内阁政府成立了“知识财富战略本部”，由首相亲自挂帅担任部长，制定了详细的“知识产业推进计划”；2004年5月，日本政府推出了《文化产品创造、保护及活用促进基本法》，规定文化产业除了丰富人们的生活、促进经济健康发展之外，还肩负着让其他国家了解日本文化的任务，因此中央和地方政府、公共团体都有义务积极扶持；2006年11月，日本政府组织了“亚洲前景战略会议”委员会，讨论日本未来经济和社会发展的综合政策，将文化产业发展作为中心议题，并于2007年5月正式通过《日本文化产业战略》，成为日本文化产业的纲领性文件；2011年，“Cool Japan”战略正式启动，其主旨是向海外介绍日本时装、设计、漫画、电影等文化商品，同时培养日本国内相关产业所需的人才。

（二）日本文化产业的发展现状

文化产业是日本经济和社会发展中的亮点。据统计，2007年，日本文化产业的规模约为80兆至90兆日元，约占GDP总量的15%，文化产业从业人数约400万，占就业总人数的6%以上。① 据2009年3月日本政府

① 甘旭峰、一诺：《日本文化产业发展经验对我国文化产业振兴规划实施的启示》，《当代财经》，2010（6）。

出台的《日本品牌战略》报告预测，随着软实力产业的发展，到2015年，日本仅“内容产品”的产业规模就将达20万亿日元（约合2561亿美元）。

动漫产业是日本文化产业的支柱产业。日本是世界上最大的动漫制作和输出国，动漫产业在日本GDP中所占比重已超过10%，已成为与日本电器、日本汽车并列，影响世界的三大日本制造之一。据日本产业经济省统计，全球播放的动漫节目有60%是日本制作的，世界上有68个国家和地区播放日本电视动画、40个国家和地区上映日本动画电影。在日本，动漫产业主要包括漫画产业、动画产业和游戏产业。据2008年日本《信息媒体白皮书》统计，2006年日本发行漫画杂志和漫画图书总计12.7254亿册，总销售额为4810亿日元（约300亿元人民币），占日本所有出版物销售额的22.4%。[①] 2006年，日本动画市场规模达到2415亿日元（仅包括动画电影票房收入、电视动画节目制作与销售收入、DVD等动漫光盘的销售收入、网络传输的动漫作品收入），有700多家企业参与动画的开发与制作，其中有400多家企业专职从事这方面的工作。有3000多家电影厅放映动画电影，几乎所有电视台都播放电视动画节目。一年中有2000多万人进电影院观看动画电影，在电视台播放的动画片达3170多部，总计95729分钟，平均每天收视率是3.6%。[②] 2006年，日本游戏市场销售额达15319亿日元，其中家庭游戏机软件和个人电脑游戏软件销售额为6799亿日元，网络在线游戏收入为737亿日元，游乐中心游戏机收入为7029亿日元，手机游戏销售额为748亿日元。[③] 此外，日本十分注重动漫衍生品的开发和营销，形成了“漫画出版发行——动画制作播出——衍生品生产及销售——成功动漫产品的深度开发”的动漫产业发展模式，带动了动漫玩具、生活用品、体育用品等相关商品的制作和消费。

日本的娱乐产业、旅游产业、文艺演出、美术展览等也发展迅猛。日本全国有33万家卡拉OK店，消费人口为5060万人次，市场营业额约为6000亿日元；日本每年观看戏剧的观众为1130万人次，市场收入为1230亿日元；音乐会和演唱会的观众为2210万人次，市场收入为1890亿日元；

---

① 電通総研编：『情报メディア白书2008』，49—55页，东京，ダイヤモンド社，2008。

② 電通総研编：『情报メディア白书2008』，92—99页，东京，ダイヤモンド社，2008。

③ 電通総研编：『情报メディア白书2008』，100—113页，东京，ダイヤモンド社，2008。

观看其他演出的观众约为 590 万人次，市场收入为 280 亿日元。另外，日本每年要邀请多个外国艺术团来日演出，各种演出达 3000 多场次。

（三）日本文化产业的发展举措

日本文化产业的发展，除确立“文化立国”的战略目标，密集出台了一系列相关配套法律法规、方针政策外，主要有以下举措：

1. 发挥中介组织作用

日本文化行业协会很多，几乎每个行业都有自律性的组织或机构，如日本音乐著作权协会、日本漫画家协会、日本电脑娱乐提供者协会等。这些行业协会都是社团法人，负责制定行业规则，维护会员的合法权益，同时进行行业统计。日本文化行业协会被看作是政府职能的延伸，文化产品的审查通常不是由政府直接负责，而是由行业协会把关。比如，影协下设的电影伦理管理委员会负责电影审查，该委员会由 5 位管理委员及电影业各领域的 8 位审查员组成，凡未经该机构审查的作品，一律不能在影院公映。

2. 产官学的协作体制

日本在文化产业发展中，成功地运用了“产官学”模式，由政府提供法律保障和政策支持，学术和研究机构负责提供市场预测、发展前景等信息支持，企业通过与政府和研究机构合作谋求文化产业发展。早在 1986 年，日本政府制定了《研究交流促进法》，鼓励国际机构的研究人员到民间企业参加共同研究，要求国立研究机构的设施向民间研究人员开放，并接受他们参加协作研究项目等。“产官学”模式的推行，将有限的技术人员和研究经费集中起来，有效促进科技创新、加速科研成果转化和实现产业化，并且对节约有限的研究经费和宝贵的时间具有十分重要的意义。

3. 民间参与文化建设

民间投资是日本文化产业发展壮大的主要融资来源，大型文化活动的举办多依赖于企业、公司的参与和资金赞助。在日本，约有 800 家企业拥有自己的博物馆和美术馆，几乎所有的日本一流大型企业都以各种不同形式支持、参与文化活动，将此视为改善企业形象的重要举措。例如，1990 年日本创设了“振兴艺术文化基金”，基金主要用于支援各种艺术文化活动，基金由政府和民间共同出资，政府出资 500 亿日元，民间赞助 112 亿日元，此后每年筹集到的民间资金在 14 亿日元左右。

4. 开拓海外文化市场

日本非常重视对文化产品海外市场的开拓，经常举办文化主题年等大型国际文化交流活动，积极利用日本传统文化的优势，在世界市场上获取更大的经济利益。2002年8月，日本经产省与文部省联手促成建立了民间的“内容产品海外流通促进机构”，并拨专款支持该机构在海外市场开展文化贸易与维权活动。近年来，日本积极打造针对海外受众的“酷日本”国家形象和品牌战略，通过树立日本国家品牌和宣传日本软实力，提升日本各种产品的品牌和文化含量，创造出每年高达上万亿日元的品牌附加值。据统计，到2020年，“酷日本”相关产业的市场规模预期将从2009年的4.5万亿日元（约合576亿美元）增长至17万亿日元（约合2177亿美元）。[①]

延伸阅读

大众文化是日本的强项，尤其是诸如东京秋叶原一带的动漫和涩谷、原宿一带的时装。2011年日本仅游戏节目的出口额就高达2930亿日元（约合人民币180亿元）。饮食、茶道和插花、歌舞伎等非物质文化领域颇具特色，其工艺品在欧美一直深受欢迎，时装和化妆品在海外也很有市场。这些都是近年来日本发力在国际社会弘扬的内容。去年日本料理被列入世界非物质文化遗产名录，无疑为日本的这一努力锦上添花。

“酷”是英语cool的音译，本来只有“凉快”之意。20世纪90年代布莱尔首相执政时期首次采用“酷英国”表述，此后该用法就在全世界广泛流传。如今除了动漫和游戏以外，日本的时装和料理也颇受关注。既然国际社会已用此语为日本文化定位，日本人也就顺水推舟，以“酷”为关键词，以这一很吸引眼球的字眼来统领和概括日本文化，以此来营销日本文化及其商品。近年来日本朝野绞尽脑汁在“酷”字上大做文章，力争做到极致。

政府企业抱团“文化出海”。长期以来，无论在国内还是在海外，都有不少日本企业在生产一流的产品或提供上佳的服务。但一些日本企业的规模很有限，仅靠自己单打独斗，很难形成规模效应，所以急需做大做强，这就需要政策的有力支持。

前年年底安倍重新担任首相以来，在自民党和内阁中对实施这一战略形成了广泛的共识，去年5月还任命了负责改革事务的大臣稻田朋美出任“酷日本”担当大臣。在前不久出台的“增长战略”中，这一战略也得以

---

① 刘海燕等：《文化产业，被各国推上经济发展最前台》，《新华每日电讯》2011年11月8日。

体现。

去年11月25日，日本政府与包括瑞穗银行、三井住友银行在内的15家企业联手出资375亿日元，成立了“酷日本机构”，日语注册名称则为“支援开拓海外需求机构”，从而为推动日本文化走出去建立了一个巨大的平台。启动资金中日本政府出资300亿日元，每家企业出资5亿日元，共375亿日元。在2014年3月底之前这一金额又增至600亿日元，2015年则将进一步增至900亿日元。该机构对企业申请资助项目确立了三个条件：1. 完全符合推动日本文化走出去的政策方向；2. 确保项目的收益性，不能让投资打水漂；3. 可望产生波及效应。每个项目的资助额在100亿日元以内。（摘自陈鸿斌：《酷日本，欲抢滩国际文化产业制高点》，《文汇报》2014年8月4日。）

四、韩国文化产业

韩国是亚洲文化产业的后起之秀，在1997年亚洲金融危机之后，韩国文化产业得到突飞猛进的发展，不仅成为本国经济的支柱性产业，同时将韩国打造成为世界第五大文化产业强国。在韩国，文化产业称为“内容产业”，是指文化艺术商品制作和流通产业，包括动画、音乐、游戏、出版漫画、卡通形象、电视、电影等内容。随着数码技术的兴起，文化产业的行业范围进一步拓展到电子书籍、互联网信息和手机内容等具有高附加值和高增长潜力的领域。

（一）韩国文化产业的发展背景

1997年亚洲金融危机给韩国以沉重打击，韩国政府认识到，必须重新思考新的经济增长方式和经济增长点，改变单一产业结构，走多元化的产业发展道路。1998年，韩国提出“设计韩国”战略，确立“文化立国”的国家方针，将文化产业作为21世纪发展国家经济的战略性支柱产业加以大力推进。为推动文化产业发展，韩国政府出台了一系列有力举措。

在组织结构上，1999年，文化观光部、产业资源部、信息通讯部通力合作，建立了各自下属的“游戏综合支援中心”“游戏技术开发支援中心”“游戏技术开发中心”，分别主管政策和规划、游戏产业园区建设和管理、游戏产业技术开发，重点扶持游戏产业发展；2000年，文化观光部成立了韩国文化产业振兴委员会，由15至20人组成，由文化观光部长官（部长）任委员长，国会常任委员会推荐2人，财政经济部、外交通商部、行政自治部、文化观光部、产业资源部、信息通讯部、企划预算处各委派1

名次官（副部长），以及广播、电影、出版、音像、游戏等有关部门各有1名负责人参加，负责制定国家文化产业政策方向、发展计划及文化产业振兴基金运营方案，检查政策执行情况，开展有关调查研究及其他相关工作；2001年8月，文化观光部成立文化产业振兴院，由产业支援总部、文化信息开发总部、事务局三部分组成，全面负责文化产业具体扶持工作；2002年7月，文化观光部决定由下属的文化产业振兴院、广播影像振兴院、电影振兴委员会、游戏产业开发院、国际广播交流财团等5个部门组建“文化产业支援机构协议会”，加强文化产业信息交流，对原来分散组织的活动进行协调、统筹管理。此外，韩国在釜山、光州、大田、大邱、春川、富川、清州、全州、木浦、庆州和济州等地分批次组建了“文化产业支援中心”，形成地方的文化产业管理运行机制，加强中央与地方相互之间的协作、技术交流、信息沟通等，推动文化产业在全国的均衡发展。

在产业政策上，韩国颁布了《国民政府的新文化政策》《文化产业振兴基本法》《设立文化地区特别法》《出版与印刷基本法》《韩国文化产业内容振兴政策》等一系列相关政策，明确将文化产业作为韩国战略性支柱产业加以大力推进；制定了《文化产业发展五年计划》《文化产业前景》、《文化产业发展推进计划》《电影产业振兴综合计划》《21世纪文化产业的设想》《文化韩国21世纪设想》等一系列发展规划，明确了文化产业发展战略和中长期发展计划；制定了唱片、录像带及游戏产品相关的法令及《统合放送法》，陆续对《影像振兴基本法》《著作权法》《电影振兴法》《演出法》《广播法》《唱片录像带暨游戏制品法》等作了部分或全面修订，为文化产业的发展提供了法律法规保障。2009年，韩国政府将文化产业指定为绿色增长产业，加强对文化产业的支援。

（二）韩国文化产业发展现状

随着韩国政府对文化产业的重视和大力支持，韩国文化产业迅速发展。韩国文化体育观光部的数据显示，2010年韩国文化产业规模为72.58万亿韩元（约合650亿美元），约占当年GDP的6.2%。动漫产业、游戏产业、影视产业、音乐产业等主要产业部门一直保持相当高的增长率，构成了韩国的核心文化产业，其产值占整个文化产业的60%以上。

1. 动漫产业

韩国的动漫产业肇始于20世纪60年代中后期，但一直发展缓慢。亚洲金融危机爆发后，韩国业内人士积极探寻振兴之策，成立了韩国文化内容振兴院、富川漫画情报资料中心、首尔动画中心、韩国游戏产业开发院等动漫产业管理与指导机构，动漫产业得到长足发展。目前，韩国已成为仅次于美国和日本的世界三大动画生产国之一，成为亚洲乃至世界数字内容产业的主宰者之一。目前韩国年生产动画电视系列 4680 分钟，剧场版长篇动画 2 至 3 部；动画制作企业 240 多家，动画从业人员 1 万多人，并且每年有 2000 多名动画专业的学生进入动漫产业。[①] 此外，韩国将新媒体网络作为动漫产业发展的新突破口，动漫产业结合网络技术，将 flash 动画作为主要的制作与播出类型，每年制作 flash 动画数百集，独立短片 100 多部。

2. 游戏产业

韩国游戏产业崛起于 2000 年前后，从 2001 年开始以年平均 10%以上的速度高速成长。2008 年 12 月，韩国文化体育观光部发布了《游戏产业振兴中长期计划（2008－2012）》，以 2012 年成为世界第三大游戏强国为战略目标，在全球市场战略、打造次世代游戏制作基础、确保未来型创意人才和领先技术、创造游戏文化价值、流通环境先进化、引领世界电子竞技、融合环境制度政策体系化等七大战略下，计划在四年内由政府投资 3500 亿韩元，创造 10 兆韩元的市场收入，36 亿美元的出口额。[②] 据统计，2009 年，韩国游戏产业国内收入达 54 亿美元，国外收入达 16 亿美元。韩国游戏活跃在 80 多个国家和地区，全球有 4 亿人在玩韩国游戏，占全球网络游戏市场份额的 36%。[③] 2013 年，韩国内容产业出口额首次突破了 50 亿美元（约合 303 亿元人民币），游戏业约占 29 亿美元（约占总额的 58%），其中，手机游戏约为 7 亿美元（约合 42 亿元人民币），同比增长了约 34%。目前，韩国有 1500 余家游戏企业，其中 40%的企业在制作网络游戏，30%的企业在制作手机游戏。

3. 影视产业

在亚洲金融危机期间，韩国政府将电影产业作为重点扶持对象。1998 年，韩国政府取消实行了几十年的电影审查制度，同时规定影院每上映一部进口影片必须上映一部韩国影片，以确保本土电影市场，吸引市场投

① 崔丽娜：《韩国文化产业的发展现状》，《山东纺织经济》，2011（3）。

② 문화 관광부 한국의 교육부: 게임 산업 장기 계획（2008－2012），2008 年 12 月发布。

③ 中投顾问：《2011－2015 年中国网络游戏市场投资分析及前景预测报告》，2011 年 7 月发布。

资；1999 年 5 月，韩国文化观光部成立电影振兴委员会，下设秘书处、汉城综合影城和韩国电影学院 3 个主要单位，分管政策拟订、产业振兴、辅助金审核执行、人才培育、教育研究和国内外行销推广等业务；2006 年，韩国取消了影片配额制，国际竞争力日趋加强。以《生死谍变》为例，其创造了韩国商业片神话，本土票房收入 360 亿韩元（约 3000 万美元），海外版税收入达到 500 万美元。此外，韩国电视产业的市场规模不断扩大，已突破 10 万亿韩元大关。[①] 韩国影视产业的发展，在亚洲乃至全球刮起一股持续强劲的“韩流”。据韩国经济研究院《“韩流”现象与文化产业战略》介绍，单单一部电视剧《冬日恋歌》，及其主演、韩国演员裴勇俊为韩国带来的经济效益就超过 3 万亿韩元（约 29 亿美元）。

4. 音乐产业

2003 年，韩国文化观光部推出《音乐产业振兴五年计划》，在 5 年内投资 4043 亿韩元促进大众音乐的发展，内容包括对海外固定节目给予支持，扩大海外市场等，力争将音乐产业发展成核心文化产业。2009 年，韩国文化体育观光部推出《音乐产业振兴中期计划》，在未来 5 年内由政府注资 1275 亿韩元，推动韩国流行音乐产业的国际化和产业化，确定了包括新设韩中日巡回亚洲音乐市场、支持独立及非主流音乐剧等方面优秀新人、加强版权管理、培养全球大众音乐人才和建立韩国音乐数据中心等在内的 23 个重点项目。在政府的大力扶持下，韩国音乐产业快速发展，涌现了裴勇俊、安七炫、何莉秀、Super Junior 等一大批歌星，带来了巨大的经济效益。据韩国文化体育观光部数据，2008 年，韩国音乐产业的经济规模达 8440 亿韩元，预计 2016 年将达到 1.7 万亿韩元。

（三）韩国文化产业的发展举措

韩国把发展文化产业作为一项国策，制定了许多有利于文化发展的产业政策，采取了一些有效的措施。

1. 建立文化产业资金支持机制

一是不断加大对文化的财政预算。据统计，1998 年，韩国的文化财政预算为 4848 亿韩元。2010 年 9 月，韩国文化产业部发布了《2011 年财政预算方案》，文化财政预算达 3.709 亿韩元，较 2010 预算高出 6.2%。二是设立多种文化产业专项基金。韩国设立了文艺振兴基金、文艺产业振兴基金、信息化促进基金、广播发展基金、电影振兴基金、出版基金等多种

---

① 卜彦芳：《韩国电视产业的新发展》，《电视研究》，2011（2）。

专项基金，扶持相关产业的发展。三是运作“文化产业专门投资组合”。例如文化产业振兴院在2000至2001两年间，成功运作“投资组合”17项，融资2073亿韩元（政府350亿韩元，民间1723亿韩元）。通过这种以动员社会资金为主、官民共同融投资的运作方式，有效解决资金短缺问题，保障了相关产业的发展。四是完善有关文化经济政策。利用税收、信贷等经济杠杆，实行税收优惠、低息贷款、财政补贴等多种优惠政策，并通过法案让文化产业共享制造业的所有优惠政策。

2. 重视文化产业建设的集聚效应

一是高度重视文化产业园区建设。自2001年至2010年的10年期间，全国共建10多个文化产业园区，10个传统文化产业园区，1至2个综合文化产业园区，形成全国文化产业链，旨在优化资源组合，发展集约经营，形成规模优势，提升研发生产能力和文化产业的整体实力。二是建立文化产业主题城市。根据各个城市自身定位，通过申请，由相关政府部门提供支援，建立主题性的文化产业城，目前已在京畿道、釜山等省市进行了设计城、电影城、电视剧城的开发建设。三是建设“共同工作室”。改变了过去一次性支持的做法，为具有一定技术，但深受资金短缺困扰的中小企业提供长期、系统的扶持。获准使用共同制作室的企业或个人，从产品的开发、制作，到所需资金和人力，可得到多方面的支持。

3. 建立文化产业奖励制度

韩国在文化产业相关领域基本上都有一套奖励措施。近几年，韩国政府尤其加大了对影像、游戏、动画、音乐等重点文化产业的奖励力度。其中，“国务总理奖”（大奖）为最高奖项，奖金1000万韩元；“文化观光部长官奖”（优秀奖），奖金500万韩元；“特别奖”，奖金300万韩元。2003年，文化观光部把“国务总理奖”升格为“总统奖”，大大提升奖励的规格和档次。2002年，韩国设立“出口优秀奖”，由文化观光部和文化产业振兴院对过去一年的出口产品和单位评选出10个奖项，奖金500万韩元。除了丰厚的奖金外，国家还为获奖单位提供国内外经营出口的多种优惠。

4. 大力开拓国际市场

利用国内市场收回制作成本，以中国、日本为重点的东亚地区作为登陆世界的台阶，大力开发国际大市场，通过海外市场盈利。主要采取以下措施：一是加强调研，开发适销对路产品。通过驻外机构、企业办事处以及网络等多种手段，加强市场调研，针对地区特点开发不同产品。二是集中力量开发名牌产品。集中力量开发具有国际竞争力的名牌产品，利用品牌取得更好的市场效应。三是举办和参加国际性展销洽谈活动。韩国积极支持企业参加在中、日、美、法、德、芬兰等国举办的文化产品展销活动，利用国际性展销洽谈活动进行招商引资。四是构筑海外营销网。利用先进的网络、外国代理商，开发直销、合作经销等手段，逐步构建起国际营销网，加强市场运作。五是集中资金支持重点出口项目。设立“影像制品出口支援中心”等文化产品出口支援中心，对出口文化产品的制作和翻译提供资金支持，并构建“活力韩国”“国家品牌委员会”等多个外宣平台。

5. 大力培养文化产业专业人才

一是完善人才管理系统。成立“CT 产业人才培养委员会”“教育机构认证委员会”等专业机构，兴建文化产业专门人才数据库，加强对文化产业人才的管理。二是加强院校培养。目前已有包括韩国外国语大学、汉阳大学、庆熙大学、仁荷大学等重点大学在内的 111 所院校开设文化产业学本科专业，81 所研究生院开设文化产业相关硕士博士课程。三是加强实用人才培养。通过产、学、研联合办学，委托院校和企业开展网络教学、专业资格培训等多种形式大力加强实用型人才培养。四是加强人才国际交流与合作。与美国、中国、日本等国家加强人才交流与合作，选派人员出国研修，培养具有世界水准的专业人才。

延伸阅读

走进驻华韩国文化院，一眼就能看到它的文化展示厅。展示厅不仅陈列着韩国传统的精美工艺品以及音乐、影视、书法等作品，还有多媒体、IT 体验功能等科技设施，现代感的空间布置更是与韩国传统艺术风格融合为一体。

这里还有韩文、英文及中文的各种书籍、资料和杂志，二层的图书室有 2 万多本图书，内容涉及哲学、宗教、历史、文学、社会、生活等各个领域，可以免费借阅、浏览。

事实上，驻华韩国文化院的活动内容之丰富令人耳目一新。除了配备优秀的教师资源，免费讲授韩语、韩国料理制作、国乐、跆拳道等课程以外，驻华韩国文化院还经常性地举办电影放映、音乐品鉴、舞蹈、韩服时装秀等多种活动。

自 1992 年中韩建交以来，两国在经济、文化、艺术、体育、观光等领域都取得了飞速发展。

2007年中韩两国的贸易额突破了1599亿美元，2013年，这一数字达2742亿美元，是两国建交之初的55倍。中国已经成为韩国最大的贸易伙伴、最大的出口市场、最大的进口来源国、最大的海外投资对象国。中韩双边贸易额超过了韩美、韩日、韩欧贸易额的总和。

在人文领域，同属儒家文化圈的中韩两国之间的人文纽带作用不断增强，人员往来频繁。2013年中韩人员往来超过822.2万人次。截至2013年底，韩国在华留学生约6.2万人，中国在韩留学生约6.5万人，均占对方国家外国留学生人数之首。中国还在韩国建立了19所孔子学院和4所孔子学堂。韩国总统朴槿惠上台后，曾提出与中国建立“人文同盟”“人文纽带”的设想，希望借助两国文化层面的渊源，加强两国关系。（摘自刘旭颖：《小院，大文章》，《国际商报》2014年12月8日。）

第二节　中国文化产业发展现状及特点

一、中国文化产业总体发展现状

（一）文化产业的地位得到巨大提升，规模空前扩大

中国有五千多年的悠久历史，文化底蕴深厚，有异常丰富的文化资源，这为文化产业的发展提供了优越的条件。但是改革开放之前，我国实行的是计划经济体制，文化主要发挥宣传主流意识形态的功能，文化产品与服务属于文化事业，其生产完全由政府财政拨款，所以这一时期不存在实质意义上的文化产业。改革开放之后，计划经济向市场经济转变，人们的文化和精神需求日益增长，文化产业化才逐渐起步。所以说，我国的文化产业起步比较晚。从改革开放算起，我国文化产业已经在曲折和探索中行进了30多年，经过了80年代的萌芽阶段、90年代从自觉到自发的阶段，进入21世纪后开始加速发展。现在文化产业已经上升到国家战略地位的高度，国家致力于将其打造成为国民经济的支柱性产业，使其为“保增长、扩内需、调结构、促改革、惠民生”贡献力量。

据统计数据，2007年文化产业增加值为6412亿元，占GDP比重达到2.6%；2008年我国文化产业增加值达到7630亿元，比2004年增加了4190亿元；2009年文化产业增加值为8400亿元左右，快于同期GDP现价增长速度3.2个百分点。当前我国文化产业的规模扩大，经济效益大幅提高，文化体制改革成效显著，新兴文化产业发展迅速。而且，在一些经

济文化较为发达的城市和地区，文化产业已经成为当地的支柱产业之一。

2008年美国次贷危机的影响波及全球，世界经济陷入缓慢增长时期，对我国实体经济造成一定的冲击，在这样的背景下，我国文化产业呈现出逆势上扬的态势。为应对经济危机，满足人民群众日益增长的精神需求，提升社会发展的整体水平，提高我国在世界上的文化竞争力和影响力，国家于2009年出台了《文化产业振兴规划》，使文化产业得到了前所未有的机遇、环境和发展空间。党的十七届六中全会审议通过的《中共中央关于深化文化体制改革推动社会主义文化大发展大繁荣若干重大问题的决定》，将“文化产业成为国民经济支柱性产业，整体实力和国际竞争力显著增强，公有制为主体、多种所有制共同发展的文化产业格局全面形成”作为文化改革发展奋斗的重要目标之一。党的十八大报告提出，要推动文化产业快速发展，到2020年全面建成小康社会，文化产业成为国民经济支柱性产业，这描绘了文化产业新的发展蓝图。总体来说，我国文化产业已经步入快速发展时期，具有一定的规模，门类比较齐全，实力有很大的增强，在国民经济和社会文化中的作用和影响逐渐扩大。

（二）文化产业的政策渐趋完善，环境进一步优化

“从世界各国的产业发展经验来看，以政府为主体制定的文化产业政策法规将直接或间接影响文化产业的发展环境和资源配置，影响市场结构和市场机制的完善以及文化产品的生产和传播，在扶持、促进文化产业的发展中起到至关重要的作用。”① 我国的文化产业政策，尤其是产业意义上的政策，经历了从无到有、从单一到渐趋完善的过程，发展到现在已经形成了较为完整和系统的政策体系，包括国家战略层次的、地方规划层次的和针对某一区域或某一文化行业的具体政策。渐趋完善的文化产业政策和针对文化产业发展新领域、新问题制定的法律法规，优化了文化产业的政策环境，为文化产业的发展提供了良好的保障和支持。

（三）文化体制改革不断深化，文化事业和文化产业并举发展

由于历史原因，中国文化产业的发展全程伴随着文化体制改革。文化体制改革所释放的文化生产力是文化产业发展的最强劲动力之一。我国的文化产业在文化体制改革的推动下，呈现出快速发展的态势，取得了突破性进步。“国家统计局提供的数据显示，自2003年开展文化产业体制改革

---

① 宋建武、张宏伟：《中国文化产业政策法规研究》，张晓明、胡惠林、章建刚主编：《2010中国文化产业发展报告》，北京，社会科学文献出版社，2010。

试点以来，我国文化产业年均增长率达17%以上，高于GDP年均增长5—7个百分点。”[①] 文化体制改革自改革开放始，至2002年党的十六大之后步伐加快，文化体制改革不断深化，已经基本形成了文化产业和文化事业边界清晰且两业并举的局面。

公益性文化事业越来越受到重视，一方面能够丰富人们的精神生活，满足多方面的文化需求，另一方面能够提高人们的精神素养、培养审美能力、陶冶艺术情操，为文化产业的发展起到优化产业环境、培养潜在消费的作用。在我国具有公益性质的“文化三馆”是指美术馆、公共图书馆、文化馆（站）等相关文化服务机构，三馆不仅需要为公众提供舒适的休闲消费环境，还承担着传播优秀文化的重任。因此2011年2月初文化部、财政部出台的《关于推进全国美术馆、公共图书馆、文化馆（站）免费开放工作的意见》明确，2011年底之前国家级、省级美术馆全部向公众免费开放；全国所有公共图书馆、文化馆（站）实现无障碍、零门槛进入，公共空间设施场地全部免费开放，所提供的基本服务项目全部免费。

据统计，从2008年我国提出免费开放博物馆到2013年底，全国已有2780家博物馆实现免费开放，占上报博物馆数量的80%。根据2013《中国统计年鉴》数据显示，截止到2012年底，全国公共图书馆共有3076个，农家书屋39万个，并广泛建立剧院、音乐厅等综合性的文化场所。

文化体制改革大力促进文化产业的发展。转企改制是文化体制改革和发展文化产业的重要举措，只有确立企业的市场主体地位才能使文化产业摆脱体制的束缚。文化事业单位转企业，社会资本也纷纷加入，文化企业的主体地位增强，它们努力建立健全现代企业制度、加强企业的科学管理、引入合理的竞争机制，使文化产业的发展充满了活力。截至2010年上半年，148家中央部门和单位出版社已有102家核销事业编制，地方需要转企改制的出版单位已基本完成改企任务。全国近3000家新华书店已有2900多家转企改制，35家电影制片厂已全部完成改企任务，204家省市电影公司、293家影院以及58家电视剧制作机构已转企改制，转企改制的国有文艺院团总数达228家。另一方面，国家支持文化产业投资主体多元化，拓宽文化产业的融资渠道。2009年8月，国务院发布《文化产业振兴规划》，提出支持有条件的文化企业进入主板、创业板上市融资，鼓励

① 齐勇锋：《关于文化产业在应对金融危机中的地位和作用的探讨》，《东岳论丛》，2009（9）。

已上市文化企业通过公开增发、定向增发等再融资方式进行并购和重组，迅速做大做强，并支持符合条件的文化企业发行企业债券。2010年3月，《关于金融支持文化产业振兴和发展繁荣的指导意见》出台，明确提出支持处于成熟期、经营较为稳定的文化企业上市。2011年10月，党的十七届六中全会召开，会议通过了《中共中央关于深化文化体制改革推动社会主义文化大发展大繁荣若干重大问题的决定》，明确指出要加快发展文化产业，必须毫不动摇地支持和壮大国有或国有控股文化企业，毫不动摇地鼓励和引导各种非公有制文化企业健康发展；规划建设各具特色的文化创业创意园区，支持中小文化企业发展；推动文化产业与旅游、体育、信息、物流、建筑等产业融合发展，增加相关产业文化含量，延伸文化产业链，提高附加值。“随着政府文化政策的逐步宽松，民间资本和民营文化企业凭借体制灵活、运转效率高、适应市场能力强等优势，迅速登上文化产业舞台，成为推动文化产业结构调整和文化产业发展的生力军。”① 据统计，民营文化企业在能够进入的文化产业领域几乎都占有重要地位，比如电影业、艺术表演业以及新兴动漫和游戏产业等。

（四）文化产业重点行业发展迅速，新兴业态优势凸显

出版业一直走在文化体制改革的前列，转企改制、大型出版集团的成立、跨地区和跨所有制的战略重组，为出版业发展注入了活力。近年来，即使有金融危机和国内重大自然灾害的不良影响，我国出版业依旧保持了稳中有升、扎实前进的趋势。在图书出版方面，截至2014年底，新闻出版产业实现中高速增长，产业规模继续扩大。全国出版、印刷和发行服务实现营业收入19967.1亿元，较2013年增加1720.7亿元，增长9.4%。全国共出版图书44.8万种，较2013年增加0.4万种，增长0.9%，图书出版实现营业收入770.8亿元，同比增长6.5%；利润总额118.6亿元，同比增长2.9%。就出版物总量而言，我国已位居世界第一。除了传统出版业的平稳发展，新媒体出版增长势头强劲，网络出版、手机出版、数字出版与印刷等新兴业态也是行业的新增盈利点。

在广播电视领域，新兴业态成为发展的亮点。数字广播进一步发展，网络广播、移动广播发展前景广阔，广播正在进入发展的新时代。在电视方面，我国自2006年开始发展数字电视，截至2015年8月底，我国有线数字电视用户达到19678.7万户，有线数字化程度约为81.23%。近两年

① 祁述裕：《我国文化产业发展的几个特点》，《山东社会科学》，2009(2)。

数字电视发展加快，一些经济较为发达的地区从城市到农村的数字电视改造基本完成。同时，由于政策的放松和技术的进步，高清电视、手机电视、网络电视都发展起来。

电影产业已经连续15年保持增长态势，2009年实现华丽蜕变，成为在金融危机中逆势上扬的典型代表。2015年中国成为全球第二大电影市场，同时也是增长最快的市场之一。根据国家新闻出版广电总局公布的数据，2015年全国电影总票房为440.69亿元，同比增长48.7%，内地电影市场总量已接近北美市场2/3的体量，稳居全球第二大市场。这表明中国电影产业有着美好的发展前景，正在健康发展的道路上稳步前进。据统计，2014年全球电影票房总额约375亿美元，其中中国约48亿美元，占全球票房的13%，在全球票房同比增长的16亿美元中，中国约占75%。2014年我国共制作生产故事片618部、动画影片40部、纪录影片25部、科教影片52部、特种电影23部，我国俨然成为电影生产大国。2014年国内年度电影总票房达到296.39亿美元，同比增长36.15%，其中进口片票房收入约为132.64亿元，占总票房的45.49%，国产电影票房为161.55亿元，占总票房的54.51%，除美国外，中国电影市场对世界电影市场的贡献和影响越来越大。2014年电影票房过亿元的影片有66部，其中国产电影36部，电影《心花怒放》和《西游记之大闹天宫》票房均超过10亿元。2014年，影院市场继续保持快速扩容的态势。全国新增影院1015家，新增银幕数量5397块，全国银幕总数已高达2.36万块。[①] 总之，我国正逐渐由电影大国向电影强国转变。

动漫产业在近几年受到前所未有的关注，从国家到地方都对动漫产业进行全力的政策支持和财税支持。产业推进、内容创新加上政策优惠，动漫产业迎来了发展的春天，数量与质量都有大幅提升，拥有了一些优秀动漫企业和品牌，动漫产业运作模式的探索有了新的进展，动漫产业链建立并渐趋完善。在漫画方面，漫画期刊已达50多种，发行数量增长很快，并出现了漫友文化、知音集团等有一定实力的优秀期刊企业，它们还努力以期刊带动图书出版，并与其他媒体联动，开创中国漫画产业链的多元化模式。而且，中国已经出现一批较为优秀的漫画家，他们为中国的漫画业作出了巨大的贡献。2014年国产电视动画全年产量为411部，总值超过1000亿元，与2013年相比增长14.84%，并涌现出诸多优秀作品。当年我

① 刘汉文、陆佳佳：《2014中国电影产业发展分析报告》，《当代电影》，2015（3）。

国共制作35部动画电影，同比增长8部。《熊出没之夺宝熊兵》《秦时明月之龙腾万里》《龙之谷：破晓奇兵》等国产动画电影制作有了很大的进步，创造了优异的票房成绩，形成了新的国产动画电影品牌。根据腾讯网的报道，2015年我国全年共创作生产故事影片686部，其中动画影片51部。在今年突破的5亿元票房的17部电影之中，有3部是动画电影，而其中票房成绩最高的《西游记之大圣归来》达到了9.52亿元之多。另外两部破亿的动画电影分别是《熊出没之雪岭熊风》和《十万个冷笑话》。种种数据显示，我国国产动画电影已进入全新纪元，多种素材和形式的动画电影受到越来越多各个年龄层观众的认可和喜爱。

网络文化产业近年来发展很快。至2014年6月我国已有网民6.32亿人，互联网普及率为46.9%，较2013年底提升了1.1个百分点。在互联网业务应用方面，网络音乐、网络新闻、搜索引擎、网络游戏和网络视频在使用率排名上位居前五。其中网游产业一直保持较快的增长速度，游戏数量增加、技术含量和游戏质量不断提升，自主研发能力有了很大的提高，至2014年我国网游市场规模已经达到1108.1亿元。不过互联网业务发展速度最快的是网络商务业务，专家指出中国网民群体的网络应用正从娱乐型向消费商务型转变。现在我国手机用户已经达到12.86亿，2014年我国手机网民已达6.49亿人，4G技术的应用为手机无线网络的发展开拓了空间，基于4G技术的许多新型业务也全面发展起来。

此外中国文化产业发展较快较好的还有旅游业、广告业、艺术产业、教育产业等。总的来说，在良好的政策条件和逐渐健全的市场环境下，依托科学技术的支撑，融汇优秀的创新和创意，中国的文化产业正在逐渐做大、做强。

（五）文化企业具有一定实力，产业品牌初步建立

经过多年的文化体制改革，我国的文化企业主体地位基本确立，按照市场规律、通过合理的市场竞争，文化企业具有了一定的规模和竞争力，文化产业各行业都出现了一批有实力、有创造力的优秀企业，初步树立起文化产业品牌。并且，在政策引导和市场竞争下，文化企业出现了集团化、跨地域和跨行业进行资源整合的趋势。比如，在电影行业，中国电影集团公司是内地最具实力的电影公司，成立于1992年，是应文化体制改革的要求由8个单位整合而成。它是内地唯一拥有影片进口权的公司，并拥有全国性的电影频道、国家投入的数字电影基地、多条重要的电影院线。中影集团有全资子公司15个，主要控股、参股公司近30个，总资产

达 28 亿元。中影集团（中影股份）作为中国国营电影企业的国家队，依赖其得天独厚的资源和品牌优势，参与出品和发行影片 25 部。[1] 而 2014 年《心花路放》《一步之遥》《痞子英雄 2》《魔警》《白日烈火》《临时同居》等影片的生产、联合生产、发行，仍然占据年度国产影片票房份额的大半壁江山。2015—2016 年中影股份依旧保持着强劲的发展态势，《杨贵妃》《百团大战》《大唐玄奘》《我最好朋友的婚礼》以及即将上映的 3D 影片《大轰炸》等充分体现了中影集团完善中国电影全类型化新格局的决心。在出版领域，我国已经成立了众多的报业集团和出版集团，2008 年海南凤凰新华发行有限责任公司的成立引人注目，因为它由海南省新华书店集团与江苏省新华书店集团合作重组而成，是我国第一家跨省的发行集团，是我国文化产业领域中跨地区资源整合的先锋。在文化产业品牌方面，各行业都初步创造了具有一定知名度、受消费者信赖和欢迎的品牌产品，比如旅游行业中的“好客山东”、动漫产业中的《西游记之大圣归来》、报刊业中的《环球时报》和《南方周末》，网络产业中的“微博、微信”、网游中的“魔兽世界”、主题乐园中的“上海迪士尼”、广告业中的“奥美中国”。

文化产业逐渐融入国际市场，竞争力和影响力有所增强。在全球经济一体化的时代，特别是中国加入 WTO 之后，中国文化产业尽管起步晚、发展不完善，仍旧被推入了世界文化产业竞争的浪潮。随着本土文化产业的发展，中国逐渐从文化产品进口发展到国际文化产品生产和一定文化产品出口，与国际文化产业市场的融合趋势日益明显，国际文化产业市场对我国文化产业的发展影响日增。一方面，我国的文化产品中有一些能够进入到国际文化市场的高端领域，在很大程度上增强了我国文化产业的影响力和竞争力。比如，我国的优秀电影通过各大电影节在世界范围大放异彩，并出口到许多国家和地区放映；绘画艺术业具有一定的国际地位，如北京 798 艺术区和上海 M50 创意园区在世界范围内都有一定的影响力，从这里走出去的艺术家的作品已经进入世界顶级画廊；再如最近几年出现的比较有影响力的国产动画片《熊出没》不仅制作精良，而且注重衍生产品的开发。目前已经发行到美国、俄罗斯、意大利等 100 多个国家和地区。但是另一方面，我们也应该认识到，从总体上来说我国文化产业在国际市场上还处于低端环节。“目前我国文化产业已经通过‘全球服务外包’的

① 尹鸿：《2013 年中国电影产业备忘》，《电影艺术》，2014（2）。

形式被纳入全球文化产业分工体系，但是基本上被限定在低端加工环节，我国已经成为国际文化产业制造大国和文化产业内容原创小国，在全球文化产业的分工中的战略劣势局面已经形成。”①

总的来说，我国文化产业呈现出健康向上、蓬勃发展的良好态势，并取得了一定的成绩，正在成为推动社会主义文化大发展大繁荣的重要引擎和经济发展新的增长点。但是，我国文化产业的发展水平还不高、活力还不强，不能满足人民群众日益增长的精神和文化需求，不能适应日趋完善的社会主义市场体制，不能完全应对对外开放和国际竞争的挑战。

二、中国文化产业发展的特点

（一）政府扶持与企业自主发展相结合

由于我国特殊的国情，我国的文化产业是在计划经济向市场经济转换的过程中发生、发展的，不同于欧美等国以市场为主导的文化产业发展模式，我国文化产业在发展过程中政府参与、引导的因素更多一些，而且随着文化体制改革的深入，文化企业市场主体地位的逐渐确立，我国文化产业呈现出政府扶持和企业自主发展相结合的特点。在现阶段文化产业发展中政府的扶持是十分必要的，无论是从内部的产业成长还是从外部的国际竞争形势，无论是从国民经济增长方式转变还是从满足国民的精神文化需求，无论从整体提升社会发展水平还是从增加国家的文化软实力等方面来看，中国的文化产业都不够强大，无法完美胜任这些重大任务，需要国家在政策、资金、税收等方面给予扶持，为文化产业的发展创造良好的条件和环境，为文化企业的发展壮大提供直接或间接的帮助。2012 年文化部印发关于《“十二五”时期文化产业倍增计划》的通知，明确了政府在文化产业发展中的职能定位，提出要发挥市场对文化资源配置的积极作用，加强政府政策引导和公共服务职能，提供良好的政策环境和市场环境，为中国文化产业的发展铺平了道路，为文化企业创造了良好的条件。

（二）体制性“松绑”是文化产业发展的强劲动力

“我国文化产业这几年来的发展具有鲜明的从长期被束缚的体制中解放出来后的‘恢复性’增长的性质，体制性的‘松绑’和政策性推动是文化产业发展的基本动力。”② 真正意义上的文化产业发生于改革开放，快速

① 胡惠林：《关于我国文化产业发展战略研究的思考》，《东岳论丛》，2009（2）。

② 胡惠林：《关于我国文化产业发展战略研究的思考》，《东岳论丛》，2009（2）。

发展于经济和文化体制改革，但是由于市场和文化体制的不健全，我国文化产业发展一直受到体制性束缚。文化体制改革是对文化生产力的释放，每一次文化体制改革的深化，都是文化生产力的进一步解放，是对文化产业发展注入的强劲动力。特别是党的十六大以来文化体制改步伐加快，越来越多的文化单位成为文化企业、市场主体，越来越多的民营企业加入文化产业成为行业的生力军，越来越多的文化企业上市融资，进行跨行业、跨地区、跨部门的资源整合，我国文化产业取得了突破性的进展，呈现出在拉动经济增长、优化产业结构、增加就业人数、提升社会整体发展水平方面的优势。当然，文化体制改革不是一蹴而就的，需要一个长期而且曲折困难的过程，现在文化产业发展中遇到的体制问题，需要体制改革的继续深化和文化制度的进一步创新。

（三）文化产业集群是文化产业的重要形态

文化产业集群就是“在文化产业领域中，大量产业联系密切的企业以及相关支撑机构在空间上集聚，通过协同作用，形成强劲、持续竞争优势的现象”[①]。比如美国好莱坞就是一个典型的影视业集群，600多家大大小小的影视公司集聚于此。在中国，文化产业基地、文化产业园区和文化产业集聚区等都是集群的表现形式。我国文化产业领域的产业集群现象开始是自发的，是文化产业自然发生的市场化集聚，后来成为政府鼓励、扶持文化产业发展的一种方式。在两种合力尤其是后者的作用下，我国的文化产业集群犹如雨后春笋般在各地涌现，构成我国文化产业发展的一大特点。北京在“十一五”期间规划建成30个文化创意产业集聚区，比如中关村创意产业先导基地、北京798艺术区、潘家园古玩艺术品交易园区、清华科技园、八达岭长城旅游文化产业聚集区等，涉及广播影视、旅游休闲、新闻出版、动漫、网游、古玩艺术、设计服务、文艺演出、广告会展等众多领域。2012年印发的《文化部“十二五”时期文化改革发展规划》指出，到“十二五”末期，我国将建成10家左右具有重大影响的国家级文化产业示范园区，培育100个左右特色鲜明、主导产业突出的特色文化产业集群，培育30家左右上市文化企业，形成10家左右全国性或跨区域的文艺演出院线，打造3—5个具有国际影响的文化产业展会。文化产业集群可以提高产业的整体竞争能力，能够降低集群内部企业之间的交易费用并提高资源的利用效率，有利于新技术在集群内部的传播和使用，还有

① 胡洪涛：《文化产业的集群式发展》，《企业改革与管理》，2010（5）。

利于集企业合力形成集群品牌，进而提升内部企业的知名度和竞争力。但我们也必须看到，对文化产业集群的建设和引导，必须遵循文化产业发展规律，不能盲目上马。“集群适应围绕一条或一组产业链、供应链、价值链的企业群发展：当它们有互为上下游、互为生产性服务业、彼此间是互需互补关系时，集群快速膨胀，出现红火的状态与前景。集群对一些文化产业子目性企业的单纯汇聚现象不太适应，尤其当这些企业没有共生互补的业务联系，没有价值链式彼此需求、依赖、合作的基础，甚至存在竞争排斥性质时，人造集群只能‘形’集而‘实’不集，难有集聚效益可言。”①

（四）民营企业成为推动文化产业发展的生力军

随着文化体制改革和政策的放松，社会资本涌入文化产业领域，民营企业崭露头角，凭着灵活的体制和良好的适应能力，成为带动文化产业发展的不可忽视的力量。据统计，2004 年在国家统计局确定的 12 个文化产业门类中，民营企业的产业活动单位数量、从业人数、增加值、资产总额和营业收入等指标分别占到总数的 2/3、2/5、1/4、1/3 和 1/3，可见民营企业在文化产业领域占有举足轻重的地位。民营企业在政策允许进入的所有文化产业领域都十分活跃，比如在电影业中民营企业参与部分占据了 80%的份额；艺术表演业中，民营的文艺表演团体达 6000 家，国有的文艺表演团体只有 2800 多家。而且，在新兴的文化产业行业中民营文化企业也有非常出彩的表现。比如我国的网络游戏产业领域，民营企业占绝大多数，在它们的努力之下我国的网游产业较以前有了飞跃式的进步，由以代理为主发展到原创游戏市场占有率超过 60%；在动漫产业领域中，创造出优秀形象、成功模式的动漫企业基本都是民营性质，比如三辰、宏梦、奥飞、原创动力等都是动漫产业的领头军。民营企业不仅为文化产业创造了经济价值，“更为文化体制改革和文化产业发展注入了新的要素，民间资本和民营文化企业所具有的体制灵活、运转高效、适应市场能力强等特点，为我国文化产业注入新的文化生产理念、企业组织架构、经营方式，有力地推动了文化生产要素的重新组合和文化产业结构调整，也促进了文化管理体制创新”②。

（五）科技与产业融合促进产业升级，催生文化产业新型业态

① 沈望舒：《文化产业集群建设需要五个新认识》，《前线》，2009（3）。

② 祁述裕：《我国文化产业发展的几个特点》，《山东社会科学》，2009（2）。

在世界文化产业的发展史上，科学技术一直是推动文化产业的最有力工具，印刷术、广播、电报、电影、电视、互联网等的发明，每一次科技的飞跃都深刻改变了文化产业的形态，推动文化产业向前发展一大步。当今世界欧美国家文化产业发达的原因之一就是其发达的科技。我国文化产业的加速发展正处在信息化与数字化的浪潮中，这为我国文化产业的发展带来了巨大的机遇，科技成为发展文化产业的第一生产力。现代科技促进传统产业的升级，使传统产业通过与科技成果的融合而焕发出新的生机，同时又催生新的产业形态。比如报刊业在互联网的冲击之下，发行量锐减，曾一度成为人们口中的“夕阳产业”，但是与数字和网络技术融合之后，在新闻采编、传输、排版、印刷等环节都实现了数字化，提高了效率节省了成本，最重要的是报刊数字出版以新业态的形式为报业带来一股清新之气，网络报纸、手机报纸等成为报业新的赢利点；音乐产业深受互联网上的盗版行为之害，销售额锐减，整个产业萎靡不振，但是移动通信的彩铃业务、网络音乐服务等为音乐产业注入了新的生机；还有以数字电视、数字电影、数字出版、动漫、网游等为代表的新兴业态都是科技与产业融合的成果。

当前，互联网与文化产业的新型合作模式即“互联网＋文化产业”的出现，正以强大的包容性和连贯性冲击着传统的文化商业生态系统，通过整合文化、创意、资本，形成创新的商业模式，深刻改变着文化产业的内在结构和人们的文化消费习惯。它推动人们对文化产业的组织形态、生产方式和管理方式进行深刻的革命，从而在前所未有的广度和深度上，扩大了人类对文化财富的创造力、享受度和拥有量。技术颠覆了模式，思维更新了自我，业态释放了财富，这已经成为互联网思维推动文化产业新业态的三部曲。①

① 花建：《互联网＋释放文化产业新动能》，《解放日报》2015年08月16日。

第三章　中国文化产业政策的演进及其影响

文化产业政策是政府对文化产业进行引导和扶持的重要途径，是文化产业健康、快速发展的重要保障，它在文化产业发展过程中起着不可替代的引导、规范和调控作用。世界上的文化产业强国都非常重视文化产业政策和法规的作用，英国、日本、韩国等国家通过完善的文化产业政策来支持和扶植本国文化产业的发展，作为世界第一文化产业强国的美国虽然在文化政策上具有“无为而治”的特点，但是政府通过制定完备的法律体系为文化产业的发展提供了强力的保障。从改革开放至今，中国文化产业从萌芽到快速发展，文化产业政策从无到有再渐趋完善。中国文化产业政策的演变过程，反映了中国文化产业的发展过程，也反映了我们对文化产业的价值和作用不断认识和重视的过程。特别是进入21世纪之后，中国文化产业进入全新的迅速发展时期，展现出强大的经济发展力和社会推动力，这与一系列文化产业政策的完善和创新是密切相关的。这一时期国家相继出台一系列文化产业政策，对文化产业进行战略性调整，鼓励和支持发展文化产业。2009年7月22日第一个全国性的文化产业专项规划——《文化产业振兴规划》出台，标志着中国文化产业政策演进和文化产业发展的一个历史转折点，是中国文化产业发展历史上的一个里程碑。

中国文化产业政策的演变和发展历程，一般认为以党的十六大为分水岭，分为两个大的阶段。党的十六大以前，是中国文化产业政策由计划性调控、管制向方向性引导转变的时期。2002年11月8日，中共十六大在北京召开，明确提出要完善文化政策，支持文化产业发展，这是中国文化产业政策演进过程中的重大突破，标志着文化产业政策开始在国家文化产业发展中发挥战略性的作用。十六大之后，文化产业受到前所未有的重视，制定、创新、完善文化产业政策成为国家对文化产业进行引导和推进的重要手段，中国文化产业政策演变和创新也进入一个新的历史发展时期。

第一节　党的十六大之前的文化产业政策

从1978年改革开放到2002年党的十六大召开，我国文化产业经历了萌芽、兴起和快速发展的过程，文化产业政策“从计划性管制调控逐步演进为方向性导航，实现了从自发到自觉、从‘全面封闭’到‘逐渐开放’、从单一到多元、从由‘政府主导型’向‘政府与市场二元推动型’的发展转变”①。

一、1978—1987年的文化产业政策

1978年到1987年是改革开放的第一个十年，也是文化产业和文化市场的酝酿时期。这一时期，文化事业在改革开放的推动下逐渐复苏，文化的经济功能和属性开始发挥作用，但是文化“产业化”的概念并没有出现，文化事业仍旧处在计划经济体制下“国家办文化”的框架中，只是在与国家意识形态关系不甚密切的领域出现一些文化产业化的倾向，主要表现为文化娱乐业、广告业等行业的兴起。比如营业性舞厅、卡拉OK厅如雨后春笋般在各大城市涌现；音像产业随着录音带、录音机、录像带和录像机的流行开始发展；广告业从80年代开始迅速发展起来，据统计，广告年营业额“从1981年到1992年12年间，平均发展速度竟达14.1%，高于同期国民生产总值的发展速度”②。

面对这些文化领域新出现的情况，国家出台了一些放松文化产业外围限制的政策和规范以及管理娱乐业、广告业等行业的文件。针对艺术表演行业的发展问题，1980年2月的全国文化局长会议指出：“艺术表演团体的体制和管理制度方面的问题很多，严重地影响了表演艺术的发展和提高，需要进行合理的改革”，要求“坚决地有步骤地改革文化事业体制，改革经营管理制度”；1985年中央办公厅、国务院办公厅批转了文化部《关于艺术表演团体的改革意见》，要求改革全国专业艺术表演团体数量过多、布局不合理的状况，在大中城市，专业艺术表演团体要精简，重复设置的院团要合并或撤销，对市县专业文艺团体设置也提出了调整的要求。针对广告业的迅猛发展，国务院于1982年制定了《广告管理暂行条例》，

① 蔡尚伟、何鹏程：《回眸与展望：中国文化产业政策的创新演化》，《成都大学学报（社科版）》，2010（2）。

② 蔡尚伟、温洪泉等：《文化产业导论》，79页，上海，复旦大学出版社，2009。

对广告业进行规范和管理。针对营业性舞厅大量出现的情况，1984 年中宣部、文化部、公安部联合下发《关于加强舞会管理问题的通知》，此举被认为“划开了中国娱乐业封冻的冰面”；1987 年文化部、公安部、国家工商行政管理局联合下发《关于改进舞会管理问题的通知》，第一次明确肯定了“举办营业性舞会是我国经济发展和人民物质文化生活水平日益提高的一种客观需求”。从 80 年代后期开始，国家在传媒领域开始实行“独立核算、自负盈亏、照章纳税、财政不予补贴”的政策，极大地推动了传媒领域如报刊、广播、电视广告和发行的产业化，这表示意识形态宣传和产业经营并重的“双轨制”开始出现。比如，1978 年财政部批准《人民日报》等新闻报刊单位开始实行“事业单位，企业化管理”；1979 年，上海电视台播出了中国电视的第一条商业广告，同年中央电视台播出了第一条外国商业广告。

当然，由于当时“文化产业”的概念尚未出现，上述文化经营活动均属于文化事业的范畴，所以上述政策和文件还不能作为严格意义上的文化产业政策看待，但是它们对于文化产业的兴起和初级文化市场的规范起到了促进作用，也为文化产业政策体系的构建奠定了基础。

二、1988—1998 年的文化产业政策

这十年是中国文化市场的培育和推进时期，是文化市场化和产业化发展加快的时期。这一时期，“政策的制定着重凸显文化的经济属性，从确立文化市场、推进文化产业化发展到加速发展第三产业、完善文化经济政策，我国文化产业进入了初步觉醒期，政策的基本取向体现为引导和培育”①。

1988 年，文化部、国家工商局联合发布《关于加强文化市场管理工作的通知》，这一文件在我国文化政策演变史上具有里程碑式的意义，它首次正式提出文化市场的概念，初步明确了文化市场的管理范围、任务、原则和方针，一般认为这个文件的出台标志着我国文化市场的地位正式得到确认。1989 年，国务院批准在文化部设立文化市场管理局，全国文化市场的管理体系开始建立，同时也使得长期以来关于“文化能否进市场”的争议有了定论。1991 年《文化部关于文化事业若干经济政策意见的报告》由

① 蔡尚伟、何鹏程：《回眸与展望：中国文化产业政策的创新演化》，《成都大学学报（社科版）》，2010（2）。

国务院转批，文件针对一些需要解决的相关“文化经济政策问题”提出了意见，这是首次正式提出“文化经济”的概念。1993 年 6 月，中共中央和国务院发布《关于加速发展第三产业的决定》，正式将报刊经营列入第三产业，这是报业产业化改革的一个转折标志，中国报刊业进入产业化阶段，更加迅猛地发展起来。1996 年国务院又出台了《国务院关于进一步完善文化经济政策的若干规定》，进一步完善了文化经济政策，拓宽了文化事业资金投入渠道，推动了适应社会主义市场经济要求的筹资机制和多渠道投资体制的建立。除了这些总体性的政策，国家还在金融、投资、财税等领域颁布了一些文化产业相关领域和行业的优惠政策。1993 年文化部、国家体委联合出台了《国家税务总局、文化部、国家体委关于来我国从事文艺演出及体育表演收入应严格依照税法规定征税的通知》和《关于继续对宣传文化单位实施财税优惠政策的规定》；1994 年，国家税务总局出台了《关于境外团体或个人在我国从事文艺及体育演出有关税收问题的通知》，之后于 1996 年出台《关于对电影发行单位的发行不征收营业税的通知》。这些政策规范了一系列文化经营行为，而税收的倾斜政策也在很大程度上解决了相关文化单位的经济困难。在广播电视业，国家在 1998 年提出 3 年内取消电视台等事业单位的财政拨款，明确要求电视台等事业单位在 3 年内全部实行自收自支，从而把广播电视业成功地推入市场。

三、1998—2002 年的文化产业政策

1998 年文化产业司的设立到 2002 年党的十六大召开的这段时期，被学界称为“文化产业合法性构建期”，“从设立专门工作部门文化部、文化产业司到明确区分文化事业与文化产业，并将文化产业纳入国民经济发展总体规划，我国越来越注重建构文化产业的合法性，政策的基本取向体现为建构和规范”①。

1998 年 8 月，文化部文化产业司成立，这是我国第一次设立文化产业专门管理机构，文化产业司的主要职责包括：拟订文化产业发展规划和政策，起草有关法规草案；扶持和促进文化产业建设与发展；推进文化产业信息化建设；指导文化产业基地和区域性特色文化产业群建设；督促重大文化产业项目实施，配合推进对外文化产业交流与合作。文化产业司的成

---

① 蔡尚伟、何鹏程：《回眸与展望：中国文化产业政策的创新演化》，《成都大学学报（社科版）》，2010（2）。

立，标志着政府确认了文化产业的合法性，也集中体现了国家对文化产业的重视。2000年10月，中共十五届五中全会通过了《中共中央关于制定国民经济和社会发展第十个五年计划的建议》，其中明确要求“完善文化产业政策，加强文化市场建设和管理，推动有关文化产业发展”，这是中央文件中第一次提出“文化产业”和“文化产业政策”的概念，“标志着我国政府开始有意识地运用产业政策推动文化产业发展”①，在我国文化产业发展和产业政策演进的过程中具有重要的意义和影响。同年12月，国务院出台《关于支持文化事业发展若干经济政策的通知》，对各项文化经济政策作了进一步完善和调整，较为系统地制定了支持和鼓励文化事业和文化产业发展的财政、税收和金融等方面的政策。此外，针对文化产业的行业性政策也纷纷出台，2001年国务院相继通过了《印刷业管理条例》《出版管理条例》《电影管理条例》《音像制品管理条例》等文件，进一步补充和丰富了文化政策和法规体系，促进了文化产业的健康和规范成长。

2001年12月，中国正式加入世界贸易组织之后，国内文化产业发展面临严峻的挑战，加上国际文化与软实力竞争日趋激烈，对完善的文化产业政策的需求更加迫切。胡惠林教授认为，“中国加入世界贸易组织成为划分中国当代文化政策运动分期的一个界标性事件。文化产业政策的选择与制定翻开了当代中国文化政策发展史上崭新的一页，从而使得当代中国文化政策运动从单一的意识形态运动走向同时包括文化产业与文化事业等在内的综合多样的新文化政策运动”②。在这样的背景下，2002年11月8日，中共十六大在北京召开，在报告中提出了“积极发展文化事业和文化产业”的战略决策和“全面建设小康社会，大力发展社会主义文化”的一系列文化决策，并对文化产业和文化事业进行了明确的区分。报告指出，“发展文化产业是市场经济条件下繁荣社会主义文化、满足人民群众精神文化需求的重要途径。完善文化产业政策，支持文化产业发展，增强我国文化产业的整体实力和竞争力”，并提出要继续深化文化体制改革，“根据社会主义精神文明建设的特点和规律，适应社会主义市场经济发展的要求，推进文化体制改革”。党的十六大，是中国文化产业政策演进过程中的重大突破，标志着文化产业政策开始在国家文化产业发展中发挥战略性

① 欧阳坚：《文化产业政策与文化产业发展研究》，19页，北京，中国经济出版社，2011。

② 胡惠林：《中国文化产业政策文献研究综述1999—2009》“序言”，1页，上海，上海人民出版社，2010。

的意义。十六大之后我国文化产业步入快速发展和战略调整时期，文化产业在促进国民经济发展、繁荣社会文化、满足人民群众的精神需求等方面的作用日益凸显。

第二节　党的十六大之后的文化产业政策

党的十六大之后，文化产业在国家经济、文化、社会等方面的地位和作用更加明确，其发展迎来了一个崭新的格局。而文化产业政策更趋完善，国家以前所未有的重视制定了一系列鼓励、扶持、规范文化产业发展的政策与法规，全局性、地方性、行业性的文化产业政策不断涌现，引领着文化产业进入加速发展的“快车道”。国家通过文化产业政策的制定，进一步确立文化产业的战略性地位，使其尽快成为国民经济支柱性产业；继续深入文化体制改革，为文化产业的发展扫清体制上的障碍；支持涉外文化产业，鼓励中国文化产业参与国际竞争，积极应对全球化带来的文化挑战；鼓励新兴文化产业的发展。

一、2003—2004 年的文化产业政策

这一时期是党的十六大之后中国文化产业的提速发展期，文化产业的战略地位逐步确立，文化产业政策主要围绕通过文化体制改革推进文化产业发展而展开。

2003 年 6 月中央召开全国文化体制改革试点工作会议，专门研究和部署文化体制改革试点工作，并确定北京、上海、重庆、浙江、广东、深圳、沈阳、西安、丽江等 9 个省市为综合性试点地区，包括新闻出版、公益性文化事业、文化创作演出、文化企业在内的 35 家单位具体承担试点任务。随后的 7 月和 12 月，国家又相继出台了《中央宣传部、文化部、国家广电总局、新闻出版总署关于文化体制改革试点工作的意见》和《关于印发文化体制改革试点中支持文化产业发展和经营性文化事业单位转制为企业的两个规定的通知》，文件涉及财政税收、投资和融资、资产管理和处置、工商管理、价格、收入分配、社会保障、法人登记等多方面的政策性规定，为文化体制改革和试点工作提供政策保障。8 月 12 日，中央政治局进行了内容为“世界文化产业发展状况和我国文化产业发展战略”的第七次集体学习，胡锦涛总书记在讲话中强调“要坚持解放思想、实事求是、与时俱进，根据新形势下社会主义文化建设的特点和规律，按照文化

事业和文化产业的发展要求，不断推进文化体制和机制创新，支持和保障文化公益事业，增强文化产业的整体实力和竞争力”。9月，为了贯彻十六大提出的发展文化事业和文化产业的政策，文化部下发《关于支持和促进文化产业发展的若干意见》，分析了我国文化产业的发展现状和存在的问题，并提出发展文化产业的主要措施，是对我国文化产业发展的明确引导和规范。10月，中共十六届三中全会通过了《中共中央关于完善社会主义市场经济体制若干问题的决定》，提出“健全文化市场体系，建立富有活力的文化产品生产经营体制。完善文化产业政策，鼓励多渠道资金投入，促进各类文化产业共同发展，形成一批大型文化企业集团，增强文化产业的整体实力和国际竞争力”，文化产业的战略地位得到进一步确立，文化产业被纳入国家经济发展总体规划。

此外，这一时期是中国文化产业实行“走出去”战略的酝酿期，表现为在文化产业政策上支持和鼓励涉外性的文化产品和服务。2003年2月，为贯彻党的十六大精神，健全文化市场体系，完善文化市场管理机制，文化部拟定了《2003—2010年文化市场发展纲要》，提出“在优先扩大对内开放的前提下扩大对外开放，加强国际文化交流与协作，增强文化外贸经营和管理能力。实施外向发展战略，积极开拓国际文化市场，让我国优秀文化产品走向世界”。在当年12月的全国思想宣传工作会议中，胡锦涛总书记发表重要讲话，指出要“大力发展涉外文化产业，积极参与国际文化竞争”。李长春同志也在此次会议上指出“要支持和鼓励我国文化产品的出口，形成一批对外文化交流的文化品牌，不断扩大我国文化产品的国际文化市场份额，逐步改变文化产品出口严重逆差的局面”。2004年文化部出台了《关于促进商业演出展览文化产品出口的通知》，强调要从政策和资金上为商业演出、展览、产品出口提供强有力的支持，提出要将商业演出、展览、产品出口与政府对外文化工作紧密结合起来。此外，一起下发的《国家商业演出展览文化产品出口指导目录管理办法（试行）》规定了鼓励、扶持商业演出展览、文化产品出口的具体措施等内容。

二、2005—2008年的文化产业政策

这一时期，我国文化产业快速发展，在国民经济、文化建设、社会带动和国际竞争中发挥越来越重要的作用，社会各界对文化产业的认识也进一步深入，各种文化政策纷纷出台，我国文化产业政策体系进一步完善。

第一，继续深化文化体制改革。2006年，《关于深化文化体制改革的若干意见》正式颁布实施，作为深化文化体制改革的纲领性文件，是中国文化产业政策的重要组成部分，对文化体制改革提出了系统、全面的指导意见，对于推动文化事业和文化产业的发展和社会主义文化建设意义深远。为深入贯彻落实《关于深化文化体制改革的若干意见》，同年7月文化部出台了《关于进一步做好文化系统体制改革工作的意见》，新闻出版总署出台了《关于深化出版发行体制改革工作实施方案》，对文化产业相关领域的体制改革工作作出了较为具体的部署。

第二，推动中国文化产业的"走出去"战略。在全球经济一体化和文化霸权横行的背景下，对发展文化产业要"引进来、走出去"的认知进一步加深，国家在文化产业政策上大力支持发展涉外文化产业，鼓励国内文化产业积极参加国际竞争，传播中华文化，增加中国的文化影响力。2005年，中共中央办公厅、国务院办公厅《关于进一步加强和改进文化产品和服务出口工作的意见》出台，针对推动更多优秀文化产品和服务走向国际市场提出了系统的意见，这个意见的出台是中国文化产业"走出去"战略基本成型的标志。2006年《国家"十一五"时期文化发展规划纲要》公布，再次明确提出实施"走出去"重大工程项目，整合资源，突出重点，加快"走出去"步伐，扩大我国文化的覆盖面和国际影响力。2007年10月，党的十七大报告中强调"加强对外文化交流，吸收各国优秀文明成果，增强中华文化国际影响力"。而《文化产品和服务出口指导目录》、《关于鼓励和支持文化产品和服务出口若干政策》等文件的出台，进一步明确了"走出去"战略的具体扶持和鼓励措施。

第三，鼓励发展新兴文化产业。随着网络技术和数字技术的发展，先进科技与文化产业的结合产生了许多新兴产业形态，它们对文化产业的整体发展具有巨大的带动与升级作用，更能够体现一个国家文化产业的前沿发展水平。2007年党的十七大报告中提出要"运用高新技术创新文化生产方式，培育新的文化业态"，这是从战略高度对新兴文化产业的发展作出的指导。早在2004年2月，《中共中央国务院关于进一步加强和改进未成年人思想道德建设的若干意见》指出，"加强少年儿童影视片的创作生产，积极扶持国产动画片的创作、拍摄、制作和播出"，"要积极鼓励、引导、扶持软件开发企业，开发和推广弘扬民族精神、反映时代特点、有益于未成年人健康成长的游戏软件产品"。就在同一年，国家还出台了《关于发展我国影视动画产业的若干意见》和《信息网络传播权保护条例》，这对动漫产业和网络产业的发展影响深远。2006 年，国务院办公厅转发财政部等部门《关于推动我国动漫产业发展若干意见的通知》，明确指出“发展动漫产业对于满足人民群众精神文化需求，促进社会主义先进文化和未成年人思想道德建设，推动文化产业发展，培育新的经济增长点都具有重要意义”，指明了动漫产业发展的指导思想、基本思路和发展目标，并为推动动漫产业发展提出了宝贵的意见和措施。此后，文化部于 2008 年发出《关于扶持我国动漫产业发展的若干意见》，提出要大力发展以数字化生产、网络化传播为主要特征的网络动漫、手机动漫产业，充分利用数字、网络等核心技术和现代生产方式，改造传统的动漫生产和传播模式，培育新兴动漫业态。这表明国家对动漫产业的重视达到了前所未有的高度。2008 年，为加快我国数字电视产业发展，培育国民经济新的增长点，国务院办公厅转发了发改委等部门《关于鼓励数字电视产业发展若干政策的通知》，指出广播电视数字化是国民经济和社会信息化的重要组成部分，要加快我国数字电视产业发展，丰富人民群众的精神和物质文化生活，培育国民经济新的增长点，并在优化投融资环境、加强税收优惠支持、推动技术进步、加强市场培育和监管、推进三网融合和保护知识产权等方面制定了政策，极大地推动了中国数字电视发展的进程。

第四，逐步放宽非公有制经济的市场准入条件，允许其进入文化产业领域。2005 年，国务院下发了《关于鼓励支持和引导个体私营等非公有制经济发展的若干意见》，指出要“支持、引导和规范非公有资本投资教育、科研、卫生、文化、体育等社会事业的非营利性和营利性领域”。随后，国务院下发《关于非公有资本进入文化产业的若干决定》，为进一步引导和规范非公有资本进入文化产业，逐步形成以公有制为主体、多种所有制经济共同发展的文化产业格局，提高我国文化产业的整体实力和竞争力作出了重要的政策引导，也使得非公有制资本进入文化产业有了理论依据和法律支撑。为适应加入世贸组织的新形势，进一步规范文化领域引进外资的工作，提高利用外资的质量和水平，维护国家文化安全，促进文化产业健康有序发展，2005 年 8 月，文化部等五部委联合制定了《关于文化领域引进外资的若干意见》，对相关工作提出了明确的“允许”和“禁止”事项，这是继《关于非公有资本进入文化产业的若干决定》下发后，国家关于文化产业领域投资的相关配套文件。允许非公有制经济进入文化产业领域的相关政策，为民营企业在文化产业相关行业发挥“生力军”的作用奠定了政策基础。现在的民营企业，在政策允许进入的所有文化产业领域都十分活跃，在新兴的文化产业行业中也有非常优秀的表现。

三、2009 年之后的文化产业政策

2008 年，美国发生“次贷危机”，影响蔓延全球，美国、欧洲、日本等金融市场和实体经济遭到巨大冲击，中国经济的发展也受到影响。但是中国文化产业却无畏“经济寒冬”，逆势上扬甚至呈现出“全线飘红”的良好发展势头。2009 年之后，我国文化产业进入一个快速增长的时期，文化产业政策也进入了制定密集期并逐渐形成政策体系，据统计仅 2009 年中央出台的文化产业相关政策就达 30 多个。众多的相关政策促进了文化产业自身的大发展，也使文化产业在经济复苏过程中发挥了更加重要的作用。

第一，总体性的文化产业政策。2009 年，国务院出台《文化产业振兴规划》，阐述了我国文化产业发展的指导思想、基本原则和规划目标，明确了要着力做好的八个方面工作，即发展重点文化产业、实施重大项目带动战略、培育骨干文化企业、加快文化产业园区和基地建设、扩大文化消费、建设现代文化市场体系、发展新兴文化业态、扩大对外文化贸易等。《文化产业振兴规划》提出了降低准入门槛、加大政府投入、落实税收政策、加大金融支持、设立投资基金等政策措施。作为中国首个文化产业专项规划，《文化产业振兴规划》的出台对加快文化产业发展有着不言而喻的意义，标志着国家已经把发展文化产业提升为一项国家战略，对我国文化产业的发展具有深远影响。

2010 年 10 月，国务院下发《关于加快培育和发展战略性新兴产业的决定》，提出要“大力发展数字虚拟等技术，促进文化创意产业发展”，将文化创意产业纳入战略性新兴产业。2010 年 10 月 18 日，中共十七届五中全会通过《中共中央关于制定国民经济和社会发展第十二个五年规划的建议》指出，在政府引导下发挥市场机制积极作用，培育骨干文化企业和战略投资者，鼓励和引导非公有制经济进入，发展新型文化业态，增强多元化供给能力，满足多样化社会需求，繁荣社会主义文化市场，推动文化产业成为国民经济支柱性产业。这是国家首次提出推动文化产业成为国民经济支柱性产业，文化产业的地位进一步得到明确。

2011 年 3 月，《国民经济和社会发展第十二个五年规划纲要》发布，再次强调“深化文化体制改革，推动文化产业成为国民经济支柱性产业”。2011 年 10 月，党的十七届六中全会召开，会议通过了《中共中央关于深

化文化体制改革推动社会主义文化大发展大繁荣若干重大问题的决定》，强调按照全面协调可持续的要求，推动文化产业跨越式发展，使之成为新的经济增长点、经济结构战略性调整的重要支点、转变经济发展方式的重要着力点，为推动科学发展提供重要支撑。

第二，进一步深化文化体制改革。文化体制改革是对文化生产力的释放，每一次文化体制改革的深化，都是文化生产力的进一步解放，是对文化产业发展注入的强劲动力。“2009 年是我国文化体制改革重要的一年，国家出台的文化体制改革方面的政策文本，内容集中在国有文艺演出院团改革和新闻出版体制改革两个方面。”① 2009 年 4 月，国家新闻出版总署印发《关于进一步推进新闻出版体制改革的指导意见》，提出了新闻出版体制改革的重要任务，包括推进公益性新闻出版单位体制改革和经营性新闻出版单位转制、推进联合重组、大力推进新闻出版产业升级和结构调整、引导非公有出版工作室健康发展、加快推进现代出版物市场体系建设、积极实施“走出去”战略等。2009 年 7 月，中共中央宣传部和文化部颁布了《关于深化国有文艺演出院团体制改革的若干意见》，提出了深化国有文艺演出院团体制改革的指导思想、目标任务、基本原则和基本内容，强调要加强国有文艺演出团体体制改革的宏观环境建设和政策支持力度。2009 年 10 月，为进一步加快音像（电子）出版业体制改革步伐，国家颁布《关于下发音像（电子）出版业体制改革实施方案的通知》，结合音像（电子）出版业的发展实际，新闻出版总署制定了音像（电子）出版单位转企改制和“三个一批”的具体实施方案。

2010 年 7 月 23 日，中共中央政治局就深化我国文化体制改革研究问题进行第二十二次集体学习，中共中央总书记胡锦涛在主持学习时强调“一定要从战略高度深刻认识文化的重要地位和作用，以高度的责任感和紧迫感，顺应时代发展要求，深入推进文化体制改革，推动社会主义文化大发展大繁荣”。这一系列深化文化体制改革的政策，进一步解放文化生产力，使文化事业和文化产业从体制弊端的束缚中解脱出来，为文化产业的迅速、健康发展铺好道路、建好环境。

第三，支持和鼓励文化产业发展的相关财税政策。通过财税和金融等政策对文化产业进行支持和扶植是国家助推文化产业发展的重要举措，支持文化产业发展的相关财税和金融政策也是文化产业政策的重要组成部

---

① 杨吉华：《2009 我国文化产业政策述评》，《长春市委党校学报》，2010（3）。

分。2009 年 3 月，财政部等部门下发了《关于支持文化企业发展若干税收政策问题的通知》和《关于文化体制改革中经营性文化事业单位转制为企业的若干税收优惠政策的通知》。财政部和国家税务总局于 2009 年 8 月下发了《关于扶持动漫产业发展有关税收政策问题的通知》，同年 12 月下发《关于继续实行宣传文化增值税和营业税优惠政策的通知》。

2010 年 4 月，中央宣传部、中国人民银行、财政部、文化部、广电总局、新闻出版总署、银监会、证监会、保监会联合发出《关于金融支持文化产业振兴和发展繁荣的指导意见》，提出在融资、信贷、保险等金融领域对文化产业发展提供更多支持，具体包括：积极开发适合文化产业特点的信贷产品，加大有效的信贷投放；完善授信模式，加强和改进对文化产业的金融服务；大力发展多层次资本市场，扩大文化企业的直接融资规模；积极培育和发展文化产业保险市场；建立健全有利于金融支持文化产业发展的配套机制；加强政策协调和实施效果监测评估。

2011 年 11 月，财政部和国家税务总局发布《关于在上海市开展交通运输业和部分现代服务业营业税改征增值税试点的通知》，明确规定从 2012 年 1 月 1 日起，在上海市交通运输业和部分现代服务业开展营业税改征增值税试点，其中部分现代服务业包括文化创意服务，即“设计服务、商标著作权转让服务、知识产权服务、广告服务和会议展览服务”。将“文化创意”纳入增值税试点范围的举措，标志着政府新一轮支持文化产业发展政策的开始，更多的财税优惠政策值得期待。

第四，文化产业行业性的扶持和规范政策。从 2009 年至今，国家制定了许多文化产业相关行业的扶持性政策和运行规范，为文化产业重点行业的快速健康发展奠定了政策基础。2009 年 2 月，新闻出版总署下发《关于进一步加强和改进报刊出版管理工作的通知》，针对报刊主管单位的管理职责、内容规范和职业道德等出现的问题，提出要进一步健全管理制度，改进管理方式，创新管理手段，提高管理水平。2009 年 7 月，国家新闻出版总署发布《关于促进我国音像业健康有序发展的若干意见》，提出了当前我国音像产业存在的问题，包括：音像业体制改革相对滞后，产业结构和布局不合理；产业转型缓慢，新业态尚未形成；原创能力萎缩，一些音像出版单位“空壳化”现象严重；少数出版、制作、复制、发行企业违法违规经营；一些主管主办单位放弃管埋职责，少数行政管理部门监管不力；盗版和网络非法下载严重等方面。《意见》针对问题提出了深化改革、调整结构、统筹规划、积极创新、加强管理、健全制度等意见。2009

年，国家针对网络领域相关产业的政策和规范数量众多，主要包括文化部《关于加强和改进网络音乐内容审查工作的通知》，新闻出版总署《关于加强对进口网络游戏审批管理的通知》，文化部、商务部《关于加强网络游戏虚拟货币管理工作的通知》，信息产业部《互联网网络安全信息通报实施办法》，文化部办公厅《关于规范进口网络游戏产品内容审查申报工作的公告》，信息产业部《电信网络运行监督管理办法》，广电总局《关于加强互联网视听节目内容管理的通知》等，这一系列政策和规范进一步优化了市场秩序，加强了对行业和市场的监管，促进了网络相关产业的健康发展。

2010年1月，新闻出版总署发布了《关于进一步推动新闻出版产业发展的指导意见》，提出新闻出版产业发展目标，明确强调新闻出版改制、“走出去”和数字出版将成为2010年重要任务。随后，国务院办公厅发布《关于促进电影产业繁荣发展的指导意见》，提出中国电影产业2010年发展重点，即大力繁荣创作生产、积极培育新型企业、大力支持城镇数字影院建设、鼓励加大投融资政策支持和积极推动科技创新等，其中特别提出鼓励非公有制电影企业和加强数字影院和电影院线建设。2010年6月，文化部出台《网络游戏管理暂行办法》，确立了从事网络游戏活动的基本原则，明确了适用范围及“网络游戏”“网络游戏上网运营”“网络游戏虚拟货币”等概念，针对网络游戏内容管理、未成年人保护、网络游戏经营单位的经营行为、网络游戏虚拟货币发行和管理及网络游戏用户权益保障等重要问题作出了具体的制度安排。这是我国第一部专门针对网络游戏进行管理和规范的部门规章。2010年9月，新闻出版总署下发《关于加快我国数字出版产业发展的若干意见》，提出到“十二五”末，我国数字出版总产值将力争达到新闻出版产业总产值的25%；在全国形成8－10家各具特色、年产值超百亿元的国家数字出版基地或国家数字出版产业园区；形成20家左右年主营业务收入超过10亿元的具有国际竞争力的数字出版骨干企业；传统出版单位到2020年基本完成数字化转型。

2011年4月，新闻出版总署公布了《新闻出版业“十二五”时期发展规划》，提出了未来五年新闻出版业发展七个方面的重点任务，包括：传播社会主义先进文化，弘扬社会主义核心价值体系；加强精品力作的生产，传承和弘扬中华文明；完善新闻出版公共服务体系，保障人民群众基本文化权益；做优做大做强新闻出版产业，提高新闻出版业整体实力和竞争力；顺应数字化、信息化、网络化趋势，推进新闻出版业转型和升级；

统筹国际国内两个大局，推动新闻出版业“走出去”；加强市场体系建设，创造良好的市场秩序。2011 年 12 月，国务院法制办公室公布了《中华人民共和国电影产业促进法（征求意见稿）》，主要内容涉及：降低市场准入门槛，便利各类市场主体、社会资本进入电影产业；通过采取财政、税收、金融、用地等扶持措施，激励企业、个体工商户和个人从事电影活动；加强监督管理，规范市场秩序，促进电影市场健康发展；加强电影公益服务，满足农村地区居民、城镇低收入居民、进城务工人员、未成年人等观看电影的基本文化需求。《征求意见稿》以及未来《电影产业促进法》的正式发布实施，将促进我国电影产业快速发展。

四、2012 年及以后的文化产业政策演变

2012 年是我国文化产业全面发展的重要起点，文化产业作为国民经济支柱性产业被正式列入十八大报告，成为国家经济发展格局中的重要一项。党和国家对文化产业的产业政策和扶持政策相继出台，并上升到一个新的台阶。

2012 年 2 月 15 日，中共中央办公厅、国务院办公厅印发《国家“十二五”时期文化改革发展规划纲要》。《纲要》指出，将采取项目补贴、定向资助、贷款贴息、税收减免等政策措施鼓励各类文化企业参与公共文化服务；在国家许可范围内，要引导社会资本以多种形式投资文化产业，参与国有经营性文化单位转企改制，参与重大文化产业项目实施和文化产业园区建设。2 月 28 日，《文化部“十二五”时期文化产业倍增计划》发布。计划鼓励有实力的文化企业兼并重组，打造一批有较强国际竞争力的“文化航母”，并通过政府采购、信贷支持、加强服务等形式扶持中小文化企业发展；鼓励实施文化消费补贴制度，引导城乡居民文化消费。5 月 4 日，财政部公布了修订后的《文化产业发展专项资金管理暂行办法》。7 月 9 日，文化部出台《鼓励和引导民间资本进入文化领域的实施意见》。

2012 年 11 月 8 日，党的十八大召开。党的十八大报告对文化强国的战略目标做了阐述，其中对于文化产业部分的论述极具指导意义，指出全面建成“小康社会”的重要组成部分便是“文化软实力显著增强”。党的十八大报告强调，要让“文化产品更加丰富，公共文化服务体系基本建成，文化产业成为国民经济支柱性产业”；“促进文化和科技融合，发展新型文化业态，提高文化产业规模化、集约化、专业化水平”。党的十八大报告还提出，要“让一切文化创造源泉充分涌流，开创全民族文化创造活

力持续迸发、社会文化生活更加丰富多彩、人民基本文化权益得到更好保障、人民思想道德素质和科学文化素质全面提高、中华文化国际影响力不断增强的新局面”。党的十八大报告为我国文化产业的未来发展定下了原则和方向，标志着文化产业进入全新时期。

2013 年 11 月 9 日，党的十八届三中全会召开，通过了《中共中央关于全面深化改革若干重大问题的决定》。《决定》指出，“紧紧围绕建设社会主义核心价值体系、社会主义文化强国，深化文化体制改革，加快完善文化管理体制和文化生产经营机制，建立健全现代公共文化服务体系、现代文化市场体系，推动社会主义文化大发展大繁荣。”“推动文化企业跨地区、跨行业、跨所有制兼并重组，提高文化产业规模化、集约化、专业化水平。”党的十八届三中全会的决定是指引我们从新的历史起点出发，建设社会主义文化强国和提高国家文化软实力的行动指南。

2014 年是我国文化产业的政策年，支持文化产业发展的政策频出，力度空前。相关部门陆续发布了一系列文件，文化产业迎来了新的发展机遇。2 月 26 日，国务院印发《关于推进文化创意和设计服务与相关产业融合发展的若干意见》，为科技创新和文化产业的融合拓展了更大的空间。《意见》提出，到 2020 年，文化创意和设计服务的先导产业作用更加强化，与相关产业全方位、深层次、宽领域的融合发展格局基本建立，相关产业文化含量显著提升，培养一批高素质人才，培育一批具有核心竞争力的企业，形成一批拥有自主知识产权的产品，打造一批具有国际影响力的品牌，建设一批特色鲜明的融合发展城市、集聚区和新型城镇。2 月 28 日，习近平总书记主持召开中央全面深化改革领导小组第二次会议，审议通过了《深化文化体制改革实施方案》，标志着新一轮文化体制改革开始进入全面实施阶段。《实施方案》对中央提出的任务要求作了进一步细化，明确了改革的指导思想、目标思路、主要任务和政策保障，共开列出 25 项、104 条重要改革举措及工作项目，并按照 2015 年、2017 年、2020 年三个时间节点明确了进度要求。4 月 16 日，国务院办公厅印发《关于印发文化体制改革中经营性文化事业单位转制为企业和进一步支持文化企业发展两个规定的通知》，主要涉及财政税收、投资融资、资产管理、土地处置、收入分配、社会保障、人员安置、工商管理等多方面支持政策。

根据党的十八届四中全会的部署，为达到将“行之有效的文化经济政策法定化，健全促进社会效益和经济效益有机统一制度规范”的目标，中国首部文化法——《文化产业促进法》开始草拟。《文化产业促进法》将明确地方政府在促进地方文化基础设施建设方面的义务，以确保民众可以享受更好的公共文化服务。公共文化服务权利方面，草案强调公共文化服务要有公益性、基本性、均等性、便利性等，为当地老百姓提供公共文化服务。该法的出台将弥补现有法律体系中文化法的空白。

2014年10月15日，习近平总书记在北京主持召开文艺工作座谈会并发表重要讲话。习近平总书记就文艺工作的根本任务、指导方针、文艺与人民的关系、文艺创作方法、文艺与市场的关系、好作品的标准、文艺队伍建设、文艺工作环境、文艺评论等问题展开科学论述，引发社会各界特别是文艺界的广泛关注。习近平总书记的重要讲话深刻阐述了文艺和文艺工作者的重大使命，充分阐释了关于文艺繁荣发展的一系列重大问题，具有很强的思想性、针对性和指导性，是当前文艺工作的基本遵循，是新时期马克思主义文艺观中国化的最新成果，是中国特色社会主义文艺健康繁荣的科学理论指南，对解决文化艺术与市场经济的关系有重要的指导意义。

2015年，横跨亚、非、欧三大洲，涵盖30多亿人口的“一带一路”伟大构想成为国家发展的重大战略布局，也是新时期文化产业发展的重要背景。国家发展改革委、外交部、商务部联合发布《推动共建丝绸之路经济带和21世纪海上丝绸之路的愿景与行动》，全面指导我国政治、经济、文化等领域的发展，其中文化建设在“一带一路”战略中具有巨大前景，通过这一战略能够促进我国文化更好地走出去。3月5日，李克强总理在《政府工作报告》中提出“大众创业，万众创新”，文化产业作为最具创新潜力的产业在提升国家和区域综合竞争力方面将发挥越来越重要的作用。同时，在“互联网+”网络新思维的指引下，围绕文化与科技深度融合的发展现状，互联网思维正在为中国文化创意产业提供前所未有的巨大机遇，“互联网+文化”也将成为我国在“十三五”阶段新的经济增长点。2015年10月26日，党的十八届五中全会召开。全会发布《中共中央关于制定国民经济和社会发展第十三个五年规划的建议》，文化建设作为“五位一体”建设中的关键一环，其重要性不言而喻。《建议》专门部署了文化建设的总要求和根本任务，明确提出了“坚定文化自信，增强文化自觉，加快文化改革发展”，“公共文化服务体系基本建成，文化产业成为国民经济支柱性产业。中华文化影响持续扩大”，“深化文化体制改革，实施重大文化工程，完善公共文化服务体系、文化产业体系、文化市场体系。”

总之，在中国文化产业30多年的发展过程中，文化产业的发展实际与文化产业政策实践相互促进相互影响，文化产业取得了一定的成就，产业政策也逐步完善，逐渐形成一个比较系统、完整的政策体系，对文化产业的健康、快速发展发挥着重要的扶持、引导、促进和规范等作用。另一方面，我们也要认识到，当前中国文化产业政策体系也存在着许多问题，一些政策的科学性和有效性有待加强。要解决文化产业政策中存在的问题，需要我们对文化产业的产业特性和产业规律进行更加深入细致的研究，结合中国文化产业的发展实际制定具有高度科学性、执行性的产业政策。我们认为，“我国文化产业政策今后一个时期的重点应当强调坚持以结构调整为主线，积极优化文化产业布局，并从政策执行的角度出发，建立健全文化产业政策的实施机制”①。

第三节　《文化产业振兴规划》和党的十七届六中全会对我国文化产业发展的深远影响

一、《文化产业振兴规划》对我国文化产业发展的意义与影响

党的十六大以来，文化产业日益受到重视，其促进经济、繁荣文化、带动社会发展的作用日渐清晰，国家把文化产业作为市场经济条件下繁荣发展社会主义文化的重要载体，作为满足人民群众多样化、多层次、多方面精神文化需求的重要途径，作为推动经济结构调整、转变经济发展方式的重要着力点。2008年美国“次贷危机”影响到世界范围的经济发展，但我国文化产业却在经济危机中逆势上扬。在这样的背景下，2009年7月22日我国第一部文化产业专项规划——《文化产业振兴规划》（以下简称《规划》）出台，这是继钢铁、汽车、纺织等十大产业振兴规划之后的又一个重要的产业振兴规划，标志着文化产业已经上升为国家的战略性产业。

《规划》的出台，是文化体制改革的需要，是文化产业发展的要求，也是应对当时金融危机的需要。《规划》对文化产业整体发展具有指导作用，同时也对区域文化产业和文化产业的各个行业、文化企业具有指导作用。《规划》是文化政策演进的历史转折点，为文化产业进一步开拓了发展的

---

① 蔡尚伟、何鹏程：《回眸与展望：中国文化产业政策的创新演化》，《成都大学学报（社科版）》，2010（2）。

空间，它对文化产业全局性、进程性的影响是巨大的、深远的、战略性的。

第一，推进文化产业市场化进程。《规划》提出要进一步完善文化市场主体和现代文化市场体系，以深化文化体制改革为保障条件，建设现代文化市场体系。全面推进市场化是《规划》最大的看点，是《规划》的核心之一。《规划》鼓励文化产业的市场化和合理竞争，为文化产业按照产业和市场规律发展创造条件；提出要重点培养一批有实力、有竞争力的文化产业骨干企业，培养文化产业的企业集团；推动跨地区、跨行业联合与重组，促进文化领域资源整合和结构调整。“《规划》所提出的推进市场化的政策精神，是文化产业发展的重要转折点和里程碑，在政策层面理顺很多东西。”①

第二，明确文化产业发展的战略重点。《规划》提出：“发展重点文化产业。以文化创意、影视制作、出版发行、印刷复制、广告、演艺娱乐、文化会展、数字内容和动漫等产业为重点，加大扶持力度，完善产业政策体系，实现跨越式发展。”对重点文化产业的针对性推动，能够发挥其对整个文化产业的带动作用，并促进文化产业结构的优化。“发展重点文化产业的提出，进一步明确了文化产业发展的战略导向和战略重点，为实现调整和优化文化产业结构的战略任务选择了突破口和切入点。”②

第三，支持重大项目，培育骨干企业，实施带动战略。《规划》提出“以文化企业为主体，加大政策扶持力度，充分调动社会各方面的力量，加快建设一批具有重大示范效应和产业拉动作用的重大文化产业项目”，并“着力培育一批有实力、有竞争力的骨干文化企业，增强我国文化产业的整体实力和国际竞争力”。重大项目和大型文化产业集团能够在一定程度上代表文化产业的发展水平，能够产生对相关项目、相关行业、相关企业的辐射、带动等波及效应。实施带动战略，一方面可以创造文化产业的亮点，造就一批重大项目和龙头企业，一方面可以发挥带动作用促进文化产业的整体提升。

第四，培养文化消费，创造新的经济增长点。《规划》提出要扩大文化消费，“不断适应当前城乡居民消费结构的新变化和审美的新需求，创新文化产品和服务，提高文化消费意识，培育新的消费热点”。现在我国的人均 GDP 已经超过 3000 美元，按照国际标准，国民的文化消费需求进

① 张自然：《振兴规划激活文化产业》，《投资北京》，2009（1）。

② 周玮：《文化产业“跃升”到国家战略层面——聚焦〈文化产业振兴规划〉六大“亮点”》，《松州学刊》，2010（4）。

入旺盛阶段。而且调查显示，文化消费重心已经由基本需求转向享受与发展需求，娱乐、休闲、教育等消费需求旺盛。但是我国的文化产业发展水平与文化消费需求不适应，还不能满足国民对文化产品的消费需求。《规划》要求打造文化品牌，创作和生产多样性的文化产品与服务，开发教育、娱乐、休闲等文化消费点，以优质、丰富的内容满足人们多方面的文化需求，以期培养新的经济增长点。这项重点工作的提出，将发展文化产业同进一步扩大内需结合起来。文化层面的内在需求不可忽视，特别是在金融危机时期，例如，美国好莱坞崛起于20世纪二三十年代的经济大萧条时期，亚洲金融危机成为韩国文化产业的机遇。所以，《规划》提出的扩大文化消费对应对金融危机、化危机为机遇、提升文化产业整体水平和促进文化市场走向成熟有着重大指导意义。

第五，为文化产业新型业态再添政策基石。《规划》明确提出发展新兴文化业态，"采用数字、网络等高新技术，大力推动文化产业升级"。而且《规划》提出的八项文化产业发展重点，"其背景是当前国内出现了基于互联网技术的，包括数字出版、数字影音、数字游戏、网络服务在内的数字内容文化产业的新型业态"[①]。数字、网络与文化产业的结合，体现出巨大的产业动力与市场潜力，《规划》再次为高新科技与文化产业融合指明方向，为文化产业新业态的发展优化政策环境。《规划》的效应成为新兴文化产业市场发展的驱动因素之一，文化产业领域加快与网络、数字技术的融合，数字电视的大规模推广、大型出版企业开始数字化转型、电影的制作与发行的数字化应用渐趋成熟，移动3G、动漫、网游等也进入快速发展时期。

第六，推动文化产业资金来源多元化。《规划》提出要降低准入门槛，"落实国家关于非公有资本、外资进入文化产业的有关规定，根据文化产业不同类别，通过独资、合资、合作等多种途径，积极吸收社会资本和外资进入政策允许的文化产业领域，参与国有文化企业的股份制改造，形成以公有制为主体、多种所有制共同发展的文化产业格局"。此外还决定加大国家对文化产业的投资，鼓励中央和地方各级政府通过贷款贴息、项目补贴、补充资本金等方式加大对文化产业的投入，并大幅增加中央财政扶持文化产业发展专项资金，全力支持文化产业的发展，落实对文化企业的税收优惠政策，鼓励银行等金融机构加大对文化企业的金融支持力度，并

① 李亚彪：《〈文化产业振兴规划〉释放新信号》，《瞭望》，2009（32）。

支持有条件的文化企业进入主板、创业板上市融资。《规划》为文化产业和文化企业发展提供多种融资渠道，推动文化产业资金来源的多元化，文化企业与资本的“蜜月期”即将到来，为文化产业的发展注入动力。

第七，为“走出去”战略创造机遇。从2003年文化产业“走出去”战略提出至今，涉外文化产业取得了一定的成绩。“2008年中国对外文化集团在全球50多个国家和地区的210多座城市，举办了74项演展、活动总场次达5600多次，吸引海外观众1100万人次，活动总场次和观众数量分别比2007年增长12%和10%，其中商业项目的比例超过60%。”[①] 一些优秀的展览、剧目、杂技等也深受海外观众的欢迎。但是，涉外文化产业也存在一些问题，比如运作经验不足、品牌影响力不够、推广营销成本高等，最大的问题是“走出去”的文化产业中高端、核心的内容较少，造成中国文化产业的国际影响力不够大。《规划》提出“落实国家鼓励和支持文化产品和服务出口的优惠政策，在市场开拓、技术创新、海关通关等方面给予支持”，“重点扶持具有民族特色的文化艺术、展览、电影、电视剧、动画片、网络游戏、出版物、民族音乐舞蹈和杂技等产品和服务的出口，抓好国际营销网络建设”，“支持动漫、网络游戏、电子出版物等文化产品进入国际市场”。这是对涉外文化产业强有力的政策支持，具有针对性的引导意义，并为世界金融危机背景下，文化产业在世界上“走”得更高更远、文化产业竞争力进一步增强、文化产业影响进一步扩大提供了历史性的机遇。

二、党的十七届六中全会对我国文化产业发展的意义与影响

2011年10月在北京召开的十七届六中全会从中国特色社会主义事业总体布局的高度，对深化文化体制改革、推动社会主义文化大发展大繁荣作了研究部署，而将我国文化体制的改革、文化产业的发展列为全会的唯一核心主题，这在我国以往的政治生活中是绝无仅有的。审议通过的《中共中央关于深化文化体制改革，推动社会主义文化大发展大繁荣若干重大问题的决定》(以下简称《决定》)，提出了新形势下推进文化改革的指导思想、重要方针、目标任务、政策举措，这是指导我国文化改革发展、开创中国特色社会文化建设新局面、建设社会主义文化强国的纲领性文件，其中明确指出将“加快发展文化产业，推动文化产业成为国民经济支柱性

① 李亚彪：《〈文化产业振兴规划〉释放新信号》，《瞭望》，2009 (32)。

产业”，这预示着我国的文化产业即将进入一个全新的发展阶段，由此也充分反映出文化产业在我国今后政治经济生活中的地位势必日益重要。《决定》为我国文化产业的发展勾画出了一幅美好的蓝图——整体实力和国际竞争力显著增强，公有制为主体、多种所有制共同发展的文化产业格局全面形成；文化管理体制和文化产品生产经营机制充满活力、富有效率，以民族文化为主体、吸收外来有益文化、推动中华文化走向世界的文化开放格局进一步完善；高素质文化人才队伍发展壮大，文化繁荣发展的人才保障更加有力。

文化是民族的血脉和灵魂，是人民的精神家园，是国家发展的重要支撑。《决定》分析了我国文化建设面临的机遇与挑战，把握了人民群众对文化发展的新期待，回答了以什么样的视角认识文化、以什么样的态度对待文化、以什么样的思路发展文化等一系列事关我国当代和未来文化发展的重大命题，部署了深化文化体制改革、推动社会主义文化大发展大繁荣的各项工作，发出了进一步兴起社会主义文化建设新高潮的动员令。

首先，《决定》进一步明确了我国的核心价值体系及其对文化发展的重要性。核心价值体系是社会意识形态的主体和灵魂。我国社会主义核心价值体系是五千年文明中形成的优秀文化传统与当今时代的先进文化的结晶，是维系社会和谐与进步的基石。社会主义核心价值体系既总结吸收了中国历史文化的优秀传统，是我们积累的宝贵精神财富，又顺应时代发展融入新的内涵，成为“文化精髓”“兴国之魂”。

其二，《决定》明确指出，创作生产更多无愧于历史、无愧于时代、无愧于人民的优秀作品，是文化繁荣发展的重要标志。这为进一步激发文化创作生产活力，不断提高文化产品质量，为我国文化产品创作生产活动的发展指明了方向。文化创作生产直接作用于精神领域，关乎人的心灵世界、民族精神面貌以及社会文明进步。繁荣的文化创作生产活动，是社会主义文化大发展大繁荣的关键环节，是社会主义核心价值体系的重要载体，是人民群众精神食粮的重要源泉，是实现公民文化权益的重要保证，是文化事业和文化产业发展的共同追求。进一步激发文化创作生产活力，不断提高文化产品质量，是顺应时代新要求、符合人民新期待的必然举措。繁荣文化创作生产，必须树立精品意识，全面提高文化产品质量。文化精品是思想性、知识性、艺术性、观赏性俱佳的优秀作品，能够集中体现文化引领风尚、教育人民、服务社会、推动发展的作用。当前我国的文化产品从数量上看已经相当丰富，但产品质量与人民群众的需求之间还存在差距。实现中华民族伟大复兴和建设社会主义文化强国的伟大事业，必然要求一大批体现民族精神、反映时代风貌的优秀文化产品涌现，而提高文化产品质量则必将摆在更加突出的位置。

其三，《决定》站在经济社会发展全局的高度，对推动文化产业成为国民经济支柱性产业这一重大战略任务作出了全面部署，强调必须坚持把社会效益放在首位、社会效益和经济效益相统一，推动文化产业跨越式发展，为推动科学发展提供重要支撑，为人民群众提供健康向上、丰富多彩的精神文化产品。这必将有力地推动我国文化产业大发展大繁荣，更好地满足人民多样化精神文化需求、繁荣社会主义文化，提高国家文化软实力，并使文化产业成为推动经济结构战略性调整的重要支点和转变经济发展方式的重要着力点，对于构建结构合理、门类齐全、科技含量高、竞争力强的现代文化产业体系，形成以公有制为主体、多种所有制共同发展的文化产业格局，推进文化科技创新和应用，提高文化消费规模和水平都有直接的促进作用。

另外，由中宣部以及文化部、新闻出版总署、广电总局等文化主管部门共同参与制定的“文化产业十二五发展规划”发布，其中除了明确“十二五”期间文化产业作为支柱产业产值规模将超过 GDP 总量 5%以外，还将明确财政、金融、产业发展、产业布局等具体的配套措施。按照 2010 年《政府工作报告》中将“十二五”期间国民经济年增率设定为 7%，并指出到 2015 年我国国内生产总值将超过 55 万亿元这一目标进行测算，到 2015 年，我国的文化产业增加值应是 2.75 万亿元，较 2010 年的 1.1 万亿元的年增率可达 20%以上。文化产业将进入高速发展的“黄金年代”。

其四，《决定》深刻指出，文化引领时代风气之先，是最需要创新的领域。这一论断充分阐明了文化在社会发展进步中的先导性作用，阐明了改革创新对于文化发展的特殊重要意义，阐明了大力发展文化产业是实现建设社会主义文化强国、加快经济发展方式转变的必然要求。

其五，《决定》站在建设社会主义文化强国的新高度和文化事业发展繁荣新的历史起点上，作出了建设宏大文化人才队伍，为社会主义文化大发展大繁荣提供有力人才支撑的战略部署，为我国文化人才发展和队伍建设指明了方向。人才是社会文明进步、人民富裕幸福、国家繁荣昌盛的重要推动力量。当今世界正处在大发展大变革大调整时期，世界多极化、经济全球化深入发展，科学技术日新月异，人才资源已成为最重要的战略资源，人才在综合国力竞争中越来越具有决定性意义。而当前我国文化人才队伍总体状况与建设社会主义文化强国的时代要求还不相适应。因此《决定》中的政策指向为我国营造良好宽松的文化人才发展环境，为各类文化人才提供施展才干的广阔天地以及统筹促进各类文化人才发展提供了更为明确的理论保障。

总之，《决定》确立了建设社会主义文化强国的战略目标，提出了新形势下推进文化改革发展的指导思想，回答了事关我国当代和未来文化产业发展的重大命题，意义重大而深远。

第四章　数字与网络技术下的文化产业新业态

第一节　数字与网络技术下的文化理解

文化产业新业态简而言之是指在数字技术及网络技术支持下，从文化产业衍生出来的新兴的类型化服务形态，与传统文化产业最大的不同在于科学技术尤其是数字与网络技术的影响。虽然传统文化产业也需要技术的支持，但技术相对单一且“含金量”不高。以索尼公司为例，在以数字与网络技术为依托的文化新业态来临之前，公司旗下的电视、光盘播放器、随身听等设备一直为人津津乐道，但限于其科技含量，其他公司推出同类型产品的时间并不会比它晚太久。众所周知的 Walkman，索尼原本以为在其推出后的两年时间内不会产生同类竞争者，可事实是仅四个月之后，类似的随身听设备已经大量地涌入市场。当然，产品质量会有一定的差异，但这种差异从文化传播的角度而言影响并不大。与此同时，反倒是对唱片业的投资使索尼公司获得了高额的回报，这从一个侧面诠释了传统文化业态中内容的重要性。

相比之下，技术因素已经成为新文化业态本身的一部分，这是传统文化业态所不具备的。也就是说，传统文化业态的主体是内容产业，而文化新业态的主体则是基于技术要素的内容产业。其实这并不难理解，以书籍为例，传统文化业态所涉及的书籍基本上是“白纸黑字”的纸质书，主要关注的是书的内容而不是纸张。而新业态所涉及的书籍，在关注内容的同时，甚至是在关注内容之前，首先关注的是载体。各种技术参数不同的手机、平板电脑、电纸书……不同的消费者会选择不同的终端进行书籍的阅读，而对这些不同的终端进行选择的决定因素不是它们所提供的书籍内容，而是这些终端所拥有的技术组合。也就是说，在文化新业态条件下消费者选择阅读终端的过程实质上是根据自身的需求状况选择不同技术组合的过程。尽管书籍内容应该是消费者阅读的最终对象，但因为不同的阅读终端所提供的书籍都有一定的数量及种类支持，且差异性并不明显（国内情形较欧美地区而言更是如此），阅读内容反倒成为消费者相对忽略的因素。

尽管文化产业新业态涉及的很多技术相当复杂，但对相关技术的理解仅仅是我们对文化产业新业态的文化性意义及产业化发展方向进行梳理的前提，技术发展从产业角度而言是为新业态服务形式的多样性发展及内容的海量增加提供了一个广阔的平台。“它为文化产业带来的变化并不是简单的物理变化，而是深刻的化学变化，是整个文化产业生态系统的更新。”① 因此，对技术的性质、作用以及文化意义的了解是介绍文化产业相关技术的主要出发点。我们以一种历史的视角，从技术的发展变迁中体会受众对文化产品进行选择时技术因素所发挥的影响力。

手机几乎是现代人不可或缺的终端设备，也可视为文化产业新业态发展中一个浓缩而极富典型意义的展示载体。作为普通消费者，我们挑选一款手机的时候，在预期的价格范围内，选择标准不外乎这两项：美观性与实用性。美观性在这里我们暂不予讨论，每个人对外观美的标准不尽相同，但这其中也有工业设计对文化因素的把握与诠释的问题，这在后面章节将有进一步的阐释。这里我们所要分析的是实用性，也就是手机功能所传达出的消费者对新兴文化产品实用性的需求。

现如今智能手机已经越来越普及，其功能也日益集大成，除语音通讯外，通过各种即时通讯平台如QQ、微信、微博等交流信息，通过阅读软件读书看报，通过各类游戏、影音软件娱乐休闲……从总体上来说，手机的实用功能在日益丰富的同时也正日益趋同，几乎每部智能手机都可以通过安装各类软件完善其实用性。但就是这类实用性日益趋同的产品，为什么价格差异依然很大？外观因素的影响并不是决定性的，而是否更能把握产品实用性与文化因素的结合才是关键所在。

以阅读为例，无论是休闲性质的书报杂志，还是联络通讯性质的即时信息交流，乃至公务性质的文件等，在今天通过终端设备进行阅读已经是司空见惯的现象了。对文本产品的阅读而言，容量较大的存储介质（决定了内置信息的数量），出色的内容显示效果以及便于携带是必然的要求，

① 王育济、齐勇峰、侯样祥、韩英：《中国文化产业学术年鉴2008卷》，223页，北京，文化艺术出版社，2009。

因此，人们对相关终端设备及其技术的要求越来越高，而满足这类需求且达到甚至超过消费者预期的相关产品也必然受到追捧。

当然，在文化产业新业态条件下满足文化需求的方式无疑是多样的，总体来说有两个方向："返璞归真"与"标新立异"。

一、数字与网络技术对传统文化需求的迎合

所谓"返璞归真"，就是说在保留新技术所带来的便利性的同时，文化体验的方式依然趋向于传统方式，即技术追求的目标要迎合文化传统的需要。这种需求并不奇怪，说到底还是习惯问题。不妨仍然以文本阅读为例，纸质书籍作为传承了近两千年的文本载体，人们通过它进行阅读已经成为一种习惯，而在文化新业态条件下，则是通过终端设备进行"屏幕阅读"。终端设备固然具有储存信息量大、查询方便、易于携带、辅助功能强大等优势，但对于习惯了纸质文本阅读的受众而言，"不习惯"则是他们拒绝使用终端设备乃至抵触文化产业新业态的最重要原因。对此，一概视为"思想顽固，不愿接受新事物"，似乎有些言重。而通过新技术，使终端设备的阅读体验方式趋近于纸质文本阅读无疑是新业态应该努力的一个方向。电子纸、电纸书就是针对这一市场需求应运而生的产物。

电子纸是基于 E-ink 技术（EPD 技术的主流表现形式，因最早由美国 E-ink 公司推出而得名）实现的。它与普通纸张在外观上很相似，甚至可以像报纸一样被折叠卷起，但从制作材质及技术角度而言，两者实有天壤之别。电子纸表面涂有一种由无数微小的透明颗粒组成的电子墨水，颗粒直径只有人的头发丝的一半大小。这种微小颗粒内包含着染料和一些更为微小的粒子，这些粒子能够感应电荷而朝不同的方向运动，当这种电子墨水被涂到纸、布或其他平面物体上后，人们只要适当地对它予以电击，就能使数以亿计的颗粒变幻颜色，从而根据人们的设定不断地改变所显现的图案和文字，这便是电子墨水的神奇功效。由于电子纸具有记忆性，因此只有画素颜色变化时（例如从黑转到白）才耗电，关闭电源后画面仍可保留，因此非常省电，基本上 2 节 AA 电池即可供数周以上使用。

目前终端设备的屏幕分辨率尽管已经有了相当的提高，但仍远低于纸张，这也是长时间使用终端设备进行阅读容易造成眼睛疲劳的主要原因之一。所以借助终端设备进行持续阅读从产品体验角度而言并不可取，因此，现在的电磁显示设备还无法取代纸质文本的地位。但电子纸的出现使得这种情况有了根本性的改观。通过介质进行文本阅读，决定眼部舒适程

度的两个要素是介质的显示亮度和对比度。显示亮度取决于周围的照明情况和显示设备自身的反射率，其中尤以反射率最为关键。使用E-ink技术的电子纸具有较高的反射率，可以在不同光线条件下反射更多光到阅读者眼中，其反射率水平已经接近于报纸的水平，有些高端的产品甚至可达影印用纸水平（因此肉眼对其所显示的文字内容更易辨识）。对比度是屏幕的白色亮度与黑色亮度的比值，也正是我们眼睛能够区别不同表面的原因之一。而使用 E-ink 技术的电子纸能够达到的对比度已经达到了优于一般报纸的水平。

尽管优势明显，但电子纸及电子墨水显示设备目前仍有技术困难需要克服。一是目前的电子纸在全彩以及动画显示功能方面并不尽如人意；二是反应速度依然较慢。这也是其短时间内无法成为主流屏幕应用的主要原因。但无论如何，它已经向着追求返璞归真文化需求的方向迈出了重要一步。结合此类技术，电纸书的诞生可算是水到渠成，也在相当一段时间内成为许多青年读书人群、经常出差的商务人士的阅读选择，并导致电子图书的销售及下载数量激增。当然，随着平板电脑的崛起，其发展前景也变得不太明朗了。

以新技术去迎合传统习惯，这类做法对于文化产业的发展乃至文化的发展来说都应只是暂时的。不同时代的人，都有自己时代独特的文化内容以及习惯了的文化形式。而对于年轻一代而言，他们没有上一代人对其时代文化的惯性，乐于接受全新的文化形式与内容。“返璞归真”式的文化产业新业态发展方向是为了迎合新技术条件下依然追求传统的受众，所追求的主要还是文化产品的商业价值，当然，以新技术手段保存乃至包装传统文化使其焕发新的生机和活力也是其重要意义所在，但无论从文化角度、产业角度还是技术发展角度来说，这种形式都不会是文化产业新业态发展的主流方向。

二、在新技术条件下创造新的文化需求

在文化产业新业态条件下满足文化需求的另一个发展方向是“标新立异”，这也正是文化产业新业态发展前进的主要方向。所谓标新立异，就是充分利用网络及数字技术满足新技术条件下受众对于文化多元化的需求，甚至开拓新的文化表现形式以创造受众新的文化需要。文化的发展没有极限，对于文化产业尤其是新兴文化产业的发展进程而言，从浩如烟海的文化资源中找到适合产业化的一系列文化内容，并加以整合从而创造价

值无疑是一种发展方式，而通过新技术加上新创意从而发掘出人们对文化形式的新需求，并由此产生经济效益则更是在文化产业新业态发展进程中抢占先机的好办法。

供给与需求的平衡是市场追求的目标，但目前文化产品的供给从一定意义上说呈现一种过剩的状态，或者说许多文化产品在市场流通环节处于一种无效的状态。恢复过剩的供给与有限的需求之间的平衡不外乎两种方法：减少供给与扩大需求。鉴于文化资源本身不具有稀缺性，尤其是在文化产业新业态条件下，其转化为文化产品几乎为零的边际成本所导致的近乎无限的生产能力，使得减少新兴文化产品的供给并不具备可操作性，因此扩大文化产品的需求成为文化产业新业态乃至整个文化产业发展的重要着力点。

那么何为文化产业新业态条件下的新的文化需求呢？一言以蔽之，就是通过新技术在符合社会主流价值观与审美情趣的前提下使受众能够通过新的方式感受文化内容，从而对相关文化产品产生的社会需求。而文化产业新业态条件下的新的文化需求很大程度上仅靠改变文化产品的体验方式即可实现。

这并不难以理解，我们还是以阅读为例。苹果公司的 iPad 就是一款符合文化产业新业态条件下新文化需求的典型载体。在其被推向市场之初，相当一部分专业人士并不看好，认为其不过是苹果公司先前产品 iPhone 的放大版——一款将 4 个 iPhone 捆在一起的产品。但其 9.7 英寸的显示屏、较高的屏幕分辨率以及为其量身打造的极具真实感的 EPUB 格式的图书，使得 iPad 一经推出即受到市场的热捧，其网上商店销售的图书数量也呈现爆炸式的增长。iPad 当然还有其他功能，但对阅读功能的改善一直以来都被视为是其初创成功的关键。

很多人，尤其是习惯于传统阅读方式的受众对于换一种很“炫”的阅读方式才可以提升阅读数量的现象并不认可，甚至持一种批评的态度，但站在文化产品本身乃至文化的发展角度来看，这种方式也无可厚非。尤其是年轻一代，无论是出于对书本的潜意识抵触还是对新鲜个性的追求，相比传统书籍而言他们更愿意接触电子产品。在这种情况下，应用一些新的技术与创意使人更喜欢读书，这无疑是一件好事，而形式的选择在好的结果面前已经不重要了。

延伸阅读

课堂上，教师可当堂了解每个学生的预习成效，并据此及时调整教学方案；提出问题后，教师能立刻拿到全班答案的数据分析，并掌握每个学生的答案，然后有的放矢地点拨。下课后，如果学生课上有地方没听明白，可上网点击重听该堂课；学生完成作业并提交后，教师可及时“一对一”评价与指导……这些并非想象，而是北京市西城区黄城根小学课堂上正在发生的改变。

近日，黄城根小学以“数字化——为每个孩子更好的学习助力”为主题举办西城区科研周现场会。在四年级英语课 Giving Directions 上，授课教师王雯婷与学生们人手一台平板电脑，展现了数字化给课堂教学带来的变革。记者看到，当教师给出的问题投影在大屏幕上时，学生触屏答题，每个学生的答题结果和时间都能实时显示出来并形成数据表，教师第一时间了解每个学生知识掌握的情况。“课上我能实时看到每个孩子的学习成效，并当堂进行针对性指导，问题不留到课后，提高了课堂效率，减轻了学生负担。”王雯婷表示。

“通过建立跨越时空的网络学习，构建一对一教学，扩大优质教学资源的覆盖面，数字化将为每名学生享受高质量的教育助力。”黄城根小学校长麦峰表示。

麦峰认为，教学改革的大方向是改变教与学的过程，使师生真正互动起来，数字化在这方面起着极其重要的作用。在英语课上，学生们运用平板电脑的摄像、编辑等功能，分组对现场嘉宾采访并制作成片。“数字化提供了更真实的情境，老师能更好地调动学生情感参与、行为参与和思维参与。”王雯婷说，这种“玩中学”的方式能更好地调动学生的兴趣。

“信息技术的优势正在转化为教学和学习的优势。”原北京市电教馆馆长、特级教师潘克明表示，因为平板电脑等信息技术的运用，传统学习模式发生深刻变化，正走向协作式、探究式、个性化学习，并超越课堂的局限。

据悉，在探索建设数字化校园的过程中，黄城根小学也发现了一些问题。麦峰希望市场能专门针对中小学生研发防水、防摔的结实终端，并实现内容和教材版本同步，最终用电子书取代纸质书。（摘自《数字化助力“一对一”教学变革》，《现代教育报》2011 年 12 月 14 日。）

当然，通过使用新的科技含量较高的终端设备体验文化产品时，需要再花费一些精力去学习设备的使用，甚至购买这类商品时，也要花相当多的精力去了解产品本身的技术性能，但与这些设备所能提供的文化功能相比，这根本算不上新型文化载体的短板。毕竟一般消费者购买手机、平板电脑等产品时，不会也没有必要去了解液晶显示屏的发展历程，也不见得关心 IPS、Super LCD、AMOLED 等屏幕的异同。尽管屏幕材质的发展从技术角度而言非常复杂，但从消费者的角度或者说直观体验的角度而言这只是一个从“黑白”到“彩色”、从单彩到多彩、从模糊到清晰的视觉感受变化过程，消费者对此的判断依据通常就是，画面越清晰、画面层次越丰富则体验效果越好。这种市场化的需求从一定程度上说是对技术的需求，但从本质上说，是人们面对时代的发展，希望能够从更多层面以更多方式体验文化产品的一种渴望。

阅读的体验是丰富多彩的，这在从前是对文本内容的体会，但在文化产业新兴业态的发展进程中，则添加了因阅读终端的表现方式不同而带来的愉悦感。“文化”或者说“内容”依然是文化产业最本根的基础，但从文化产业新兴业态的角度出发，面对海量的文化资源以及现代消费者多元化的需求，任何一种寻求产业化的文化产品都应有适应市场要求的表现形式，这是文化与市场结合的结果，而这也刺激了技术的不断创新。

三、技术发展与文化发展的内在一致性

在现代市场经济条件下，数字、网络技术与创意的结合催生出诸多新的文化表现形式，并通过各种营销手段最大限度地让消费者接受。各类文化产品都需要找到一种符合现代人体验习惯的表达方式，否则就有被忽略的危险。各类的文本信息如此，其他如游戏、音乐、影视、景观乃至体育运动莫不如此。

数字技术表现方式的多样性与文化的多样性是密切相关的。数字技术表现方式的多样性意味着媒介的多样性，而媒介多样性本身就是文化多样性的一种体现。媒介的多样性使得文化形式与文化内容更为丰富，而体验这些文化形式与文化内容的基础则是对媒介技术及相关知识的接受、掌握和运用。

在传统的非数字设备时代，用户通过文化媒介接触并感受文化产品的过程并不存在很大的技术障碍，其文化产品终端如书本、收音机、电视机等——其功能的单一性决定了操作的简易性，也反映了文化产品形式的相对单一。数字技术水平的提高则进一步丰富了消费者对文化产品乃至文化本身的认知体验。传统的媒介产品有一个通俗的称谓——“视听产品”，概括了其体验方式就是通过视觉和听觉，而基于新技术的媒介产品则有了 3D、4D 等称谓。从体验角度来说，3D 技术在视听的基础上，通过营造一

种身临其境的感觉，使受众变相地增加了触觉感受，4D则真实地增加了包括触觉、嗅觉、味觉在内的多重感受。而通过这种多重感受，受众直觉地、立体地体验了相关文化产品，较之相对抽象的2D技术，进一步丰富了文化体验的层次。即便同为2D的体验方式，传统的非数字设备较数字设备，在逼真程度、体验功能等方面也存在着极大的差距，尤其对于全新的文化产品而言更是如此。在数字终端设备时代——设备上的一部分功能许多用户甚至终其一生也不会用到的这样一个时代，在体验文化产品的过程中需要跨越一定的技术障碍，这也成为一部分受众拒绝体验甚至拒绝接受新业态文化产品的重要原因。仍然以书籍为例，传统文化产业中，对于书籍的使用方式是不需要什么技术含量的——翻动书页即可。但随着处理器数据处理能力的提高以及操作系统的日新月异，在无线移动终端等数码产品上进行阅读则蕴含了一定的技术含量：进入系统──→找到相关程序并打开──→选择需要阅读的文本并打开——在年轻人看来轻而易举的操作，对许多中老年人来说则需要学习并反复练习才能掌握，而电子文本的在线选择、浏览并购买，以及为保障阅读需要而进行的系统维护和升级更是横亘在他们面前的技术大山。但从数字终端设备的发展角度而言，这种“技术障碍”的出现并非其本意。借助数字技术，受众对文化产品的感受更细致、更逼真、更多元，在此基础上，受众对数字设备终端的要求也进一步提高，为了满足受众更高的文化产品体验要求，数字终端设备的技术及相关功能势必进一步增强。在这一互相促进的发展进程中，技术获得了提高，文化的内涵也更加丰富。

在技术与文化之间，通过技术感受文化的门槛越来越高，对媒介终端设备的选择就越发显得重要。传统的非数字设备时代，设备功能的单一性与消费者选择设备目的的单一性是对应的，性能的趋同性也使得媒介终端设备的种类与消费者选择的余地都相对狭窄。而数字终端设备时代，软件与硬件的多元发展与融合使得基于使用目的的设备市场被重新统合与划分，多重功能的一体实现成为普遍现象，产品的性能差距迅速拉大，消费者对于性价比的权衡明显增加。对于文化产品的体验方式来说，更加丰富的应用与更加简洁的操作之间往往面临着取舍而不是共同的改善。在传统的非数字设备时代功能的单一性决定了操作的简易性，而在数字终端设备时代，单一功能的终端产品将越来越少，毕竟操作系统及处理器技术水平提升的一个重要目的就是为了在一个终端上解决多种任务，这就意味着依靠简化功能来提高操作简易程度的设想是行不通的。也许，今后对于应用技术的学习将成为使用终端设备完成既定目的的必要前提，就像阅读纸质文本需要打开书页一样成为一种文化常态。

如果说数字技术的日新月异对应着文化产品的花样翻新，那么网络技术发展与文化发展的内在联系对应的则是这样一个问题——社会差别导致的文化消费差异会随着网络化进程的深入而不复存在吗？答案恐怕是否定的。由地域性、民族性甚至阶级性不同而产生的不同类型的社会形态和阶层，其文化消费的特性也往往是不尽相同的，简而言之，这源于彼此对文化产品价值认同角度和程度的不同。而网络这一无形但却广泛存在的同质介质，在一定程度上显现并融合了这些多元化的价值认同。我们现在还无法判断这种融合是否利大于弊，毕竟融合的过程往往也是强势文化群体的认同价值同化弱势文化群体认同价值的过程，这在趋同的同时无疑也会削弱另类声音，而另类声音蕴藏的文化价值在当今社会中也许更有价值。

应该说网络造成的价值认同的趋同只是其发展的结果之一，在旧有的价值认识趋同的同时，新的价值认识也在形成。一种是多样性文化价值认识在融合过程中，创造出的对一种产品、一项制度乃至一种文化的新的价值认识，这是网络文化融合的主流；另一种则是在文化价值认识融合过程中产生的不可调和的对立，以致发生文化价值认识的分裂，甚至由此激发产生更多新的文化价值对立。其实，如果剥离网络介质，这些文化现象在传统文化时代也同样存在，但通过虚拟空间融合文化价值则是前所未有的。而且无论在速度上还是频率上，这一网络融合进程都显现出平方级数的效应，这首先应归因于网络虚拟化所带来的空间延展性。网络文化融合摆脱了传统地理因素的限制，完成了地缘文化向全球文化的跨越，多元文化直接产生了面对面的碰撞与融合，而这在传统文化时代是不可想象的。通过网络，抛开传播过程中误读的因素（在传统方式下文化的误读更加不可避免），我们可以足不出户地以视频、文本、语音等多种形式，从历史、政治、人文、地理等各个方面认识、学习、了解甚至吸收另一种文化形态的文化成果。

四、平台化趋势解析

此处“平台化”的对象指的是承载文化产品的终端设备，作为展示载体的终端设备对于文化产业发展的重要性是不言而喻的，尤其对于文化产业新业态而言，其与终端设备的关系用“皮之不存，毛将焉附”来形容恐怕并不为过。终端设备的平台化可以概括地理解为通过一部数字终端完成对网络应用的一体化整合。这既包括与不同数字终端的无障碍联络，也包括通过网络实现数字终端的娱乐、办公等多方面应用。尽管不同的数字终端依系统配置等不同而存在优劣的差异，但基于网络的不断升级扩容、软硬件技术的日益成熟，数字终端的“一机多用”已成为可能。小巧的手机与现在看来已经略显笨重的 PC，在视听娱乐的功能多样性方面几乎已经并驾齐驱，所不同在于个性体验程度。可能同时代的手机在视觉方面的体验永远赶不上同时代类似于 PC 的大型数字终端，但其随时随地的体验方式也是后者所难以具备的。

因此，出于市场需要的“重复建设”也就应运而生。现代人同时拥有智能手机、平板/笔记本/台式电脑等多种数字终端已不为奇，功能的重复性似乎并未使人们觉得其中任何一件是多余的，不同的时间、环境乃至精神状态都需要不同的数字终端。比如在拥挤的公交车上，类似于手机、MP4 的数字终端无疑是最合适的，无论是一段视频、几页文字、几首歌曲还是一个小游戏，人们会因其便携性而忘记其视频、文字、歌曲、游戏体验远不如更大型的数字终端——但如果缺少其中一个或几个体验功能甚至仅仅是体验功能所包含的内容较少，这款产品又往往会被诟病。这种对产品功能的重复追求可算是数字终端实现平台化的市场源动力。

目前来看，数字终端若要实现平台化必须具备以下条件：

（1）能够与其他主流数字终端通过一种或几种通用的方式实现资源共享，这是数字终端平台化的先决条件。一个独立于其他数字终端之外的产品，无论其硬件功能多么强大、外观多么精致，只具有“自娱自乐”的功能是无法为日益趋向网络世界发展的社会所接受的。

（2）拥有一定数量并可与之充分兼容的应用程序，从而实现用户的多方面需求，这是数字终端实现平台化的必要条件，也是平台本身意义的直接体现。数字终端的智能化使得以往通过硬件及简单的软件达到一种或几种功能应用的时代一去不复返，随之而来的是基于强大的软硬件及网络设施对多种复杂应用的爆炸式需求，这需要海量的兼容性的应用程序作为实现手段，因此，某系列数字终端配套的应用程序数量的多少在一定程度上成为该数字终端能否实现平台化的重要指标。

（3）数字终端的开放性，这是数字终端实现平台化并在未来得以持续发展的关键因素。数字终端的开放性目前来看主要取决于软件的核心——操作系统。从操作系统的发展来看，开源已经成为一种趋势，这种“群策群力”的开发模式使得系统的完善及更新变得“物美价廉”，在一定程度上摆脱了原有系统开发所面临的巨大的成本压力及市场风险，并能迅速获得受众的认可。在此基础上，服务于系统的应用程序的开发也将吸引更多的人参与其中，形成良性的循环模式。

第二节　数字与网络技术下的文化产业新业态

现代人尤其是年轻人读书越来越少了，但他们每天接受的信息量却日益增多（姑且不论其中的有用或有益成分究竟有多少），原先对信息资源饥渴式的寻找与阅读过程，已经因为数字终端的整合以及海量的网络信息支持，而变成不得不对接收的信息进行患得患失的选择的过程。这是数字技术与网络技术对文化直接作用的显著结果，由此催生了越来越多的新兴文化业态。

传统的文化传播方式——广播、报纸、电视、书籍都被整合在了数字终端当中。早先“一台电脑就是一个图书馆”的惊叹已经变得保守，如今一部掌上数字终端就是一个信息世界，无论是传统的报社、电台、出版商还是门户网站、视频网站、网络社区、电子书城、微信应用等等都在这方寸之间找到了属于自己的“地盘”。

一、数字与网络技术条件下传统文化产业的转型

如同电视的出现引发人们对报纸消失的担心一样，互联网的出现也使得传统媒体即将消失之类的言论一度甚嚣尘上。但就如同报纸一直存在下来并在媒体中保持一定的地位一样，在可预见的将来，这种新旧媒体的完全替代似乎也不可能发生。当然，这并不意味着传统媒体可以高枕无忧，市场份额的大幅下降直接威胁着企业个体的生存。市场的压力无疑是传统媒体在保持自身特点的同时积极转型的重要原因。

就我国的发展情况而言，反应最快的首推报纸行业。2004 年 7 月 18 日，中国移动公司与《中国妇女报》联合推出了国内第一份“手机报”——《中国妇女报》彩信版。[①] 随后诸多报纸开始与通讯运营商合作，2008 年《中国妇女报》彩信版的发展迎来了一个阶段性的高峰。

---

① 王育济、齐勇峰、侯样祥、韩英：《中国文化产业学术年鉴 2008 卷》，1578 页，北京，文化艺术出版社，2009。

尽管相对于传统纸质报纸来说“手机报”属于新兴媒体，但在更新换代速度以几何级数发展的今天，“新兴”的持续时间也越来越短。“手机报”早已是明日黄花，目前各类新闻客户端以其传播及时、信息量大、个性定制、形式多样等特点成为各类移动智能终端的主流新闻获取渠道之一，其阅读体验远非“手机报”这一“老古董”可比。

而另一类传统纸质出版物——书籍则面临着更大的转型压力。且抛开新兴媒体因素不谈，随着社会节奏的日益加快，人们对于所要阅读的文字越来越要求短小精悍——我们可以对此持一种批评态度，认为这是社会愈发浮躁的表现，但也应该正视这一现象，从多角度加以分析与研究——仅就这一个原因，我们似乎也能认定传统图书市场的逐渐萎缩在短时间内是不可避免的，而新兴媒体的介入和取代则进一步加剧了这一趋势。当报纸与手机终端联姻导致手机报兴起，使得传统报纸既保证了其原有的本质内涵，也在一定程度上完成了向新兴媒体的形式转型之时，书籍却无法依赖手机这一终端，大量的文字与狭小的屏幕之间有着天然的斥力，尽管手机小说等形式也受到了追捧，并且也会存在下去，但受众相对狭窄将会是长期存在的问题。

电纸书及平板电脑的出现使得传统书籍的生存问题更加复杂化。一方面，电纸书及平板电脑同普通书籍相当的“阅读面积”扭转了手机终端阅读大量文字的劣势；另一方面，电纸书及平板电脑大容量的存储及更加丰富的阅读方式使得传统纸质书籍除了符合部分受众阅读习惯以外，其他优势已经荡然无存。因此，不同类型的电纸书在不远的将来取代纸质书籍似乎是可以预见的，但这也只是基于技术因素的推理，而社会因素则是不可预知的。退一步说，即便电纸书真的取代纸质书籍，这种取代也仅仅是出版方式上的，并不涉及书籍传播的实质性内容，与纸质书籍取代竹简的历史进程没有本质的不同。如同安贝托·艾柯说的那样“我们看不出还有什么比书更适于实现书的用途。也许书的组成部件将有所演变，也许书不再是纸质的书，但书终将是书”①。

此外，一个积极的现象令人欣慰。据苹果公司统计，在其产品 iPad 推出之后，用户选择的最多应用就是阅读书籍。这当然与其产品本身精致的

---

① ［意］艾柯、［法］卡里埃尔著，吴雅凌译：《别想摆脱书》，4 页，桂林，广西师范大学出版社，2010。

阅读界面有关，但另一方面，绝大多数用户在从其网上书店购买了电子书籍后，会选择持续购买，这说明用户不仅仅满足于对产品本身阅读功能的体验，在此基础上对内容的追求显得更加迫切。由此，书籍的社会总体销量迎来了一次转机。书籍出版商通过与电子阅读终端厂商合作，以网络为平台，实现书籍销量增长是可以实现的，这也是传统出版商的必然选择。只是传统发行机构（如书店）面临着严峻的挑战。

此外广播与电视行业在很大程度上也实现了数字化，并早已摆脱了早期无线电传播的方式，依托卫星及数字化网络在现代传媒中占有重要地位，对受众而言，它们的变化并不像报纸、书籍那样明显，因为其接收终端从外观而言几乎没有变化，而这也是其转型成功的原因之一。

二、数字与网络技术条件下的新兴媒体

所谓新兴媒体是与传统媒体相比较而言，目前来看，除了传统媒体转型而产生的新兴媒体之外，那些从无到有，伴随着网络与数字技术的诞生与发展而出现的新兴媒体正发挥着越来越重要的影响。与传统媒体相比，这些新兴媒体的最大特点并不是在表现形式上（尽管形式差别也很大），而是在运作方式上。

传统媒体的运作方式无一例外都是机构/公司化的分工协同作业，专业化程度很高，而新兴媒体即使一个人也可以独立运作，借助网络平台与数字设备，很容易就可实现媒体的功能。早期的短信尚有一对一的私人信件的意味，QQ、博客、微博、微信等一系列信息平台则意味着信息的开放与流通，拍客、闪客等则使信息的传播更具多样性。

严格来说，对这些新兴媒体分门别类地加以统计与分析并不明智。其中一个原因是在其发展过程中很多新媒体可以说是“其兴也勃焉，其亡也忽焉”，其兴起往往是一些不确定因素导致的，且因文化差异、社会开放程度不同，其发展方向与方式也不尽相同，因此，对于此类新兴媒体，分析其动态过程显得更为必要。

思考这样一个问题似乎是有意义的——在诸多社交媒体中为什么微信会异军突起，甚至独领风骚？微信创立至今只有短短的5年时间，但其在中国的流行程度比脸书（Facebook）在美国还要高：72%的中国手机用户都在使用微信，而脸书在美国互联网用户中的普及率只有67%（2015年数据）。相对于短信，微信使用基于流量无通讯费用；相对于QQ，微信将使用者更加牢固地锁定在手机通讯录中，建立了强关系；相对于微博，它

的圈子更加私人，内容更加隐蔽，关系更加牢固。[①]

根据2015年的调查数据[②]，微信用户根据职业划分，企业员工的比例最高，占用户比例的40.4%；其次为党政机关人员、学生与事业单位人员，占比依次为25.3%、14.4%与10.8%。超过九成的微信用户每天都会使用微信，半数用户每天使用微信超过1小时，61%的用户每天打开微信的次数超过10次，其中每天超过30次的深度用户比例达到了36%。

微信的首要功能无疑是社交。55.1%的用户拥有超过100位好友，其中拥有200位以上好友的用户数量占用户总数的比例达到了25%，较2014年翻了一番。与之对应的，每天使用的微信功能中排名前三位的依次为朋友圈、收发消息以及公众号，使用率分别为58%、53.5%和39.8%。朋友圈已成为用户手机社交的主阵地，用户表现出登录高频、点赞活跃、喜爱围观好友生活状态的行为特点。利用朋友圈的活跃优势，微信尝试提供了更多的社交玩法和商业化方式，如短视频、红包、照片、朋友圈广告等。当然，社交圈扩大、接收信息繁杂也给微信提出新的难题，如何提高用户的社交效率、让用户更易触达有价值的信息而不疲惫，这是社交媒体的长远任务。

基于微信的用户粘性，聚集广泛、不断扩展的线上线下好友关系，延伸出更多的服务领域，这是微信发展的关键脉络。其中，微信红包就是属于偶然试水却获得惊喜回报的尝试。自2014年1月26日悄悄上线后，微信红包迅速流行开来。而收到红包后想要提现，就必须绑定银行卡，这样一来，绑定微信支付的用户数量大增。腾讯数据显示，从当年的除夕开始，至初一下午四时，参与抢微信红包的用户超过500万，总计抢红包7500万次以上。领取到的红包总计超过2000万个，平均每分钟领取的红包达到9412个。在微信用户中，超过84.7%的用户使用过微信红包功能，使用过微信支付与微信转账功能的用户比例也高达58.1%和56.9%。受益于红包等强社交支付功能的引爆，支付在微信用户中渗透率快速增长。随着应用场景的扩大，微信支付的消费额度开始增长。微信红包是微信支付中渗透率最高的功能，随着在金融和电商领域进一步打通服务，微信支付有望将现金流从社交流转引导向金融流转和消费流转，在交流娱乐的同时兼顾实用功能。

---

① 谢新洲、安静：《微信的传播特征及其社会影响》，《中国传媒科技》，2013（11）。

② 企鹅智酷：《微信数据化报告》，2016年3月21日。

如今，社交网络已成为人们获取信息的第二大新闻渠道，渗透率超过电脑＋电视。而作为时下最为火爆的自媒体，微信的影响力也日益凸显。微信公众号＋自媒体，改变了媒体舆论场权重配比，众媒时代信息传播架构将被社交媒体消解和重构。

当然，快速发展的新兴媒体也存在一系列问题，如信息的庞杂增加了获取有效信息的难度——这又催生出新的业务增长点，如各类社交搜索、信息订阅和推送等。总的来说，利用新兴媒体及其承载的文化内容来获取商业价值才刚起步，但如前所言，其产业价值已经在很大程度上得以显现。

第三节　技术与文化的匹配

在文化产业中，科技进步与文化传统之间存在一个相互匹配的问题，这也是同一种数字终端、同一种网络文化形式在不同国家的应用与发展不尽相同甚至大相径庭的一个重要原因。

腾讯最初的成功源于满足了中国网民通过互联网即时且廉价地进行沟通的需要——在当时昂贵的手机通话费与不便的固定电话之间，腾讯填补了这一通讯领域的空白，这似乎更像是一个成功的商业案例，但其深层的文化原因也不容忽视，就如同短信在中美不同的境遇一样引人深思。不可否认，短信相比通话费用的廉价是其在中国成功的重要原因，但另一方面，不用直接进行交流且能用较为深思熟虑的文字表达在许多情况下更符合国人的交往习惯。而美国受众则更倾向于直接表达，在电话无法接听的情况下，语音留言往往是其首选。这或许可看作中国文化贵在含蓄而美国文化较为开放的一个佐证吧。腾讯也满足了类似的文化需要，且功能更为强大，传送的信息量与信息种类以及输入速度均是短信无法比拟的，因而很快成为中国互联网应用的首选。另外，与微博、Facebook 等相比，腾讯的交流方式主要还是点对点、点对特定面的交流，满足了国人的另一交流习惯：国人对于同一件事的交流态度是根据交流对象的不同而有所取舍的，所谓“见人说人话，见鬼说鬼话”。当然，这并不是说欧美人的交流就是一贯的、真诚的，只不过其更喜欢点对面、共享式的交流方式，这样无形中在己方形成了一个以自我为核心的交流圈，潜在地满足了他们追求个性的个体成就感。

基于各自文化及商业形式的需要，中美对交流方式的选择存在明显的差异。如果说上述情形还只能算作个例的话，那么随着微博在全球的盛行，以微博这一共同形式的应用差异为例应该更能说明问题。在微博的发明国，美国人对 Twitter 的应用更多在于与周围的人分享其即时状态，包括其所见、所思、所为等；同时，这些分享作为对新闻题材的多角度全方位补充的作用正逐渐显现出来，尤其对于突发事件，传统新闻机构无法及时介入甚至根本无法介入的情况下，只要现场有一台数字便携终端，就可以作为媒体发布平台向外界发布消息。而在国内，微博的作用更像是名人吸引关注与关注名人的一种即时性的渠道，即便发布信息也是以娱乐性信息为主。这固然有诸多环境因素的作用，但与国人谨言慎行的文化传统也有着密切的关系。

至于体现在数字终端应用上的文化差异则更为明显。苹果产品作为目前将工业设计完美应用于数字产品的典范，美国用户更加看重其时尚性，使用者也多为年轻人。在国内，情形则不太一样。除却其时尚性与实用性因素，苹果产品更多地成为一种持有者炫耀财富甚至身份地位的工具，具有了早期“大哥大”的效果。许多人日夜排队购买的目的仅仅是为了在发送信息或微博后对方终端显示这是来自 iPhone 或 iPad 时所形成的一种虚拟快感，对其 iTunes 和 App Store 应用则一无所知。这种心理不能简单地归于虚荣心，而应该看作现代文化环境下存在的认知缺失所导致的一种畸形的文化需求。

“人类正在飞快进入数字化时代、网络时代、光子时代、生命科学时代。任何一种新的发明和技术都是新的媒介，都是人的肢体或中枢神经系统的延伸，都将反过来影响人的生活、思维和历史进程。”① 技术进步直接带来的是社会生产力的发展，同时又会引起人们的生活形式、文化模式以及思维方式的变化。技术的发达与文化的发展不是成正比的，但二者有意义的结合却是可取也可以实现的。“通过新的电子技术在文化领域的运用，可以发送的（即媒介传播）意义、消息和图像的范围、数量和种类得到了巨大的扩展。这种情况已经给现代文化生活开辟了新的领域并完全改变了‘产生意义’的过程，这一过程是文化的核心。文化与技术之间的结合产生了意义。”② 文化与技术结合产生的新意义，有时是我们很难预料的。

---

① ［加］马歇尔·麦克卢汉：《理解媒介——论人的延伸》，11 页，北京，商务印书馆，2009。

② ［英］保罗·杜盖伊：《做文化研究——索尼随身听的故事》，23 页，北京，商务印书馆，2005。

"任何媒介对个人和社会的任何影响，都是由于新的尺度产生的；我们的任何一种延伸（或曰任何一种新的技术），都要在我们的事物中引进一种新的尺度。"① 也就是说技术的进步为人们创造了新的历史角色，同时也让人不由自主地卷入更深更复杂的人际关系、社会关系以及人与自我的关系之中。

一、技术发展对文化载体的影响

（一）对纸介质载体及纸质媒介的影响

技术性与产业化对文化新业态的影响是多方面的。比尔·盖茨曾经提出过一个观点："个人电脑的普及最终将代替纸张。"PC 的发展的确减少了纸张的使用，可距离代替还远得很，但无线移动终端的广泛使用则有取代纸张的趋势。设想一下这样一种情形：我们每人手里都拥有一台类似于平板电脑的无线移动终端，并且能够保证时刻在线且数据传输畅通，那么我们还需要纸干什么呢？欧美很多高科技企业已经实现了无纸化办公，好处当然很多，如节约了成本，提高了效率，保护了环境……从文化角度而言，这一技术进步颠覆了绝大多数人的文化心理及文化习惯。毕竟现阶段还是白纸黑字令人踏实，而通过看不见的网络进行数据交流、完成信息确认，总未免令人有一种惴惴不安、半信半疑的感觉。而也正是在这种惴惴不安、半信半疑中，我们完成了一次又一次的文化变革，完成了接受的过程。不妨回想一下，我们有多久没有用纸和笔写点儿什么了——这也算是技术进步条件下的一种文化转型吧。其实这是文化发展史尤其是技术文化史上的常见现象。我们无法揣测当年先人们放弃龟甲和兽骨改用竹简，继而又放弃竹简改用纸张时的所思所想，但技术推动下的文化转型似乎是不可逆的，接受只是一个过程而已。

纸张有被取代的趋势，那以纸为载体的文化产品的命运又当如何呢？诚然，技术的发展改变了人们的文化消费习惯乃至行为方式，但阅读习惯或纸张用途的改变并不意味着纸质媒介从此消失。书籍、报纸、杂志，是纸质媒介最为重要的三种形式，意大利著名学者安贝托·艾柯曾经对书的命运作过如下判断："五百多年来，围绕书这一客体的多样化，并没有改变书的用途和结构。书就如勺子、斧头、轮子或剪刀，一经造出，就不可

① ［加］马歇尔·麦克卢汉：《理解媒介——论人的延伸》，33 页，北京，商务印书馆，2009。

能有进一步改善。你不能把一把勺子做的更像勺子……书多方证明了自身，我们看不出还有什么比书更适于实现书的用途。也许书的组成部件将有所演变，也许书不再是纸质的书，但书终将是书。”① 作为学者的他对书籍的支持态度跃然纸上，但从中我们不难看出如下结论——在可预见的将来，书籍这种形式不会被完全取代，但由纸向电子纸的“变形”则是不可避免的。从这种意义上说，技术的进步和文化的保存并行不悖。

很多人有这样一个共识：无线移动终端所承载的文本甚至视频都应该是短小精悍的，因为无线移动终端的使用大部分都是在居所以外，处在那种环境下不可能有心思去看一部长篇著作或长篇影视作品。而这也为纸质文本的继续生存提供了可能。但无线移动终端的迅速发展使得这种观点开始动摇。我们不妨看一下国外的例子。全球最大的网络书店亚马逊公司推出了一款电子书阅读产品Kindle，问世不久就销售一空，消费者不得不提前预订；而苹果公司的iPad一经销售，iBookStore（苹果公司的在线书店）的销售也随之火爆。无论是Kindle还是iPad，它们所载的电子图书并非小品文，而是与书店出售的各类著作内容一样的电子书。人们之所以会有上述所谓共识，是因为在Kindle和iPad问世之前，一直没有一款适合于阅读的无线移动终端，而一旦消费者拥有了这样的产品，对书籍的渴求也就接踵而至。只是书籍的形式变成了电子书而非纸质书了。

现代人对纸质书籍的留恋其实不外乎以下几个原因：

（1）习惯的阅读感受。大家可能记得读小学时有一篇叫《一面》的课文，其中对一本大部头的著作有这样一句描写令人印象深刻——“厚实的纸张，清晰的字迹，相当厚的一大本书，拿在手里，有一种怪舒服的感觉。”相信这是很多喜欢读书的人的一种共同的情结，也成了无线移动终端一道迈不过去的门槛。

（2）从前的书页笔记。前面提到的安贝托·艾柯曾经这样描述过这种感受：“我……参阅了吉尔森的《中世纪哲学》……当然我可以再买本新版，但我喜欢旧的这本，上面有我用各种颜色做的笔记，它们构成了我当年每一次参阅的历史。”②

（3）对新技术本能的排斥。这可以说是相当一部分消费者的惯性心

① ［意］艾柯、［法］卡里埃尔著，吴雅凌译：《别想摆脱书》，4页，桂林，广西师范大学出版社，2010。

② ［意］艾柯、［法］卡里埃尔著，吴雅凌译：《别想摆脱书》，5页，桂林，广西师范大学出版社，2010。

理。还有一种说法是，现在新技术如此之多，学是学不过来的，干脆不学甚至不用。

有着上述这些情结的消费者一般是较为保守的长者，对于从小习惯了手机、电脑等电子产品的年轻人来说，以上因素的影响几乎是不存在的。因此，也许我们可以这样认为，当现在的年轻人成为社会主力的时候，纸质的文本也许将更加黯然失色。

在纸质文本中，报纸有其特殊性。著名咨询机构麦肯锡于2010年上半年做了一项研究，根据其调查报告，“比起其他任何媒体，消费者更信赖报纸。有66%的人形容报纸广告‘能提供有效信息且令人信服’，相比之下，仅有12%的人对网络广告持类似观点”。这项调查的对象是英国新闻业的消费者，但似乎对全球报业都能提供信心。尽管这项调查没有提供历年人们对报纸信任度的变化这一纵向比较，与网络的横向比较已经足以说明现状了。

在我国，报纸信赖度也比网络高一些。尽管我国尚没有权威机构进行过类似麦肯锡的调查，但CNNIC的几次相关调查都反映类似BBS或Blog的Web 2.0式网络平台的内容可信度低于门户网站。而门户网站的内容，其实大部分都来自传统媒体（报纸或杂志）。这些数据表明，人们似乎更愿意相信传媒组织而不是个人发布的信息。

另外一个证据来自微博使用体验，人们在微博上发一条信息如果注明源出处，会得到更多响应。而这些源出处通常都指向一个门户网站的内容页面，在这张内容页面中，“出处：×××报”赫然可见。相反，如果源出处指向一个BBS的帖子，通常就会有人用类似“求证”的回复以表示将信将疑。

对内容的信赖，说到底是来自对某一群人的信任；对Web 2.0式网络平台的信任其实也是一种特定的信任：信任这个“博主”（blogger）或这个论坛里的某一用户，这种信任建立在长期阅读和关注的基础上。而信任一家媒体则是一种无理由的信任。对某个毫不熟悉的“博主”或“坛友”，读者信任其内容的可能性比较低，但从未看过某份报纸却偶尔看到了其中的内容时，信任度相对而言还是比较高的。导致这种差别对待的原因何在呢？

第一个推断是，人们认为有体系的传媒组织可以招募到更专业、更敬业的人才。招聘、见习这一层层的人力筛选本身就是一种素质把关，再加上传媒组织生产内容时的质量把关，使得其内容更为可靠。

第二个推断是，历史越悠久的传媒组织越受信赖。打个不恰当的比方，传统媒体像贵族，而新兴的网络媒体像暴发户，在一般人的习惯思维里，贵族比暴发户说话更为可靠。毕竟网络媒体对商业模式的过分关注，让人们对它的内容是否客观心存疑虑。相反，传统报业的内容生产者们，很少聚集起来高调讨论商业模式。

第三点则是一种反向思考，博客或论坛上发布一条与事实出入较大的信息，发布者一般不用承担后果，但传统媒体上发表一篇被证实为谣言的文章，相关记者或编辑将面临巨大的职业风险，这让人们相信专业内容生产者不得不谨言慎行。尽管有些博客或论坛的影响范围已远远超过一些报刊和杂志，但基于人们对传统媒体的信赖，影响范围不如网络媒体的传统媒体，其影响力其实是更高的。

最后一点，最关键的是与媒体形式有关。纸质媒体的形式具有“想象中的稀缺性”，一张报纸哪怕是一百版，数量也是有限的，但网站的网页，则是随需随造且随意拉长，看上去不具备任何稀缺性。稀缺性使得人们推断报纸会精选内容，不会轻易用查无实证或证据不足的内容消耗稀缺的版面。

最后一点之所以关键，就在于广告的投放方式。对于网络媒体而言，广告投放所需要的版面几乎是无穷无尽的，只要有广告主，网络媒体总可以找到页面来放置这个广告。但对于传统媒体，它必须考虑机会成本，因为版面是有限的。通常情况下，出价高的广告容易得到稀缺的版面，从而证明广告主的实力，而有实力的广告主通常应该是可信的。这样一种经不起推敲的“常识”，让人们更愿意阅读甚至相信传统媒体提供的广告信息。

基于以上分析，报纸的电子化势必会对其公信力产生一种微妙的影响，在其转型过程中，对“稀缺性”的保持是必要的，至于如何保持，保持在何种程度，则是对新闻出版单位的考验。

无论书籍、杂志还是报纸，电子化趋势已经不可避免。未来纸质文本的功能大概会更倾向于收藏（不完全等同于传统意义上的藏书，而更接近于古玩收藏）。信息更多地由数字存储介质存储，由包括无线移动终端在内的数字网络终端进行读取。

趋势如此，但同纸质文化产品相比，数字网络终端的信息存储功能在技术上可靠吗？

这个问题包含两个方面：一方面，数字网络终端不断更新换代，我们现在拥有的高科技产品，两年后很可能就落伍了，甚至再过两年就无法同主流设备兼容，那么我们是选择更换新的产品吗？答案基本是肯定的。但旧产品中的数据、资料怎么办？当然是转移到新的产品中去。可我们手里的数字网络终端不止一种，每种使用的时间也就短短几年，于是我们不得不频繁地有选择性地进行数据的导入和导出工作。而纸质文本就不存在这些问题，不用考虑升级、兼容、转移，可谓予取予求。

不过，纸质文本的稳定性是以大空间为代价换取的。一本书大小的数字网络终端（以其存储容量为16GB，平均每本电子书4MB大小来计算）可以保存4000多本书。而4000多本纸质书需要的空间以及维护的精力都是相当惊人的。与之相比，个人数据的介质更换就显得微不足道了。

另一方面，数字网络终端作为电子设备，保存资料的可靠性相对脆弱。一旦各种原因导致设备损坏，很可能造成资料全部丢失的重大损失，纸质文本则不存在这种危险。但事实不尽如此。数字网络终端里的数据只需在其他存储介质中做好备份工作，并经常同步更新，一般情况下就可避免类似损失，而纸质文本一旦遭受损坏则几乎是不可逆的。即便原始文本损坏，数字网络终端通过数据恢复，很多情况下在短时间内就可以还原，而纸质文本的修复还原绝大部分都需很长时间且往往只能局部修复，完全复原基本不可能。而随着网络技术的进步，云端存储（简言之就是将数据存储在网络另一端的服务器上）是大势所趋，个人数字网络终端的数据存储安全基本上无须担心。

说到数据安全，不得不提到防止数据泄漏，在这方面，纸质文本与数字网络终端可谓各有优劣。纸质文本的直观性使其本身所承载的信息很容易被识别，而其信息承载的有限性也使得一旦数据泄漏，危害是有限甚至是可控的；而数字网络终端则恰恰相反，其所承载的信息并不是直接可见的，其加密保护功能也对数据起到了一定的保护作用，但数字网络终端作为现代人工作和生活的重要辅助工具，所存储的信息量往往很大，隐私乃至机密成分可能很多，一旦数据泄漏所造成的损失和危害往往很大。

（二）对视听媒介的影响

除了纸质文化产品，普通的电视节目、电影等文化产品都属于传统文化产品的行列。数字网络终端的发展造就了消费者对电子书的大量需求，同样也刺激了消费者对高质量视频的需求。在画质及流畅度得以保证的前提下，消费者愿意通过数字网络终端去欣赏高质量的视频，比如时长近两个小时的足球比赛。

数字网络终端对音乐产品的影响也是很大的。在知识产权体系尚未建立、广大消费者的版权意识尚未形成之际，音乐产品形式由唱片向数字化的转变使得国内消费者对音乐版权放弃了仅有的一点敬畏。这首先同市场大环境有关，但技术的进步起到了推波助澜的作用。在音乐产品以盒带、光盘的形式推广的时候，相当多的城市消费者基于质量、消费品位以及对歌手的支持等诸多因素，选择购买正版的音乐产品。但音乐数字化使得正版音乐产品的质量和品位优势荡然无存，免费获得音乐产品的渠道更是大为拓宽。在国内切实保障知识产权的制度体系建立起来之前，音乐产品几乎不可能凭借唱片收入获得收益。在后面章节中，对数字音乐的产业化问题还将详加分析。

无论是通过手机还是iPod欣赏音乐，消费者追求的几乎都是一种随时移动的欣赏方式，而奠定这种音乐欣赏方式的则是一款被命名为“Walkman”的盒式录音带随身听产品。它由日本索尼公司制造，在20世纪八九十年代风靡一时。从产品体验的角度来说，Walkman与现在的便携式数字音乐设备自然不可同日而语，但在当时，它则是喜欢随时随地欣赏音乐的消费者的最爱，尽管同类型的其他品牌有很多，但精致的做工与品牌影响力使其雄霸市场。而这种情况，今天在iPod身上又一次得到了诠释。我们似乎不能仅仅将这一类产品的成功归功于功能和质量因素，产品的精致、时尚，以及通过各种营销手段达到的与消费人群的贴合程度才是关键。苹果系列产品在具备强大功能的同时，其精致时尚、简约大方的外观设计为其赢得了众多“粉丝”。许多人选择苹果，并不是出于对功能的需要，而仅仅是被其外形所吸引。

这里的外形也并不仅仅是“好看”，外观的实用性也非常重要。外观也会“实用”么？当然。iPod准确把握了用户心理，极富创意的机械轮盘设计和强大的存储功能给用户很大的自由操作空间。“单手触控式轮盘”这个小小的滚轮就是iPod的生命线，人们只需用一根手指在滚轮上划圈，就可以轻而易举地上下滚动歌曲、演唱者、唱片集列表。这种极致便捷的设计风格很快就使该产品成为音乐播放器的新标准。

苹果公司的其他产品也有类似的特性。有人调查为何众多的消费者会选择iPhone，有一种回答很有代表性——当你穿着牛仔裤出门的时候，你觉得是将iPhone还是别的什么手机放在口袋里合适？我们一直强调数字网络终端的便携，iPhone做到了极致。乔布斯在2010年苹果全球开发者大会上讲了这么一件事，他的同事在星巴克休息时拿出了iPad，很快，这款时尚精致的平板电脑吸引了不远处一位漂亮女孩的注意，他们就这样认识了，也许这也能算作是iPad的一种实用性吧。

二、网络对受众思考深度的影响

当下一种观点认为，网上庞大的信息资源使得人们在阅读时不得不花费更多的时间去过滤无用的信息，对有用的信息也只能是一瞥而过，不求甚解，因而也不再专心于深度思考，反而更多地热衷于浏览和过滤——随心所欲的网络空间、不断更新的论坛留言、天马行空的微博记录等等，都成了“白纸黑字的证据”。然而，仅仅以网络参与广度的无限延伸来断定思考深度的缺失，似乎言之过早。

一个不可否认的事实是，人们通过网络浏览信息很大程度上是基于各自不同的兴趣，大部分都有其较为擅长甚至是极为专业的领域。得益于网络庞大的文本链接数量，人们从事其专业领域的查询、讨论时，无疑会在较短时间内掌握大量的信息资源，对其理论深度的提升也会有促进作用。尽管网络空间或论坛上的帖子、评论等大多是“兴趣人士”而非“专业人士”的言论，如物理学家对时尚的看法、普通百姓对国际政局的看法、工商业者对历史进程的看法、工人对农业技术的看法……这些“不专业”的言论的充斥并不能成为现代人思考问题缺乏深度的证据。基于网络，我们在自己的专业领域可以选择深入研读，对感兴趣的其他领域则能够广泛阅读。也就是说，在各自的专业领域，我们阅读、研究的深度不见得较从前浅显，但所涉猎的范围却比以前广阔了许多。

再细分一下，按照物理属性的不同，网络大体可分为无线移动网络与互联网，两者除了终端不同，浏览方式也各有专攻：互联网更加强调对信息的搜索，而无线移动网络应用更多的则是信息的定制，比如手机报、电子书等。对信息搜索而言，用户的目的性很强，对结果的关注度较高，对结果的产生过程缺乏理性分析，对结果是否正确难以作出判断。尤其在网络社区环境中，从众心理也使得用户的思考深度受到影响，从而容易产生轻率的结论。而互联网环境宽松的监督机制也使得一部分人缺乏必要的理性思考，容易发表不负责任的言论。但在无线移动网络中，上述影响则要少得多，移动网络终端倾向于信息定制的特征无疑起到了重要作用。对于定制的信息，人们大部分都是泛泛浏览，而对其感兴趣的部分则表现出继续深入思考的意向，具体表现为分享并交流意见、搜索相关信息、定制相关信息等，而网络丰富的链接资源则使得这种深入思考过程变得简单而直接，其中的部分信息难免有错误的可能，从而使得思考的结论有所偏差，但无论是思考过程的简洁化还是信息的误导，乃至思考结果的偏差，都不能直接说明无线网络用户的思考深度，因为这在传统信息接受方式中同样是无法避免的。

其实，“一种信息传播方式的新方式所带来的社会变迁，绝不止于它所传递的内容，其更大的意义在于，它本身定义了某种信息的象征方式、传播速度、信息的来源、传播数量以及信息存在的语境，从而在更深刻的层面上影响着特定时空中的文化，以及对真理的看法”①。无论互联网还是无线移动网络，信息的生成过程尽管是无序的，但也并不是随意的。网络信息平台在大众化开放协作环境中，信息质量的提高是有目共睹的，同时也引起了人们思考广度和深度的变化，维基百科与百度百科的大受青睐就很能说明这一点。

诺贝尔奖获得者赫伯特·西蒙在预测信息经济发展趋势时曾指出：“随着信息的发展，有价值的不是信息，而是注意力。”这种观点被 IT 业和管理界形象地描述为“注意力经济”。网络技术日益成熟的今天，信息极大丰富甚至泛滥，相对来说，需要被吸引的人们的注意力反而成为稀缺资源②。因而，除了思考的深度和广度，注意力经济也成为数字网络终端媒体时代的重要课题。

每种介质都会强化相应的认知能力，但同时也会损害其他认知能力——这是现代心理学的一种观点。包括数字网络终端在内的网络终端都属于屏幕类型的介质，加强的是视觉空间智能，使人们能够更好地适应需要同时追踪多种信号的工作。所以，即便是数字网络终端，其处理器也在纷纷实现多任务处理的功能。但这同时也会带来“高阶认知过程中的新弱点”，如对抽象文本的深入理解、归纳总结等能力被削弱。使用网络设备会分散注意力，尤其是与专注于一本书的阅读相比。阅读书籍的文字尤其是大段文字会使人们对其心智进行很强的克制，这是对思维进行“非自然”的处理，有助于强化注意力的神经连接及神经控制，从而培养专注的能力，这也是我们在使用网络数字终端时应该注意培养的阅读习惯。

三、数字与网络技术条件下的消极文化现象

关于技术的价值问题，学术界有两种观点。技术中性论的观点认为，

---

① 刘津：《博客传播》，9 页，北京，清华大学出版社，2008。

② 参见［美］迈克尔·戈德海伯（Michael H. Goldhaber）1997 年在 *Hot Wired* 上发表的一篇题为《注意力购买者》“*Attention Shopper*”一文。

技术仅仅是一种手段，是与价值相分离的，它本身并无善恶。而技术价值论的观点则认为，技术本身就载有价值，一方面技术本身具有相对的价值独立性，这不仅表现为技术对客观规律的严格遵循，还表现在技术活动对可操作性、有效性、效率等特定价值取向的追求，而这种独特的价值取向对整个社会文化价值取向具有动态的建构作用；另一方面，技术是包括科技文化传统在内的整个社会文化发展的产物，技术的发展速度、规模和方向，不仅取决于客观规律，还动态地体现出现实的社会利益格局和价值取向①。“高新技术奠定了新媒体产生、发展的物质基础，而新媒体的应用导致了人类社会极为深刻的变化……当网络、卫星电视、手机等新媒体打破地域、空间、文化体系、历史传统、民族风尚、观念信仰等等的壁垒之后，人们蓦然发现，生产方式和生产关系变了……人与人之间、人与物之间形成了一种全新关系，这种新关系既促进了人类的融合，也加剧了社会的冲突。”②

网络数字终端不仅改变了传统的生活模式，同时也对传统的人性观念和文化信仰提出挑战。其发展对“文化”始终是一把“双刃剑”，既有普及、提升文化的功能，但又始终包含着强烈的“反文化性”。③“科技更新的速度迫使我们以一种难以忍受的节奏持续重建我们的思维习惯。……这要求我们不断做出新的努力，更新的期限也越来越短促。母鸡可是花了将近一个世纪才学会不去过街。它们最终适应了新的街道交通状况。我们却没有这么多时间。”④ 看过《手机》电影或者《手机》一书的人或许还记得，男主角之一费墨感慨手机的那段台词：“近，太近，近得人喘不过气来！……（掏出自己的手机）不是‘手机’，简直是‘手雷’!”我们不得不承认，手机给人们带来了便携性和私密性，然而正是这种便携性和私密性又会带来多大程度的危险性？当随心所欲成为可能时，人性在多少程度上是值得信任的？手机，以及逐渐走入我们日常生活的其他网络数字终端，还会隐藏起多少秘密？这种社会文化现象是由技术催生的，但不是仅凭借技术手段就能解决得了的，更需要社会道德以及伦理情感层面的呵护。即便暂时抛开手机的隐私性问题不谈，有观点认为“手机迅速得

① 段伟文：《技术的价值负载与伦理反思》，《自然辩证研究》，2000（8）。

② 蒋宏、徐剑：《新媒体导论》，71页，上海，上海交通大学出版社，2006。

③ 郑群：《加强文化产业的基础理论研究》，《东岳论丛》，2006（3）。

④ ［意］艾柯、［法］卡里埃尔著，吴雅凌译：《别想摆脱书》，29页，桂林，广西师范出版社，2010。

眼花缭乱的更新换代就是一个最典型的阴谋，很难说清楚是设计师成为资本家的同谋，还是消费者心甘情愿被宰割，还是大众时尚的最可耻的异化”。[①]

网络数字终端与网络自身的发展极大地方便了人们对信息的获取，但同时网络数字终端的私有属性也在一定程度上加深了部分人群的自我封闭性。如果说互联网创造了一个大众虚拟社会，网络数字终端创造的则是个人虚拟世界，个性前所未有地被尊重和被强调，人们完全可以选择定制一个属于自己的世界。部分互联网网民沉迷于虚拟世界，网络数字终端的用户则容易沉溺于自我的世界。“科技主义已像脱缰狂奔在原野上的野马，正以前所未有的范围、层次和深度，在改变人与自然、人与社会以及人与人的关系。”[②] 人机关系的日益亲密使得人际关系越来越疏远。人们会乐于对千里之外的某个ID牵肠挂肚，却始终不肯去敲响邻居家的门。

网络数字终端正打破时空限制，实现随时随地的在线交流，距离不再是问题，沟通不再有障碍。东晋王子猷雪夜访戴的千古雅事也许不会再发生，现在的我们如果想要见对方可以通过即时通讯工具的在线视频、无线通讯终端的可视电话，如果仅仅是想交流，电邮、电话、短信都可以是选择方案，而亲自登门则根本不在我们现代人的考虑之列。然而，所谓距离产生美，距离的消解在很大程度上就意味着对美的消解。就像阅读需要陌生化一样，绝对的无障碍可能适得其反。时下流行的面对面桌面游戏，摆脱了对网络的依赖，体现了人们对面对面这种最原始也是最本真的交流方式的需求。

“从麦克卢汉结束的地方”开始探索的尼尔·波兹曼，无比尖锐地指出“毁掉我们的不是我们所憎恨的东西，而恰恰是我们所热爱的东西”[③]，虽然是对一味追求娱乐的电视文化的有感而发，对于当前网络时代依然具有启发作用和警示意义。“数字革命最令人啼笑皆非之处在于，我们是如此心甘情愿地参与消灭我们自己。”[④] 数字技术的日益发达绝不应以对人类文化的消解为代价，数字时代人类如何更生态、更和谐、更美好地生存，应当成为当下的重要议题。

---

① 王育济、齐勇峰、侯样祥、韩英：《中国文化产业学术年鉴2008卷》，38页，北京，文化艺术出版社，2009。

② 杨文丰：《心月何处寻》，《钟山》，2006（2）。

③ ［美］尼尔·波兹曼：《娱乐至死》，5页，桂林，广西师范大学出版社，2009。

④ ［美］保罗·罗伯茨：《一位多媒体作家的悲哀》，《交流》，1997（1）。

2009年，当时的谷歌CEO埃里克·施密特（Eric Schmidt）在宾夕法尼亚大学的毕业典礼上讲道："我们的目标是让你们尽可能地与网络连接在一起，但也要知道哪里可以关闭网络。你可能在网络中打发时间，但生命在于你周围的人。这些工具有着巨大的影响力，使用它们，然后关闭它们，多和周围的人交流。"作为全球规模最大的搜索引擎，倡导大家关闭网络多与他人交流，可谓意味深长。

第五章　当前我国文化产业的类别

2004年4月，国家统计局为贯彻党的十六大关于文化建设和文化体制改革的要求，发布《文化及相关产业分类》，将我国文化产业分为三个层面，即文化产业核心层：包括新闻服务，出版发行和版权服务，广播、电视、电影服务，文化艺术服务；文化产业外围层：包括网络文化服务，文化休闲娱乐服务，其他文化服务；相关文化产业层：包括文化用品、设备及相关文化产品的生产，文化用品、设备及相关文化产品的销售。2009年7月，国务院通过我国第一部文化产业专项规划——《文化产业振兴规划》，这是继钢铁、汽车、纺织等十大产业振兴规划后出台的又一个重要的产业振兴规划，标志着文化产业已经上升为国家的战略性产业。此后不久，党的十七届五中全会提出推动文化产业成为国民经济支柱性产业的战略目标，党的十七届六中全会进一步强调推动文化产业跨越式发展，使之成为新的经济增长点、经济结构战略性调整的重要支点、转变经济发展方式的重要着力点，对文化产业的发展提出了新的要求。[①] 就在《文化产业振兴规划》颁布的同一年，《中国文化产业学术年鉴·1979—2008卷》出版，结合文化产业在我国的发展现状，将文化产业分为七大类：图书、报刊产业；影视、网络传媒产业；动漫、游戏产业；广告、会展产业；旅游、生态观光、休闲产业；体育产业；艺术品、演艺、文博收藏产业。这七大类涵盖了目前我国文化产业的主要内容，也是未来文化产业发展的中

---

① 为贯彻党的十七届五中与六中全会精神，使统计工作进一步与文化产业新的发展形势相适应，国家统计局于2012年7月发布了新修订的《文化及相关产业分类》，对2004年发布的《文化及相关产业分类》做了相应的改进，将文化与相关产业总体分为两大部分共十大类：第一部分为文化产品的生产，包括新闻出版发行服务、广播电视电影服务、文化艺术服务、文化信息传输服务、文化创意和设计服务、文化休闲娱乐服务以及工艺美术品的生产共七大类；第二部分为文化相关产品的生产，包括文化产品生产的辅助生产、文化用品的生产以及文化专用设备的生产共三大类。详见附录。

坚力量。本章中，我们将分门别类对这七大产业在我国目前的发展现状进行基本的描述与概括。

第一节　图书、报刊产业

一、发展现状

图书、报刊产业作为我国文化建设的重要组成部分，在文化产业发展中也具有举足轻重的地位。“加快振兴新闻出版产业，不仅对于满足人民群众多层次、多样化、多方面精神文化需求，提升我国软实力有重要意义，而且对扩大内需，拉动消费，推动经济结构调整，培育新的经济增长点也具有重要意义。”① 继承传统文化、引领时代潮流、丰富人们日常精神生活、增强国家文化软实力等一直都是图书报刊产业的神圣使命。

进入 21 世纪以来，国家采取多种促进措施推动图书报刊产业健康有序发展。从 2003 年开始，我国逐步推进出版体制改革，陆续有一大批经营性出版发行单位转制为商业企业，成为真正的市场主体，走上了市场化、产业化、集团化发展的道路，有效缓解了出版行业条块分割、散乱无序的市场环境，逐步建立起统一开放、竞争有序的市场体系。2009 年 4 月，国家新闻出版总署出台《关于进一步推进新闻出版体制改革的指导意见》，提出今后一个时期改革的主要任务是推进公益性出版单位体制改革，推动经营性出版单位转制，推进联合重组，引导非公有出版工作室健康发展，扩大对外交流等。《关于进一步推进新闻出版体制改革的指导意见》不仅对出版行业的改革路径、时间进程提出了具体的实施计划，而且肯定了非公有出版工作室的地位，推动了新闻出版体制改革走向深入。“截至 2009 年 12 月 22 日，全国 580 家图书出版社中，除保留和拟保留公益性质的 4 家出版社以及 26 家军队出版社外，有 453 家出版社已经完成或者进入转制程序，其中地方出版社和大学出版社按要求基本完成了转制任务。”②

2009 年 7 月 22 日，我国第一部文化产业专项规划《文化产业振兴规划》出台，其中明确指出：出版业要推动产业结构调整和升级，加快从主要依赖传统纸介质出版物向多种介质形态出版物的数字出版产业转型。出

① 柳斌杰：《落实〈文化产业振兴规划〉推动新闻出版产业又好又快发展》，《经济日报》2009 年 9 月 29 日。

② 柳斌杰：《新闻出版体制改革：从攻坚到决胜》，光明网 2010 年 1 月 4 日。

版物发行业要积极开展跨地区、跨行业、跨所有制经营，形成若干大型发行集团，提高整体实力和竞争力。依据《文化产业振兴规划》精神，2010年1月4日，新闻出版总署发布《关于进一步推动新闻出版产业发展的指导意见》，从行业角度来看，这份文件是新闻出版产业发展的纲领性文件，进一步指明了新闻出版产业的“路线图”，为我国图书报刊出版行业的下一步发展确立了奋斗目标。

国家新闻出版广电总局的《2015年新闻出版产业分析报告》指出，2015年我国新闻出版产业继续保持较快增长，全国出版、印刷和发行服务实现营业收入21655.9亿元，较2014年增加1688.8亿元。

特别引人注目的是，2015年，我国数字出版继续保持高速增长，已成为产业发展的主要增长极。这主要表现在两个方面：一是其体现的经济价值：数字出版实现营业收入4403.9亿元，较2014年增加1016.2亿元，增长30.0%，占全行业营业收入的20.3%，提高3.4个百分点；对全行业营业收入增长贡献率达60.2%。增长速度与增长贡献率在新闻出版各产业类别中均位居第一。二是对国民阅读方式的影响：2015年我国各媒介综合阅读率为79.6%，较2014年提高1.0个百分点；国民图书阅读率为58.4%，提高0.2个百分点；数字化阅读方式的接触率为64.0%，提高5.9个百分点，增长幅度远高于国民图书阅读率，反映出国民阅读方式正在发生深刻的变化。

另一点值得关注的是图书出版结构进一步优化，这主要表现在重印图书品种数和总印数的大幅增长。2015年，我国出版重印图书21.5万种，增加2.3万种，增长11.9%。重印图书46.2亿册（张），增加4.9亿册（张），增长11.8%，大幅超过新版图书（25.03亿册）。

出版、发行、印刷主业挺拔，平均资产收益率高于行业平均水平，保持了较高的盈利能力。传统出版与新兴出版在内容、渠道、平台、经营、管理等方面的融合不断深化，“传媒＋互联网”“传媒＋金融”“传媒＋服务”的发展趋势日益显现。

报告显示，印刷复制、数字出版和出版物发行三者营业收入合计19883.4亿元，占全行业营业收入的91.8%，成为拉动新闻出版产业增长的“三驾马车”。印刷复制营业收入在新闻出版产业各类别中仍位居第一，达12245.5亿元，增长4.3%；利润总额872.0亿元，增长7.0%。数字出版以4403.9亿元的营业收入夺得第二名；对全行业营业收入增长贡献率达60.2%。数字出版增长速度与增长贡献率在新闻出版各产业类别中均位居第一。出版物发行营业收入位列第三，为3234.0亿元，增长7.0%；利润总额259.7亿元，增长1.9%。

此外，图书出版平稳增长。2015年，全国共出版图书47.6万种。图书出版实现营业收入822.6亿元，增长4.0%；利润总额125.3亿元，增长7.0%。而报纸出版总印数、总印张和营业收入则全面下滑：营业收入626.2亿元，降低10.3%；利润总额35.8亿元，降低53.2%。

二、面临的问题及应对措施

从我国图书报刊产业目前的运作情况来看，我们仍然面临着许多亟待解决的问题。

首先，出版市场体制不够健全，产业发展活力不足，计划经济条件下的局限仍然存在。目前，我国出版行业正处于从事业单位向规范化公司转换的阶段，尚未形成统一开放、竞争有序的市场体系。

其次，资源配置不够合理，行业管理系统落后，出版秩序有待规范。近年来，我国图书报刊出版品种、数量屡创新高，但非法盗版图书、不尊重知识产权等问题仍然突出。盗版问题是影响图书出版行业健康持续发展的严重阻碍。此外，出版机构、作者以及读者之间利益的不均衡也是造成市场秩序不规范的重要原因。

第三，原创性不足，国际影响力不高。我国的图书出版商缺乏自身市场特色，创新能力不足，图书产品盲目模仿，同质化现象严重，由此导致市场品牌实力不够；同时，国内图书出版商与国际同行的交流与合作的水平尽管近几年有所提高，但开放力度仍然有限，这也导致我国出版物在世界出版市场的影响力不足，竞争乏力等问题。

针对上述情况，我们要进一步创新体制机制，推动出版业健康发展。国家新闻出版总署署长柳斌杰强调："要进一步深化新闻出版体制改革，深入推进报刊出版单位分类改革工作。除党报党刊等时政类报刊出版单位按照事业单位的部署进行改革以外，其他具有独立法人资格的非时政类报刊出版单位，一律在2012年上半年前完成或基本完成转企改制任务。"①数据显示，自2003年实施出版体制改革以来，中国图书报刊行业取得了有效的进展，17家完成转企改制的出版发行集团公司，平均总资产增长66.2%，利润总额增长25.3%；上市的11家出版、报业、发行等公司市

① 柳斌杰：《推动新闻出版业创新发展》，《经济日报》2011年5月22日。

值约2000多亿元，净融资240多亿元。哪里有改革，哪里就会有大发展，在前期出版体制改革的基础上，我们要继续推进经营性出版发行单位转企改制的策略，积极打破地区壁垒，有效推动出版企业跨区域、跨行业以及跨地区的重组整合，推动有条件的出版企业上市融资，以增强整个行业抵御市场风险的能力。

同时，我国的出版还要通过“走出去”战略，提高出版业国际传播能力。中国出版业是世界出版业的一部分，发展离不开与世界各国出版业的交流与合作。中国是出版大国，但与发达国家相比，尚有不小差距，还需要不断扩大对外交流，大力加强国际合作。这既是中国出版业自身发展的要求，也是全球化背景下推动中外文化交流和世界各国出版业共同发展的需要。

2004年，国务院新闻办公室与新闻出版总署启动了“中国图书对外推广计划”，并于2006年1月联合中国出版集团、中国国际出版集团、北京出版社出版集团、上海世纪出版集团、广东出版集团、山东出版集团、凤凰出版传媒集团、四川出版集团、浙江出版联合集团、北京大学出版社、清华大学出版社在京成立了“中国图书对外推广计划”工作小组，至2015年上半年，小组成员单位已达37家。截至2014年底，该工作小组已同美国、英国、法国、德国等68个国家544家出版机构签署了1345项图书翻译资助协议。“经典中国国际出版工程”已资助2827种外向型图书；实物出口金额已超过1亿美元；数字产品海外销售收入已近20亿美元。

此外，对外版权贸易与出版物出口平稳增长，数字出版物（主要为数据库、电子书等数字内容产品，不含游戏）出口占比进一步提高。2015年，全国共输出版权10471种，较2014年增长1.7%；引进版权16467种，降低1.4%，版权输出品种与引进品种比例为1∶1.6，与2014年持平。全国累计出口图书、报纸、期刊、音像制品、电子出版物和数字出版物10485.6万美元，增长4.4%。特别值得关注的是，其中数字出版物出口2366.9万美元，增长12.7%，占全部出口金额的22.6%。哲学社会科学类图书进口数量52.2万册，降低24.5%；进口金额1849.2万美元，降低4.6%。①

目前，中国图书“走出去”的战略，重点向数量质量并重、重在提质增效上转变，重中之重是要提高原创内容的生产能力，切实提高外向型选

① 国家新闻出版广电总局：《2015年新闻出版产业分析报告》，2016年8月6日。

题的策划能力，充分考虑不同文化背景、阅读习惯和对中国信息需求偏好等因素，策划出版适销对路的产品，最大限度地减少“文化折扣”。

随着网络信息技术的发展普及，我们也要关注正在兴起的新的文化业态。其中，数字出版越来越成为出版产业新业态中的一大亮点。数字出版是指以互联网为流通渠道，以数字内容为流通介质，以网上支付为主要交易手段的出版和发行方式。2009年被称为“电子书元年”，其标志性事件是亚马逊在美国推出的电子阅读器销售了约50万台，加速带动了自身网上书店数字化图书的销售。而在中国，数字出版仍然处于成长期，数字出版的产业链已经初步形成。目前，数字出版的业务类型主要有电子书、互联网期刊、手机出版、网络游戏等。内容提供商、技术提供商、网络传播者、分销和零售渠道以及读者构成了数字出版产业链的主体。

手机出版，是指以通信网络和互联网为信息的传播途径，将著作、图画、声频、视频、符号等多种媒体形式的内容数字化，以无线数据传输技术发送到用户手机终端，供公众浏览、阅读、使用的实时传播行为。手机出版使手机从人际传播工具变成了大众传播媒介，成为当今移动媒体时代的显著代表，也是中国目前规模最大的数字出版类型。根据易观国际发布的数据，2011年第四季度，手机阅读的活跃用户达到了3.09亿，环比增长7.46%，同比增长33%，继续保持较高的增速。未来手机阅读用户增长量潜力巨大，前景无限。

延伸阅读

国有文化企业通过并购新兴业态引领了产业发展方向，国有文化企业间也通过并购重组进行优势互补。

国有文化企业主动适应数字和网络技术裂变式发展，积极通过并购重组新兴业态文化企业，一大批文化国企努力占领产业发展制高点，把传统产业的影响力逐步向网络空间延伸，进一步提高了国有文化企业的传播力、引导力和竞争力。

作为我国第一支全产业链整体上市的出版传媒股，中南传媒无疑是国有文化企业中资本运作的高手。从8年前并购红网开始，中南传媒先后将民主与建设出版社、凯基印刷等收至麾下。“企业能有今天，是文化体制改革的成果。”中南出版传媒集团股份有限公司董事长龚曙光说，“这几年的并购中，我们始终坚持国有文化企业应有的价值理念，坚持核心战略原则、资源优势原则和风险过程化释放原则，审慎、稳步地推进。”

“谨慎、稳健”和“围绕主营业务”是中南传媒并购操作中最为突出的特点。2010年启动博集天卷并购方案之初，中南传媒并未急于收购，而是在第一年控股5%，与其进行项目合作，第二年才真正实施战略性并购。如今，通过并购补齐“短板”，中南传媒在主营出版业务外，还涉足网络视频、移动广告等领域，几乎涵盖当下所有的媒体形态。

中南传媒的并购特征在文化类国企中具有一定的代表性。而从整体来看，国有文化企业通过并购新兴业态引领产业发展方向，以及国有文化企业间通过并购重组进行优势互补，正成为其并购的方向和主要目标。（引自金晶：《中南传媒积极推进并购重组，从“门外汉”到“新宠儿”》，《经济日报》，2014年11月24日）

第二节　影视、网络传媒产业

一、发展现状

电视产业发展到今天已经形成了一整套成熟的产业链，自上游而下包括设备供应商、节目提供商、电视台网、广告代理以及电视观众等，设备供应商与节目提供商保证了节目制作，电视台网则是电视节目的传播途径，其服务对象及价值实现则在电视观众和广告发布上。当然，在这一过程中，政府相关部门、各类相关商业机构及民间组织也会起到非常重要乃至决定性的作用。我国对电视行业的限制比较严格，对其涉及的领域都有较细致的规定。电视台均为中央或地方政府以及各级教育部门投资建设并拥有，有线电视传输网也相应地分为国家、省、市、县四级，经国家广电总局批准，国有企事业单位和国有控股企业可以参与传输干线网建设（广电系统以外的单位不得参与宣传业务和经营管理）。广电集团可以吸收国有资本进行股份制改造，但必须自己控股51%以上，而且，一家国有企事业单位或者国有控股及其关联企业参股省级网络公司的股权比例不得超过25%。经过股份制改造后，经报中央宣传部和国家广电总局批准，可在国内证券交易所上市。

电视产业依传输方式不同，大体上分为无线电视、有线电视和卫星电视等。评判电视产业优劣的标准不一，通过市场衡量的主要指标是节目收视率和市场占有份额，订户数量的多少在一定程度上也能作为衡量无线电视和卫星电视节目制作、传播水平的依据。从电视产业盈利模式来看，无线电视相对简单，其收入来源主要依靠各种电视广告。有线电视网和卫星电视的盈利模式则相对多元化，除了广告收入外，有线电视运营商可以按月向用户收取收视费，卫星电视运营商则可向用户收取卫星加密频道的收视费。

电影产业产业链大体上包括设备供应商、电影制作公司、发行公司、院线、电影后续制品及延伸产品的市场开发等。电影产业发展到今天，先进的 3D 乃至 4D 视觉技术与数字技术的广泛运用，以及电影与动漫、游戏、图书产业互为延伸的发展现状，已经成为其两大突出特点。当然，影片内容的优劣始终是电影成功与否的关键，但技术的提升与产业链的拓展也为电影丰富内容的创作提供了全新的平台。同电视产业相比，我国的电影产业发展也有更大的自由度。随着文化产业体制改革的不断深化，电影产业越来越向更深、更广的领域拓展延伸。

“十二五”期间，中国广播影视科技和事业取得了长足发展，据统计，截至 2015 年底，全国广播电视播出机构共计 2515 个，其中，国家级 3 个，省级 45 个，省会城市及地市级 469 个，县级广播电视播出机构 1998 个。与此同时，户户通工程继续推进，解决了广大农村地区群众长期无法收听收看广播电视的问题。截至 2015 年底，直播卫星覆盖用户超过 7000 万户。直播卫星与户户通工程让全国人民均可收听广播、收看电视。全国广播电视人口完成全面覆盖，有线、无线、卫星综合覆盖率达到 100%。

广播电视广告收入一直是广播电视行业收入的重要来源。在“十二五”期间，广播电视广告收入尽管年年增长，但形势不容乐观。2010 年至 2014 年期间，全国广播电视广告的增幅连续减小。特别是 2014 年，广电广告收入增长率首次低于 GDP 的增幅，电视广告出现了近年的首次负增长。而 2015 年这一趋势还在持续。

2014 年 6 月，财政部、国家发改委、国土资源部、住房与城乡建设部、中国人民银行、国家税务总局、新闻出版广电总局联合发布了《关于支持电影发展若干经济政策的通知》。具体政策包括加强电影事业发展专项资金的管理，切实提高资金使用效率；加大电影精品专项资金的支持力度，其中每年安排 1 亿元资金，采取重点影片个案报批的方式，用于扶持 5 至 10 部有影响力的重点题材影片。影视行业的暴利和未来发展前景近年来吸引了大批 VC/PE 机构，投资活跃度不断攀升。仅 2012 年就发生了 22 起投资案例，已披露的投资总额就达 2.12 亿美元。目前，投资主要集中在影视作品制作和发行两大环节。投资电影的资金既可以以投资公司的方式进入影视行业，也可以以投资单个项目的形式进入，以实现分散风险的目的。2015年，中国电影发展取得突破性成果，全国电影总票房达440.69亿元，同比增长48.7%，其中，国产电影票房达271.36亿元，占票房总额的61.58%。全国影院新增银幕8035块，平均每天增加22块，银幕总数达31627块，为人民群众观影消费提供了设施保障。城市院线观影人次12.6亿，比2014年增长51.08%。电影人才新生力量异军突起成为2015年中国电影的突出亮点。据统计，2015年票房过亿的47部国产影片中，有28部来自“70后”“80后”创作者，有13部是导演的处女作。2015年，阿里巴巴、腾讯、百度等互联网企业和资本介入电影产业，迅速促成中国电影产业的新一轮整合与升级。在互联网思维的渗透下，中国电影的制作、营销、发行等环节正在发生系统性变革。

截至2016年6月，我国网络视频用户的规模达5.14亿，较2015年底增加1000万；网络视频用户使用率为72.4%，较2015年底略有下降。其中，手机网络视频用户规模为4.40亿，与2015年底相比增长了3514万，增长率为8.7%；手机网络视频使用率为67.1%，相比2015年底增长1.7个百分点。2016年上半年，主流视频网站积极与各娱乐行业合作，打通相关产业链，打造娱乐生态系统。网络视频行业在设备、内容、商业模式上表现出以下特点：收看设备方面，多屏趋势明显，手机端与智能电视多点发力。一方面，网络视频用户不断向手机端迁移，85.7%的视频用户分布在手机端，手机端用户增长速度明显高于整体，主流视频网站移动端的流量占整体流量的70%左右，手机屏成为个人网络视频服务中最重要的一屏；另一方面，随着智能电视的普及，21.1%的中国网民使用电视上网，且呈逐年上升趋势，这为视频用户的增长开拓了新的空间。未来，VR设备也将成为视频厂商争夺的另一个硬件入口。视频内容方面，各大视频网站在版权购买上的竞争趋缓，自制内容朝着精品化、差异化方向发展。随着网络视频产业链的成熟，主流视频平台基本都涉足上游内容的研发与制作，专业化的运作显著提升了自制内容的水准。目前各主流视频平台自制节目数量有赶超版权购买之势。各大视频网站一方面保持对超级IP、纯网综艺节目的投入力度，另一方面加大对体育、财经、漫画、音乐等垂直领域的内容建设，打造差异化的内容平台。商业模式方面，优质内容推动用户付费习惯进一步养成，视频用户增值消费增长空间较大。自2015年起，在众多因素的带动下，视频网站付费用户数量迅速增加，会员收入在整体收入中的占比增大。目前，主流视频网站主要通过热门剧目的差异化编排方式来吸引用户付费，未来基于大数据对会员用户的深度运营和需求挖掘，能探索出更多的增值消费方式。此外，视频网站的直播频道（直播产品）、自频道的繁荣，都会带动增值服务模式的发展，丰富视频平台收入来源。

二、面临的问题及应对措施

我国影视、网络传媒产业发展虽然取得了一定成绩，但现实中仍然存在很多问题。

首先，有市场影响力的原创作品、优秀作品仍然偏少。

相比高额的票房来说，我国原创的影片真正能够获得市场认可、并能满足观众文化需求的精品力作却远远不够。能够体现当下文化关怀、代表社会审美价值，能够契合大众心灵、引领文化精神潮流的国产原创作品太少。正如广电总局童刚局长所说："目前中国电影经得住观众评价和历史检验的精品力作仍然不多。创作水平的参差不齐，艺术质量的良莠混杂，仍然是制约电影进步的重要因素。"

此外，优秀的青年作品创作还没有形成规模化和品牌效应，对市场的研究和与观众沟通的能力有待提高，能够成功进入主流市场、为广大观众所熟悉、拥有一定市场影响力的青年创作人才数量较少，且对优秀创作人才的培养和鼓励机制有待形成，有效持续的老中青创造梯队尚不具备。

不过可喜的是，目前国内的中小成本制作影片在电影市场中展示出令人预想不到的爆发力。以 2011 年 11 月上映的《失恋 33 天》为例，该片制作成本不足千万元，却获取了 3.5 亿元的高票房收入，这也让整个电影界对中小成本影片特别是现实题材影片充满期待。由此亦可见中国蕴含的巨大影视市场。

其次，产业秩序亟待规范，产业发展不均衡，尤其农村地区发展水平滞后。

电影业方面，票房收入的"偷、漏、瞒、虚"报的现象严重损害了产业的健康发展，破坏公平竞争的同时严重损害行业信誉，这对于打造民族品牌有百害而无一利。

网络传媒方面，视频网站在提供海量资料的同时也面临盈利压力：知识产权成本和带宽成本较高，而目前视频广告价格较低、有效付费模式尚未形成，造成了当前的主要视频网站难以健康持续发展的困境。此外，缺乏积极向上、感染力强的优秀视听产品也是其亟需解决的问题。而网络盗版现象屡禁不绝，市场监管缺失，也严重制约了产业良性发展的活力。

再就是地区发展不均衡，农村发展相对滞后。新电影在城市和农村放映的时间安排以及推向电视播出和网络观看的时序与节奏基本不同步，需要探索符合利益最大化的运作规范。截至 2011 年底，全国城市影院数量突破 2800 家，银幕总数达到 9200 多块；在新建影院和新增影厅中，数字化技术得到普遍应用，90%的影院都已具备数字放映条件。然而农村地区基础影视院线远远不够，农民观看电影大片已不再满足于“露天影院”，进一步改善农村各类硬件条件显得尤为迫切，要统一协调城市与农村的文化建设，有效保证广大农民群众的文化权益。此外，电影票价相对居高，农村进城务工人员和城市低收入群体看电影难也是我国公益电影事业要积极面对的一大问题。

第三，我国影视、网络传媒产业国际竞争力和影响力依然落后，“走出去”期待突破。

2015 年，国内院线共上映 358 部影片，略低于 2014 年的 388 部以及 2013 年的 383 部。尽管数量有所下降，但其所占市场份额却同比有所上升，这在一定程度上能够反映出国产影片的质量有所提高。此外，国产片的海外票房在 2015 年取得了一定的进步，海外销售收入共计 27.7 亿元，较 2014 年提高 48.13%，为最近 3 年来最大涨幅。

随着近年来我国与世界各国经济文化交流日益深入，我国影视、网络传媒产业也在逐渐“走出去”，但是输出文化的能力还远远不够，“走出去”的力度依然欠缺。“中国电影进入国际主流市场的能力还比较有限，既带有强烈民族特色又符合世界各国观众审美口味的影片还不多，覆盖全球的电影发行网络体系建设还只是处于摸索阶段，中国电影的国际传播能力与营销观念相对落后，这些都成为中国电影‘走出去’的制约和障碍”①。

世界影响力和市场竞争力不强已成为困扰我国影视、网络传媒产业多年的问题。追究起来，影视作品自身创作质量问题首当其冲，我们首先要协调艺术作品的数量规模与质量水平，打造影视精品，以质取胜。同时要积极规范整个市场环境，从产品制作到发行环节，建立起统一开放、竞争有序、和谐共赢的规范市场秩序，推动我国影视产业又快又好发展，同时要在瞄准国外市场的前提下立足民族特色，努力打造“既带有强烈民族特色又符合世界各国观众审美口味”的原创作品，并建立有针对性的营销策

---

① 李春利、李蕾：《2011 中国电影：成就堪圈点 瓶颈待破除》，《光明日报》2012 年 1 月 10 日。

略和通畅的外销渠道，让我们的影片大踏步“走出去”。

延伸阅读

“站在‘互联网+’的风口，连猪都吹得起来。”这是一句很流行的话，对传统行业也不例外，这或许是这些行业一次华丽的转身，或是痛苦的蜕变。“变则通，通则久”，已经有一些和传统行业交杂混合诞生的纯“互联网文化产业”成了这个时代的新宠儿。对于站在风口的“他们”，我们有话想说……

从以小博大到大剧时代，网络剧用4年走过了电视剧几十年的路。尽管从2009年开始，国内就有网站推出了自制剧，但数量少、内容单一，直到2014年，网络自制剧数量超过了之前数年累计数量的总和，才被业内人士称作“网剧元年”。数据显示，2015年有355部网络剧上线，几乎是前年的两倍。

不少网络剧的制作成本已经超过传统电视剧，目前单集成本超过百万元已经成为常态，不仅请来了当红明星，还将《盗墓笔记》等“超级IP”收入囊中。到了2016年，几乎每个视频平台都在拼网络剧的规格以及明星的质量。据记者了解，所有当红的明星都接到过网剧的邀约，他们也不敢如同以前一样轻视这个平台，反而会选择剧本，挑一些大制作的公司进行网剧拍摄。

年年暑假重播《西游记》《新白娘子传奇》和《还珠格格》已经是老皇历了，如今年轻人喜爱的主题是虚拟、新人类与超能力。现在的网剧“船小好调头”，在话题上比电视剧更能贴近当下的观影习惯。当电视剧还沉湎于婆媳、家庭、情感剧集时，网剧利用政策的灵活弹性，在玄幻、探案、科幻、搞笑等当下年轻人喜闻乐见的表现上着重发力。

以TFBOYS的这部《超少年密码》为例，这是一部科幻伦理剧，剧情核心是现在的年轻人该怎样处理虚拟与现实之间的关系。剧中三位主角以学生身份本色出演高中生，都是利用科技的力量超越人类技能的超少年，是探索人类进化新道路的新人类。

同时，观看方式的改变也促使网剧有了更大的发展，不少90后已经习惯于在网站上看剧了，因为可以通过弹幕这样的方式和其他网友即时沟通交流，只要有优质的“社交化”，就能获得当下网友的关注。

移动互联网的普及、正版知识产权的推广，都给了做网剧的人很大信心，也让各大平台愿意去推广网剧——因为可以通过付费会员的形式吸引极大流量，而流量就是收入。

可以说，在4年的时间里，网剧以特有的中国速度，超越了中国连续剧30年的发展速度，两者现在已经并驾齐驱。

从单打独斗到网台联动，彼此依靠取暖才能燃起更大的火种。目前为了规范网络剧的质量，审查制度已经从自审自播升级为主管部门审查，和传统电视剧纳入了同一个考量体系。有观点认为这是过于严格，但其实这对于打通网络和电视台来说恰恰是去掉了最麻烦的一个环节。如果审查标准不一致，不是上线前进行删改，就是上线后被迫下架，这完全无法达到双赢的局面。

当然，网剧发展更重要的还是内容。当下网络后台提供的跳过、快进、重播等用户大数据，为网络剧"算"出了精确的用户喜好，这也同时让不少创作者产生创意惰性。现在很多网剧新方案的题材集中在"灵异"与"刑侦"两类。换一批演员"复刻"当红剧集，正在成为网络剧创作的主要手段，这样的复刻式创作，极易消耗观众的新鲜感。

著名制片人侯鸿亮则直言对于网剧题材的选择还需要学习，"我们换了一种投放方式，换了一个播放平台，我们要更科学地按照这个播放平台的规律来操作。在政策、题材上走什么禁区，打什么擦边球，那都是一种挺小儿科的想法。"

网络自制剧要想赚更多的钱，不能只是依赖于贴片广告和内容植入，未来更是要注重二次开发，爱奇艺自制剧开发中心总经理戴莹说，"版权的二次输出、会员的收费业务、游戏衍生品和电影都让我们看到了巨大的市场盈利空间。"

7月4日刚刚上线热播的《老九门》，就是在爱奇艺和东方卫视两个平台同时播出，如果按以往惯例，肯定是电视台出的钱多，网站平台只占小头，但现在恰恰是反过来的。郑晓龙执导的《如懿传》，在电视台与网络的首轮播出售价高达每集1500万元，共计13.5亿元，其中网络平台每集出了900万元，占了大头。

网络自制剧，未来真的会抢了电视台的饭碗吗？会，也不会。对于一些二、三线平台来说，网络电视剧的风行会极大地扼杀它们的生存空间。但对于一流的播出平台来说，网络自制剧恰恰能和这些平台互相补充，达到全平台的覆盖。

在这个时代，只有互相融合包容，才会有更大的进步。（引自张磊：《未来，网络自制剧真的会抢了电视台的饭碗？》，《杭州日报》，2016年7月7日）

第三节　动漫、游戏产业

动漫游戏产业又称为ACG产业，即英文Animation、Comic、Game的缩写，是动画、漫画、游戏的总称。动画、漫画、游戏产业三者本来就密不可分，日本作为动漫产业大国，早在20世纪90年代，就将此三项产业紧密结合。虽然动画、漫画、游戏三者在我国的出现并非处于同一时期，但在当前以及今后的产业发展中高度结合并行发展的前景是毋庸置疑的。

一、发展现状

国家近年来对动漫产业重视程度提升，出台了一系列扶植政策，我国动漫产业以此为契机取得了迅速的发展。

首先，在题材上，国产动漫正逐步摆脱长期以来形成的以叙事说教为主的表现方式，在借鉴国外动画成功经验的基础上汲取我国传统文化资源及审美习惯，力求满足中国儿童的潜在欣赏要求。

其次，我国动漫的生产数量有了相当程度的提升。这与中央及地方政府极大加强对动画片制作的扶植力度有直接的关系，也反映了国内动画片制作机构的生产能力有了大幅度的提升。

第三，集群化生产格局初步形成。经过几年激烈的竞争，那些内容制作精良、生产能力较强的企业慢慢形成了集群效应，并进一步淘汰产能落后的企业。经过兼并、重组的企业集团不但减少了纷乱无序的竞争，获得了更多的市场份额，也进一步提高了制作水平，扩大了品牌影响力。这是我国动漫由数量提高进一步向质量提升的必由之路，并为下一步民族动漫品牌的建设奠定了良好的基础。

此外，动漫内容的传播渠道日趋互联网化。我国动漫产业正从传统媒体向新媒体加速迁移，数字动漫产品的互联网化已成为不可逆转的潮流趋势。在高新技术的支撑下，动漫产品的传播介质和呈现方式发生了变化，传统的“报刊、图书、磁带、胶片、光盘介质＋物理运输”被现今的“数字格式＋网络传输＋多种终端呈现”所取代。从物理形态到数字产品形态，这就使得动漫内容产品的边际生产成本大大降低，原本的生产复制(印刷)、仓储、物流运输等业务流程实现了数字化，影视节目可通过卫星、光纤网络进行流量传输，其边际复制和传播成本渐趋于零。此外，动

WENHUA CHANYE

漫还成为国内视频网站和阅读网站的重要板块，产生了在线漫画网站、垂直动画视频网站以及为数众多的APP应用。网络成为动漫电子商务的得力工具。互联网O2O商业模式的高速发展将实体企业尤其是本地生活服务业和商业服务业与互联网紧密结合，线下企业已经成为互联网消费经济中重要的一环。动漫企业综合利用官方网站、手机APP应用和微店等工具开展实物商品的电子商务。

我国动漫产业正全面步入“大动漫时代”，不仅在内部创造了丰富多样的产品形态和服务类型，更通过高新技术催生出众多新兴业态，在文化、艺术、信息、传媒、广告等领域得到广泛应用，实现了产业间的互补和延伸。

可以说，中国动漫产业已从过去的分业经营转向混业经营，在文学、漫画、动画、游戏、影视、玩具、服装等领域开展多元化、交叉式经营。在腾讯、奥飞动漫等龙头企业的带动下，以IP为核心的泛娱乐发展战略成为引领我国动漫产业发展的新引擎，漫画、动画、影视、游戏、小说等领域IP的跨界改编和一体化协同发展愈加火爆。动漫和社会各行各业的融合发展打破了文化产业原本的条块分割模式，形成了新的横向经济。动漫不是漫画和动画的简单叠加，而是广泛地生发于演艺业、影视业、音像业、文化娱乐业、文化旅游业、网络文化业等各个文化产业门类中，并渗透到玩具、服装等制造业和服务业当中。

动漫产业正在成为文化产业中一个跨行业、跨门类的集合体，是以创作、创造和创新为根本手段，以品牌形象、文化内容和创意成果为核心价值，以知识产权实现消费为交易特征，为社会公众提供文化体验的具有内在联系的行业集群。

在产业融合的推动下，动漫产业相关企业正在经历着深刻的产业变革，大动漫产业链的整合成为多数大型企业的选择，并改变着传统动漫产业的市场边界和组织形态。奥飞动漫、光线传媒、美盛文化等一批影视文化传媒上市公司，发挥资本优势，掀起并购风潮。并购之外，资本对于国产动漫特别是网络动漫的关注度在2014年有明显提高，私募股权投资基金对动漫产业的投资活跃度也较高。根据投中集团旗下金融数据产品CV-Source统计，2014年文化传媒VC/PE融资规模为17.15亿美元，融资案例42起，其中，动漫领域发生了7起相关融资案例，融资规模为4347万美元。同时，国内开始出现专注于投资动漫产业的投资基金。上市融资也是动漫企业融资的一种方式，但由于动漫企业规模较小、商业模式尚不成熟，所以上市企业数量较少。①

未来中国动漫产业将进入调整期，市场进入者数量继续增加，市场竞争加剧。早期进入动漫市场的中小企业将出现两极分化，有实力的动漫企业将得到资本追捧，逐步做大做强，而未获得投资者青睐的中小企业生存空间受到进一步挤压。随着动漫企业优胜劣汰加剧，竞争环境进一步改善，强势业外企业和大资本顺势进入，与动漫行业相关的如玩具和音像企业纷纷涉足动漫行业。这些机构经过传统产业市场的磨炼，有着丰富的市场运作经验、成熟的营销渠道网络和强大的品牌价值、充裕的资金以及强大的资本运作能力。他们以原有产业为后盾，足以支撑长期投入，进行产业整合，以动漫推动原有产业的发展，打造完整的动漫产业链。这预示着中国动漫产业即将拉开大交汇、大碰撞、大融合的序幕，以行业洗牌和升级带动整体突破。

与此同时，中国网游产业则呈现出较为明显的统一性和协调性，并且形成了较为完整的产业链，渠道销售商、点卡销售商、上网服务业和媒体等，均随着网络游戏产业的脉搏飞速发展起来，而占据产业链关键地位的网络游戏运营商变得更加成熟和理智。

中国互联网络信息中心的数据显示，截至 2014 年 12 月底，中国互联网用户数量已达到 6.49 亿。在国内互联网用户持续增加的背景下，伴随着国内网络游戏企业研发能力和运营能力的不断提升，国内网络游戏市场规模呈现持续快速增长的态势。据《2014 年中国游戏产业报告》显示，2014 年中国网络游戏市场销售收入（此处网络游戏市场收入不包含移动游戏市场收入和单机游戏市场收入）为 869.40 亿元，比 2013 年增长了 21.02%。

我国网络游戏产业从产品输出到文化输出，发展空间巨大，海外拓展的步伐进一步加快，2010 年以来，除一些大型的网络游戏运营商自建海外运营体系外，一些中小型的网络游戏内容提供商也通过联合运营、合作开发等形式进入了海外市场。

此外，三网融合带来了跨平台的机遇。在 4G 逐步普及和三网融合的大背景下，PC、移动终端等多平台的相互融合成为网游下一步的发展重点。移动终端网游从 2008 年 3G 时代到来时开始发力，智能手机的普及和

---

① 牛兴侦：《因互联网而变，借“动漫＋”实现跨界优化》，《中国文化报》，2015 年 10 月 26 日。

平板电脑的出现使玩家的移动终端游戏体验得到质的提升。产业融合以及产业链的拓展也随之加速，许多原来没有涉足网游的公司通过与相关科技公司的合作乃至联合，并结合自身传统的产品尤其是文化娱乐产品进入网游市场；专业的网游企业则进一步寻求产品外延的拓展，并通过植入广告以及与玩家间的虚拟交易等方式增加收入来源。

二、面临的问题及应对措施

就我国动漫产业目前的发展情况而言，有以下问题需要引起重视：

首先，作品受众低龄化问题依然延续，优秀的原创作品太少。

长期以来，国内动漫创作基本面向低幼龄儿童。动漫产品消费的普及度还远远不够，消费结构在很大程度上限制了国内动漫产业的进一步发展。中国动漫的低龄化延续至今，导致有效供给不足，潜在需求被忽视。[①]局限于儿童题材，忽略大众对动漫作品的消费需求，这也是造成目前我国动漫作品内容千篇一律难有创新的根源之一。

动漫作品多以说教为主，情节幼稚简单，难以契合心灵、产生共鸣，缺乏时代特点和民族风格。近来国际动漫界刮起中国风，此类作品往往都是由美国、日本的动漫公司创作的。我国虽然蕴藏着巨大的市场空间和深厚的文化土壤，却缺乏主动“挖宝”的原创作品，使得我国的动漫产业发展后劲不足。[②]

同时，高质量的优秀作品少，原创能力有待提高。目前，国产动漫作品每年都持续增长，但始终没有优秀的高质量的好作品，适合播出需求的作品量还较少，动漫制作存在“量”和“质”如何协同发展的问题。自2004年以来，国家相继出台了一系列鼓励、扶持动漫产业发展的政策，有力地促进了动漫产品的生产，其中尤以播出补贴最为有效，这是一种以分钟数为基准实行的奖励制度，对刺激动漫生产无疑有着积极作用。但是，部分企业依照这一奖励措施降低制作成本以获取补贴，以至牺牲作品质量，这样就大量出现粗制滥造的电视动画节目，影响到整个产业氛围。

其次，市场秩序有待规范，市场结构失衡，版权保护不力。

版权保护不力一直都是困扰我国动漫产业发展的难题。由于保护范围和执行力度不够，各地盗版行为屡禁不绝。动漫音像制品、图书出版、游

---

① 赵捷：《浅析影响我国动漫产业发展的政策取向》，《电视研究》，2009（11）。

② 王亚琴：《试析中国动漫产业的现状和发展模式》，《出版发行研究》，2010（11）。

戏软件等都面临着被侵权的尴尬。盗版行为严重损害了动漫公司利益和原创作者的创作积极性，成为我国动漫产业发展的一大障碍。

从企业角度来说，在动漫产业急速发展的背后，不少资金的注入与生产企业的建立都带有极大的盲目性，非理性投资和动漫企业的非理性扩张，导致动漫企业素质良莠不齐，大部分属于小本经营，而真正具备相对成熟的技术、创意能力与经营实力的动漫企业依然是凤毛麟角，造成了资源的浪费。① 绝大多数民营公司还不具备良性规划与自我约束的统筹能力，往往存在着旺盛的投机心理与盲目制作的潜在危机；加之普遍缺乏研发能力和长期发展的雄厚资金，外部环境与企业生存的需求导致相当一部分企业只能依靠给境外的动画企业打工来维持生计。这些家庭作坊式企业在集群化效应越来越突出的未来，将普遍面临着转型发展的难题和重组再生的困境。②

从产业链结构来看，民族动漫产业链的上下游企业整合力度欠缺，动漫产品的深度挖掘不够，相关衍生品开发滞后等问题，也都还没有得到机制性的改变。

第三，人才不足，结构不合理。

我国缺乏优秀的动漫作品很大程度就是由于缺乏优秀的动漫创作人才导致的。从创意、设计到制作、营销等整个产业链都面临人才匮乏的问题，这已成为制约中国动漫产业发展的最突出问题之一。对于构建成熟和完善的产业体系来说，持续有效的人才培养机制是行业得以为继的先决条件，而这却恰恰是中国动漫教育及培训中的软肋所在。

我们的人才培养机制与动漫产业大国日本相比还有很大差距。“日本动漫产业之所以能取得如此巨大的成功，与动漫人才的培养有着极大的关系。日本重视动漫人才的培养，政府在有关发展动漫产业的报告书中，几乎每次都提到人才培养的问题。此外，日本动漫人才培养方式灵活多样，既有正规的学校教育，又有各种形式的短期讲座和培训班。”③在培训教学上，倡导实践性教育，培养实用性人才，引进企业实习制度，培养从业者对动漫创作的热爱，不过分追求高学历标准，从而为动漫产业源源不断地输送符合要求的应用性人才。而这一点，恰恰是目前我们的动漫专业人才培养中所缺乏的。

---

① 赵捷：《浅析影响我国动漫产业发展的政策取向》，《电视研究》，2009（11）。

② 杨状振、武爱平：《中国动漫产业的发展趋势及问题》，《现代视听》，2010（8）。

③ 李长庆：《日本动漫人才培养：注重实践教育》，《传媒》，2011（4）。

我国网络游戏行业的问题也比较突出，主要包括：

首先是网络游戏文化与现实社会文化的冲突。

因为人物、环境的虚拟化以及游戏的娱乐功能，网游对角色的行为缺乏约束，在一定程度上使得部分玩家在现实中不能表现的人性阴暗面得以释放甚至放大，其中许多行为如偷窃骗取虚拟财产、造谣生事、欺骗感情等已不只属于网游虚拟世界的问题，已经影响了现实社会的秩序。此外，对网络游戏的社会引导不力，使得部分玩家沉迷于网游不能自拔，甚至模糊了现实社会与虚拟游戏世界的界线，以虚拟世界的游戏手段来处理现实生活中的问题，从而引发了种种社会问题。这其中，青少年群体是需要重点关注、引导的人群。

其次，尚未形成系统有效的监管体系，对网游市场的规范力度不够。

一方面，网游盗版现象屡禁不止，私设的网游服务器及网游外挂程序分流了正规网游运营商的受众及收益，扰乱了网游市场的正常运行。盗版现象如影随形，已成为网游产业正常发展的严重阻碍。

另一方面，为吸引更多的玩家参与，网游在设计、运行中往往加入程度不等的低俗情节，使得网游在道德层面上长期为社会舆论所诟病。

第三，自主研发能力不足，真正的创新产品有限，产品同质化现象严重。

因研发的资金与技术门槛较高，网游在我国发展之初，国内企业基本上是靠引进与代理国外成熟产品进入这一领域的，在国外厂商与国内玩家之间赚取微薄的代理费用。随着资金与技术的积累，国内厂商也陆续推出了自己的网游产品，并在数量上占据了目前国内一半以上的市场份额。这一进步固然可喜，但相当一部分产品与国外产品模式雷同乃至内容相似，导致国内网游产品相似度极高，同质化严重，这从根本上反映了我国网游企业自主研发能力不足，也预示着国产网游的发展进入了一个瓶颈。

近几年不断有新的企业进入网游领域，原有游戏厂商一方面面临玩家的潜在流失，另一方面也需拓展新的游戏领域以吸引其他类型玩家的参与，“两线作战”的厂商往往将主要精力投向新产品的研发推广，对已经成型的产品则缺乏深化产品质量的耐心，导致国产网游数量多的同时质量次的产品大量充斥市场。

针对上述问题，现阶段我们应采取以下基本措施，以进一步促进我国动漫、游戏产业的健康发展：

第一，进一步规范和优化动漫、游戏产业的市场环境。在有针对性地出台相关法律法规的同时，应成立专门机构对动漫、游戏产业市场进行合理的指导与规范，在此基础上建立切实可行的行业行为规范，并作为产业与政府沟通的平台，有针对性地为动漫、网络游戏产业解决实际问题。

第二，进一步整合动漫、网游产业的企业资源，在产业内部构建信息交流与资源共享的平台，实现企业间从产品创作到营销合作的联系与互助，实现最优的资源整合。通过这种形式，企业间实现一种网状合作，在合作中竞争，既在无形中扩大了企业规模，也可降低企业自身研发及产品推广的成本，在一定程度上还能避免同质化产品的恶性竞争。

第三，提升我国动漫、网络游戏的原创力。通过出台相关的政策，鼓励企业在动漫、网游方面的原创；深入发掘我国传统文化资源，并将其与产业升级结合起来，实现创意与文化的融合与发展；对于国外的文化形式乃至理论模式有选择地进行吸收，并在此基础上运用民族思维，打造真正的中国造。

第四，加大知识产权保护力度。通过强化政府监管，切实加强动漫、网游知识产权保护工作，建立完善、专业的知识产权保护体系，加大打击盗版的力度，维护动漫、网游产业的市场秩序，促进动漫、网游产业的健康发展。

延伸阅读

2009年9月10日，广东奥飞动漫文化股份有限公司（简称奥飞动漫）正式登陆深圳中小板，成为中国第一家在A股上市的动漫玩具企业。奥飞动漫的成功上市，对奥飞动漫来讲，将获得大量的资本推动企业快速提升，将最大程度地推动其企业实力的提升，从而成为行业的领头羊；而对于动漫产业来说，给动漫企业找到了一条解决融资难问题的途径，有利于推动动漫企业和整个产业快速发展，给整个产业提供一个学习的标杆，对处于起步阶段的国内动漫产业起到了巨大的鼓舞作用。

奥飞动漫前身为成立于1993年12月17日的澄海县奥迪玩具实业有限公司，最初以贴牌生产玩具为主。但它并没有像其他贴牌厂商那样，仅仅满足于获取产业链附加值最低端的制造环节所带来的微小利润，而是不断创新，逐渐在代理国外动漫形象玩具过程中，摸索出玩具与动漫结合的创新盈利模式。

目前，奥飞动漫主营业务为动漫影视片制作、发行、授权以及动漫玩具和非动漫玩具的开发、生产与销售，产品主要分为动漫玩具、非动漫玩具、动漫影视作品和动漫图文作品四类。

奥飞动漫的动漫玩具主要包括火力少年王悠悠球、战斗王陀螺、迪迦奥特曼、迪斯尼系列、虹猫蓝兔系列等。根据动漫形象的来源不同，动漫玩具分为自主创作和授权开发两类，其中火力少年王悠悠球和战斗王陀螺为自主创作的动漫形象所衍生的动漫玩具，迪迦奥特曼、迪斯尼系列和虹猫蓝兔系列产品为根据其他公司的动漫形象授权开发出的动漫玩具。从目前公司产品的收入结构来看，动漫玩具已占公司收入的绝大部分，也贡献了绝大部分的毛利，其自主开发的动漫类玩具毛利率已经达到52.97%，而授权开发的动漫类玩具不过为37.76%，非动漫类玩具毛利率仅为15.53%。奥飞动漫的动漫玩具销售收入由2005年的1708万元增至2009年上半年的2.83亿元，动漫玩具销售收入占公司营业收入的比重由2005年的8.4%提升到2009年上半年的81.93%。

奥飞动漫的动漫影视片产能已由2006年的1060分钟增加至2008年的近5000分钟，公司已经累计制作了《火力少年王》系列、《战斗王EX》《巴啦啦小魔仙》《闪电冲线》《电击小子》及《铠甲勇士》等动漫影视片。自主原创动漫影视片的播放和动漫形象的推广，带动了奥飞动漫相应动漫玩具销售的大幅增长，在金融危机席卷全球的形势下，奥飞动漫在2009年上半年依然实现净利润5179.97万元。据了解，2009年至2011年，奥飞动漫规划有8部动漫作品同时播映，预计2011年公司销售收入可达9.76亿元。

2008年底，奥飞动漫被认定为"高新技术企业"。截至2009年6月30日，公司专利申请量达3718件，已授权达1890件，专利拥有量在国内玩具行业排名第一。

奥飞动漫的商业模式实现了跨界创新：用"动漫+玩具"的组合营销模式，有效地将文化创意产业和传统制造业整合到一起，并实现资源利用最大化。其经营模式独特之处在于：影视作品创作开发期就同时设计相关产品，当影视作品正式播出后，有关产品即可同步在市场推出。也就是说影视作品还未面市，衍生商品已经准备就绪。

奥飞动漫目前已经开始涉足更多的衍生产品领域，未来以动漫内容和动漫形象管理为核心，发展更多授权产品的空间是比较大的。通过玩具产业反哺动漫内容创作，然后进入电影、互联网（建立网上儿童社区）及相关动漫授权，最终形成一个以动漫内容为核心的产业链，由"产业的文化化"过渡到"文化的产业化"，从产业运营商到内容提供商，最终成为产业的整合商。

奥飞动漫从最初以传统玩具为主，到代理国外动漫形象玩具，再到目前确立的盈利模式，走出了一条适应中国产业环境的动漫产业发展道路。(摘编自《奥飞动漫——中国动漫第一股》,《行业典范选登·理论的张力与自觉》,《中国文化产业学术年鉴》2010卷。)

第四节 广告、会展产业

一、发展现状

广告、会展等产业都可视为广义上的广告业，即以付费信息为主体，通过策划、设计、制作、发布、调查、评估等方式获取商业利润的产业门类。

“十一五”期间，国家将广告、会展产业列为文化产业领域的发展重点之一，在《国家“十一五”时期文化发展规划纲要》中明确提出“发展各类综合及专业文化会展，重点支持覆盖全国并具有国际影响的文化会展”。《国务院关于非公有资本进入文化产业的若干决定》中也鼓励和支持类非公有资本进入文艺表演团体、演出场所、博物馆和展览馆的领域。2009年7月22日，我国第一部文化产业专项规划《文化产业振兴规划》出台，其中明确指出：要以广告、文化会展为重点，加大扶持力度，完善产业政策体系，实现跨越式发展；办好国家重点支持的文化会展，通过中国（深圳）国际文化产业博览会、中国国际广播影视博览会、北京国际图书博览会等推动文化产品和服务出口；支持文化企业参加境外图书展、影视展、艺术节等国际大型展会和文化活动。

广告、会展产业是文化产业领域集中酝酿商机的最佳载体。以中国（深圳）国际文化产业博览会为例，作为目前我国唯一的国家级、国际性、综合性文化产业博览交易会，其中蕴藏的巨大的经济价值、文化价值使其日益成为中国文化产业发展的助推器，成为国际国内文化领域交流融合的加速器。于2016年5月16日结束的第12届中国（深圳）国际文化产业博览会，在5天内剔除超过1000亿元的意向成交额后，实质性成交额仍高达2032.014亿元，比上一届增长23.42%。其中，合同成交1937.685亿元，零售成交93.052亿元，拍卖成交1.277亿元。分会场成为成交增长主动力，66个分会场成交金额868.78亿元，同比增长57.24%。签约项目中，交易规模超亿元的项目共134个（已剔除意向成交超亿元项目138

个），比上一届增加 12 个，签约金额达 1680.069 亿元，比上一届增长 23.99%；超百亿元项目 3 个。参展结构上，内地 31 个省、自治区、直辖市和港澳台地区再次全部参展，参展企业中有 18 家中国“文化企业 30 强”，32 家文化类上市企业和 40 家国家级文化产业园区基地，均为历届最多。本届文博会共吸引了 587.085 万人次参观，比上一届增加 63.295 万人次，同比增长了 12.08%。这一系列的数字充分体现了以中国（深圳）国际文化产业博览会为代表的广告、会展产业对经济的发展、文化的交流所起到的巨大推动作用。

从 2010 年、2011 年的发展情况看，虽受到金融危机余波的影响及广电总局《关于进一步加强广播电视广告播出管理的通知》（简称“限广令”）的限制，中国媒体广告市场依然保持了良好的发展态势。尽管“限广令”使广告资源减少，但从中央台到省级卫视，2011 年前三个季度的广告刊例花费增长幅度仍然达到了 21%，整个电视媒体的广告刊例增幅也达到了 14%。除提高电视广告各时段的收费标准外，电视台利用自制节目植入广告是其独具特色的一种改进方式。自制节目（包括自制电视剧）的成本相对较低，具有较大的自主权，且广电总局暂未对植入式广告的时长、形式等作出明文规定，对电视台来说就意味着较大的植入广告空间。湖南卫视的自制剧《一起来看流星雨》就是很典型的一个例子，剧情发展过程中各类商品的品牌不断出现在镜头中和台词里，这是 1300 万元广告费的结果，在宣传商品的同时也引来了众多观众的非议。经历了广告商品在节目中直接曝光这种简单植入方式后，2011 年各电视台的植入广告已经出现了与节目内容有机融合的发展趋势，这更易为观众接受。

此外，报纸杂志的“全媒体”服务也使其广告刊例花费在 2011 年达到 453.6 亿元，环比增长了 15%；而互联网搜索、网络视频、网络社区等的广告业务则是“限广令”的直接受益者，增长速度明显加快，据艾瑞咨询的研究数据，2011 年我国网络广告市场规模达到了 511.9 亿元，环比增长 57.3%。

在诸多媒体广告中，广播广告的增长幅度最是出人意料，2010 年、2011 年连续两年增幅达 30%以上，领跑各类媒体。究其原因，一是与我国一、二线城市私有车主数量大幅增加有关，私家车主收听广播的总时长大幅增加，广播广告的市场随之扩大。二是受到“限广令”的限制，电视媒体广告价格的上涨使得广播广告的性价比优势凸显。

当然，电视媒体依然是我国媒体广告市场的主力，尽管其增长幅度不如广播媒体，但其70%左右的市场份额在今后几年依然是其他媒体难以比拟的。

二、产业发展措施

对于会展产业而言，会展场馆选址的前瞻性、规划性是其盈利的基础。基本原则是：选址应与所在地区的规划相一致，而不应作为形象工程或地方标志性建筑来建造。这样会展场馆就不必一定建在闹市中心，又不用受基础设施配套等问题的影响，从而降低运营成本，保证其可持续发展。而场馆的设计应尽可能提高能源和材料的利用率，增强建筑物的保温效果，降低用于采暖和制冷的能量消耗，尽可能利用太阳能和自然光线，这都是保证会展场馆可持续发展的重要细节。

再者，对会展场馆合理的后续开发是保证其发挥多重作用从而持续盈利的重要因素。成功的会展场馆应具有一定的“兼容性”，这当然不是说会展场馆一定要具有多重功能，而是说在其初始功用结束后，进行简单的改建就可以发挥后续作用，比如现代化的体育馆，在有重大赛事时可改造成符合比赛要求的比赛场馆，赛后则可恢复平时的功能。这既可节省新建场馆的大量的资金，也避免了高级别体育场馆日常的高维护费用及经营成本，且可以产生持续的效益。

最后，会展企业的整合和集群化也是会展产业今后的发展方向。会展企业的整合和集群化对资源、信息的集成，对影响力的扩展都有直接的益处。会展企业通过纵向整合其上游和下游企业，通过合作和资源共享，降低运营成本并实现双赢，例如会展企业与地产、餐饮企业，与旅游、金融企业的整合和集群化；而会展企业的横向整合和集群化则可以使所有利益相关者如参展商、参观者、场馆及相关企业共生共荣，在会展园区实现结构优化和资源共享。随着我国会展业的快速发展，以环渤海地区会展企业集群、长三角会展企业集群和珠三角会展企业集群为代表的会展业集群正日益壮大起来。

对于广告产业而言，今后的发展需要更多的探索，但创新将是其发展的核心。广告产业由传统媒体过渡到新兴媒体的趋势日益明显，尽管传统媒体依然拥有大部分的广告市场份额。数字技术和互联网催生的新兴媒体使传播的门槛大幅降低，信息的丰富与海量使得传统的广告形式越来越无法吸引潜在消费者的注意，个性化的主题以及在细分市场基础上的精准投送是未来广告脱颖而出的必要条件。而且广告已远远超出商品代言的范

WENHUA CHANYE

围，从企业营销的角度，在商品设计研发至加工成型的整个阶段都要注重与潜在消费者的信息沟通。

对于专业的广告企业，应加快业内资源的整合，在为企业塑造品牌的同时努力打造自身的品牌。如卫视之间专门的乃至全方位的广告业务联合，传统媒体与新媒体的联合等。在资源利用以及节目形式上，形成资源共享、合资购买、共同制作、联合推广、效益分享的合作模式。

此外，广告的覆盖范围应进一步延伸。借助传统媒体与新兴媒体，广告业如今可以较方便地将原先只在一、二线城市的业务拓展至三、四线城市。尽管这一过程要取得巨大的经济效益可能还需要很长时间，但提前进行布局无疑可为今后业界的竞争做好充分的准备，其巨大的市场空间以及与之相对应的巨大的广告空间将是未来广告业发展的新乐土。

需要注意的是，虚假广告无论何时都是广告业健康发展的一大障碍，随着新兴媒体的广泛应用，虚假广告的传播门槛也大为降低，传播范围也更加广泛，相关法律法规及行业标准的出台就显得比较紧迫。相关部门应尽快出台有效可行的管理办法，维护广告业、消费者以及合法厂商的正当权利。

第五节　旅游、生态观光、休闲产业

旅游业作为休闲经济的主力军，是我国国民经济新的增长点。旅游产业为本地居民提供了巨大的就业机会，并在较少投入的情况下为地方政府带来巨大的经济收益，其资源永续性以及可以同时满足人们物质和精神文化双重需求的产业特点使得旅游业又被称之为“无烟工业”、永远的朝阳产业。

一、发展现状

旅游产业在我国发展较晚，1978 年后才逐渐成为我国新兴的国民经济部门。国家旅游部门于 1984 年开始了旅游体制改革，旅游总局正式与“国旅”分家，实现政企分工，改变了官办旅游的局面。

1986 年，“七五”计划正式将旅游业纳入国民经济计划，经济统计年鉴也新增了旅游业统计，这表明我国旅游业真正成为一个独立的经济部门。1998 年底，全国经济工作会议确定将旅游与汽车、住宅业作为刺激内需、拉动国内经济的三个经济增长点。

旅游“十一五”规划要求完善旅游产业体系，推动旅游新业态新领域发展，优化旅游发展环境，而最新的“十二五”规划提出将旅游业“培育成为国民经济战略性支柱产业和人民群众更加满意的现代服务业”，加快旅游信息化进程，促进旅游业的发展。根据国内旅游抽样调查结果显示，2016年上半年，国内旅游人数22.36亿人次，比上年同期增长10.47%。其中，城镇居民15.17亿人次，增长13.55%；农村居民7.19亿人次，增长4.51%。国内旅游收入1.88万亿元，增长13.72%。其中城镇居民花费1.48万亿元，增长15.13%；农村居民花费0.40亿元，增长8.84%。2016年1—6月，入境旅游人数6787万人次，比上年同期增长3.8%。国际旅游收入570亿美元，比上年同期增长5.3%。中国公民出境旅游人数5903万人次，比上年同期增长4.3%。仅2016年上半年就实现旅游总收入2.25万亿元，同比增长12.4%。

作为城市居民旅游方式的一种，休闲旅游综合了观光旅游和度假旅游的双重特点，已成为我国居民以及境外游客在华旅游的主要方式。尽管我国目前还属于发展中国家，离真正的“休闲时代”还有相当距离，但休闲经济已具备了相当规模，且呈现出蓬勃发展的势头。据中国社会科学院2009年中国休闲发展年度报告的估测，我国居民休闲消费规模达约1.7万亿元，相当于GDP的5.07%，相当于社会消费品零售总额的13.56%。中国休闲经济在最近几年取得了空前迅速的发展，至少体现在旅游、娱乐、体育健身、文化传播四个方面。中国已进入全面建设小康社会、加快建设社会主义现代化的新阶段，休闲旅游业作为经济发展的重要组成部分，不但自身提供的服务和所创造的价值远远超过其他休闲经济领域，而且还能促进我国经济和社会的全面发展。

休闲与旅游的结合是实现产业资源配置的一种最佳形式，让旅游业发展进一步适应休闲时代的需求，是我国旅游业面临的一个新任务。此外，休闲旅游的一个重要目的地是农村，2006年国家旅游局曾将全国旅游主题确定为“中国乡村游”，其口号为“新农村、新旅游、新体验、新风尚”，这标志着我国旅游发展的重点开始从城市向农村有所倾斜。

二、面临的问题及应对措施

经过多年的积累与发展，我国已从旅游资源大国发展成世界旅游大国，现在正向亚洲旅游强国乃至世界旅游强国的目标迈进。尤其“十一五”期间，入境游和国内游规模都明显扩大，国际影响不断提高，但同时，一些隐藏的问题也日益浮现。

首先，国内旅游市场的培育不足。国内旅游市场游客数量大，但人均消费水平很低，旅游经济增长的动力机制较弱。广大农村地区已成为国内旅游的重要目的地，但农村居民对旅游产业的发展还只是被动应对，更没有成为普遍意义上的旅游消费主体。国民对于旅游的需求不断增长且新需求不断涌现，但是真正的旅游消费热点，包括度假休闲旅游还没有完全培育起来。

其次，入境与出境旅游市场的规模结构依然不尽如人意。入境过夜游客和外国游客的比重很小，没有形成吸引外国游客入境旅游的常规机制，入境旅游市场缺乏持续的增长动力。就出境旅游而言，一直是港澳游比重偏大，旅游消费结构不合理，出境游客的权益保障机制有待进一步完善。

再者，旅游目的地的推广力度不够。多年来，国内旅游目的地的宣传意识不够及推广投入不足是困扰我国旅游业发展的一个突出问题。国家旅游形象推广的创新度和市场营销的有效性还有待提升，各地对本地旅游资源的宣传渠道及宣传方式较为单一。

最后，我国旅游产业尚缺乏一套常态化的危机应对机制。大量事实证明，旅游业的发展始终面临各种不确定的危机，世界经济不稳定、全球气候变化等中长期影响以及各种可能出现的自然灾害、经济危机、公共卫生等不利事件都会对旅游业造成巨大冲击，建立一套应对机制势在必行。

基于上述事实，旅游产业今后的发展应在以下几个方面着手：

第一，推出积极政策，推动相关企业进入旅游市场，为旅游产业的发展提供经济支持。旅游企业是旅游产业的基础，企业的市场竞争力是产业发展的首要动力。根据我国的情况，集中有竞争力的旅游企业，实施强强联合，发展实力较强的旅游集团无疑是我国发展入境出境旅游的有效手段，在此基础上通过各类公共平台开展宣传，推出质量认证，提高品牌的知名度和竞争力。而针对国内旅游尤其是向二、三线城市及乡村扩展的旅游，则应因地制宜，鼓励各地充分发挥地方特色，支持中小旅游企业开发地方旅游项目，在发展旅游产业的同时，还能进一步促进当地的就业及社会发展。

第二，加大力度满足游客的消费需求。依托我国丰富的旅游资源，挖掘其中丰富的文化内涵，加强资源整合，形成一批特色鲜明的观光旅游区及观光旅游线路。从旅游产品的细分情况来看，对于度假休闲旅游产品，各地应根据自身优势因地制宜，不应就几种度假产品一哄而上；商务会展旅游则应进一步优化结构，在完善硬件配套设施的同时提供个性化、人性化的服务；对于专项旅游产品，应在拓展已有的红色旅游、乡村旅游、生态旅游的同时深度开发文化旅游乃至工业旅游，有条件的地方及企业也应对探险、科考乃至朝圣等旅游项目展开探索。

第三，通过发展方式的转变，提升旅游产业的整体水平。在力争东、中、西部旅游资源布局均衡的前提下，加快现有交通网络向重点旅游目的地的进一步延伸；旅行社、酒店等实现梯次发展，以满足不同的旅客需求；开发深层次旅游产品如当地特色艺术表演、文化纪念品、特色餐饮住宿、定制服务等，改变单一的依靠门票收入发展旅游的模式；优化景区购物环境及售后保障，提升购物消费在旅游收入中的比重；加大数字技术产品及网络产品在旅游服务中所起的作用，大力发展旅游电子商务，促进旅游新业态的发展；提升旅游产品的文化内涵，融地方特色、民族特点、历史源流、文化背景于旅游产品中。

第四，加大开放程度的同时完善监管体系。一方面，国家对旅游企业的业务开拓应在政策上予以扶持，并进一步开放旅游行业的准入；加强国际旅游合作，在签证等问题上进一步简化手续。另一方面，强化对各级旅游市场的监管力度，在提升从业人员服务意识和水平的基础上，建立以游客满意度为核心的服务质量管理体系。

第六节　体育产业

随着社会经济的发展，人们的体育需求也不断增长，世界范围内体育市场繁荣，体育经济发达，越来越多的人或机构从事体育产业生产、服务、经营等，体育产业成为了一项热门话题。

一、发展现状

我国体育产业包括体育本体产业、体育外围产业、体育中介产业和体育产业消费等。其中，体育本体产业是整个体育产业的核心，包括体育竞技业与大众健身业；体育外围产业的产业链包括体育用品商、体育器材商、体育服装商、体育旅游广告商、体育博彩商和体育建筑商等；体育中介产业的产业链包括体育广告商、体育赞助商和体育保险业等；而体育消费者是体育产业的决定力量。[1]

北京奥运会后，我国加快了从体育大国向体育强国迈进的步伐。除大力发展全民健身、提高竞技体育水平，加快发展体育产业也是建设体育强国的重要组成部分。我国的体育产业近几年呈现高速增长的态势，一年一个新台阶的持续发展进一步增强了我国向体育强国转型的信心。国家体育总局的统计数字表明，从 2005 年至今，我国的体育产业产值每年都保持 16%以上的增长幅度。

国家体育总局 2010 年公布的第一次体育产业调查数据显示，在举办北京奥运会的 2008 年，全国体育及相关产业从业人员达 317.09 万人，实现增加值 1554.97 亿元，占当年国内生产总值的 0.52%。北京体育大学副校长钟秉枢在接受新华社记者采访时表示，中国体育产业从 2005 年开始快速发展，北京奥运会之后将继续良性循环，保持高速增长的态势。

中国发展体育产业的“破冰”之举，始于 1994 年推出的全国足球甲 A 联赛。在此之前两年，当时的国家体委正式提出了体育产业的概念，并进行管理机构改革，足球改革的“红山口会议”就在当年召开；在此之后一年，男篮联赛 CBA 也在中国体育职业化改革的舞台上亮相。

此后，体育彩票全国发行，国家体育总局批准建设 6 个国家级体育产业基地，中国体育旅游博览会开始每年举办。CBA 就像是中国体育产业发展的一个缩影，见证着这块“蛋糕”慢慢做大——2003 至 2004 赛季，CBA 的市场开发收入约为 2700 万元，3 个赛季之后就增长到 1.5 亿元。

专家指出，发展体育产业不仅仅是枯燥的统计数字不断上升，更是人们对健身生活的更多参与。随着体育市场的繁荣，人们不但可以在家门口看高水平的球赛，可以每天到附近的体育场所进行休闲健身，还可以自己当一个体育用品店的小老板。目前，中国许多大城市有上千家健身俱乐部，每年带来的产值超过 100 亿元。

2014 年 10 月，国务院印发《关于加快发展体育产业促进体育消费的若干意见》，将体育产业上升到国家战略，并提出到 2025 年打造 5 万亿规模的体育市场，体育产业获得了投资者更多的青睐，同时也为体育事业发展注入了更多资金和推动力。

“十二五”期间，我国体育产业规模逐步扩大，体育消费明显增加，2014 年体育产业总规模达到了 13574 亿元，GDP 占比由 0.37%上升至

① 李思屈、李涛：《文化产业概论》，207 页，杭州，浙江大学出版社，2007。

0.63%，年复合增长率为24%，大大超过同期GDP的增速。产业结构持续优化，产业体系日趋健全，产业政策不断完善，与文化、旅游、医疗、养老、互联网等领域的互动融合日益加深。

我国体育产业虽然起步较晚，但在这些年有了长足发展，产业领域不断拓展，发展规模不断扩大，产业质量有所改善，产业效益也明显提高。体育产业作为国民经济的一个重要部门，发挥着越来越明显的作用。2016年5月，国家体育总局印发了《体育发展“十三五”规划》，为今后我国体育产业的发展指明了方向。

二、面临的问题及应对措施

尽管已经取得了一系列引人注目的成绩，但目前我国体育产业规模还比较小，在国民经济中所占的比重还比较低，尚未充分发挥出新兴产业的潜力和优势；体育产业结构不尽合理，体育服务业在体育产业中的比重较低；区域发展不够平衡；体育产业发展面临的体制机制性障碍仍然较为突出；市场机制在体育资源配置中的基础性作用尚未得到充分发挥；体育市场尚不成熟，产品有效供给不足，消费观念有待引导，市场监管有待加强；体育产业各项基础工作还比较薄弱，体育产业政策体系亟待完善，高素质的体育产业人才匮乏。

2010年3月，《国务院办公厅关于加快发展体育产业的指导意见》颁布，意见中提到的主要目标是：到2020年，培育一批具有国际竞争力的体育骨干企业和企业集团，形成一批有中国特色和国际影响力的体育产品品牌；建立以体育服务业为重点，门类齐全、结构合理的体育产业体系和规范有序、繁荣发展的体育市场；形成多种所有制并存，各种经济成分竞相参与、共同兴办体育产业的格局；形成与国际接轨、管理规范、充满生机活力的体育社会组织体系；居民人均体育消费显著增加，体育服务贸易较快发展，体育产业从业人数占全社会就业人数比例明显提高，体育产业增加值在国内生产总值中所占比重明显提高；形成体育公共服务与市场服务相互结合、体育事业与体育产业协调发展的良好局面。为了实现这些目标，我国体育产业的发展还要经历一段相当长久的过程。

对此，国家体育总局公布的《体育发展“十三五”规划》中明确提出了如下六项应对措施：

1. 调整体育产业结构。进一步优化体育服务业、体育用品制造业及相关产业结构，实施体育服务业精品工程、体育用品制造业创新提升工程和体育产业融合发展工程。加快体育产业要素结构升级，培育专业人才、品牌、知识产权等高级要素。以足球、冰雪等重点运动项目为带动，通过制定发展专项规划、开展青少年技能培养、完善职业联赛等手段，探索运动项目的产业化发展道路。大力发展“体育＋”，积极拓展体育新业态。引导和支持“互联网＋体育”发展，鼓励开发以移动互联网为主体的体育生活云平台及体育电商交易平台。与旅游部门共同研制《体育旅游发展纲要》，开展全国体育旅游精品项目推介，打造一批体育旅游重大项目。

2. 优化体育产业空间布局。围绕“一带一路”、京津冀协同发展、长江经济带三大国家战略，加快国家体育产业基地建设，合理规划布局全国体育产业发展。积极推进区域体育产业协同发展，加强京津冀、长三角、珠三角以及海峡两岸等体育产业圈建设。充分挖掘中西部地区体育产业的资源优势，鼓励各地因地制宜发展区域特色产业，形成东、中、西部体育产业良性互动格局。联合发展改革部门，继续加强对全国35个体育产业联系点城市、10个联系点单位的政策指导，督促相关地区和单位切实做好联系点组织实施工作，加快出台一批可复制、可推广的政策创新成果，为全国体育产业发展提供引导经验。

3. 培育体育市场主体。着力扶持、培育一批有自主品牌、创新能力和竞争实力的骨干体育企业。深化体育类国有企业改革，提升体育产业领域中的国有资产价值。引导有实力的体育企业以资本为纽带，实行跨地区、跨行业、跨所有制的兼并、重组、上市。鼓励体育优势企业、优势品牌和优势项目“走出去”。积极支持体育产业的海外并购，鼓励吸引国际体育组织或体育企业、国际体育学校落户中国。全面落实国家扶持中小微企业发展的政策措施，积极扶持中小微体育企业发展，鼓励成立各类体育产业孵化平台，为体育领域的“大众创业、万众创新”提供环境。充分利用认证认可手段，为体育产业创新发展提供技术支撑。转变监管理念，加强对体育市场的事中、事后监管，强化社会监督。

4. 扩大体育产品供给。推广运用政府和社会资本的合作模式，加大财政金融扶持力度，支持社会力量进入体育产业领域，建设体育设施，开发体育产品，提供体育服务。联合发展改革、财政等部门，根据关于加快推进健康与养老服务工程建设的相关要求，放宽市场准入，发挥政府购买服务等支持作用，进一步丰富体育服务供给。引导企业增加科技投入，加大自主研发和科技成果转化，开发科技含量高、拥有自主知识产权的产品，培育一批具有自主知识产权的体育用品知名品牌，重点支持可穿戴运动设备和智能运动装备的研发和制造。

5. 引导体育消费。鼓励各地研究制定引导体育消费的政策措施，有条件的地区可以探索面向特定人群或在特定时间试行发放体育消费券。加强体育场馆等体育消费基础设施建设与改造，引导社会力量盘活存量资源，改造旧厂房、仓库、老旧商业设施等用于体育健身，鼓励机关、学校等企事业单位的体育场馆设施向社会开放。推动体育企业与移动互联网的融合，积极利用大数据、云计算、智能硬件和各类主题 APP 拓展客户，提升体育营销的针对性和有效性。总结和推广各地鼓励大众体育消费的先进经验。

6. 做好体育彩票工作。坚持国家彩票的方向，把握安全运营的生命线，全力做好体育彩票的各项工作。转变发展理念和发展方式，大力强化体育彩票的公益属性、提高发展质量，增强公信力建设。狠抓依法治彩，继续贯彻《彩票管理条例》，进一步完善各项市场管理制度。加快建立健全与彩票管理体制匹配的运营机制。加快体育彩票创新步伐，积极研究推进发行以中国足球职业联赛为竞猜对象的足球彩票。适应发展趋势，完善销售渠道，稳步扩大市场规模。加强公益金的使用管理绩效评价，不断提升体育彩票的社会形象。

延伸阅读

F1 是 Formula One 的英文缩写。赛车运动风靡全世界，一级方程式（F1）赛车更是赛车运动中的皇冠。世界一级方程式锦标赛 1950 年创办至今，一直拥有大批的车迷和支持者。50 多年后的今天，F1 已经成为世界上最考验意志、最能体现运动激情的比赛。国际汽车联合会世界一级方程式锦标赛，是国际公认的与奥运会和世界杯足球赛并列的三大体育赛事之一。根据国际汽联的统计，2003 年 16 站 F1 大奖赛的全球收看人次突破 600 亿，其观众人数远远超出每四年才举办一次的奥运会和世界杯。F1 赛事之所以能够立足于世界体坛之林，除了一级方程式赛车给人以超速度的感觉吸引观众之外，F1 赛事自身运作模式是一个尤为重要的原因。

（一）健全的赛事运作组织领导机构

F1 比赛的组织管理机构是国际汽车联合会（FIA），它有权拟定和执行一级方程式赛车运动技术上的准则，FIA 每年要决定批准哪些申办的赛场可以举行一级方程式赛事、每辆一级方程式赛车都要到达其细致的检查要求等等。管理模式上，国际汽联只是处理赛车运动的宏观上的问题，不参与 F1 赛事具体经营事务。一级方程式赞助管理委员会具体管理 F1 赛事的举办，选择比赛赛段的主办者和举办地，负责与各个赞助商谈判，赛场广告、宣传品、门票售卖，还有赛事转播权的购买等事务。

（二）积极的赛事宣传和推广

F1 赛车运动以风驰电掣般的速度，给人带来美的享受，吸引着广大的观众群体。F1 赛事的组织者利用一级方程式赛车的特点，积极向世人推广赛车运动，使越来越多的观众加入其中。组织者利用电视、广告等媒介来宣传 F1 赛事，为 F1 赛事提供媒介上的支持。在媒介的支持下，F1 赛车运动得到了极大的宣传。商业电视台、商业频道的发展给一级方程式赛车运动的发展注入了强心剂，为 F1 赛车运动提供了宣传和推广的媒介，与此同时，也给一级方程式赛车运动带来了巨大的资金收入。随着 F1 赛事的运动在全世界的普及和发展，电视转播的购买费用也日趋增加。据悉 F1 赛车在英国的 5 年转播权价值 6500 万英镑，每年耗资折合人民币 2 亿元左右，使得 F1 赛车运动得到了充足的资金支持和保障。从某种程度上说，是电视转播驱动了 F1 前进的车轮。

（三）有选择地挑选赞助商

F1 赛事在挑选赛事赞助商时也有自己的一套特有的做法。F1 赛事的传统赞助商多为汽车制造商、轮胎制造商、石油生产商、烟草制造商等大型企业和公司。这些赞助商在经济上都具备了一定的实力，可以承担 F1 赛车运动所需要的资金，当然也为这些赞助商提供了宣传自身的平台，在一定程度上可以超过做广告的效用。而且，赛事组织者在选择赞助商的时候，还会考虑车队的赞助商的标志色彩是否可以和车队的传统颜色吻合，因为车迷所关注的毕竟是赛车本身，而不是赞助商的商标在赛车上出现的位置和大小。赞助商的利益和车队利益怎样完美地结合，在车体颜色这个细节上体现得淋漓尽致，这也是 F1 不同于其他体育比赛的重要表现。

（四）F1 赛事相关商品售卖

F1 赛事组织者利用 F1 这个蕴涵巨大商机的品牌来创造更多的产品，创造更大的价值。随着 F1 赛车运动在全世界的普及和发展，F1 的相关商品也越来越凸显它吸引观众的独特魅力。F1 商标使用权是 F1 赛事中除 F1 赛事举办权、F1 电视转播权的又一个重要的权限，围绕 F1 商标使用权的开发，则是赛事组织者的又一个赚钱的领域。和赛事举办权及电视转播权不同，F1 商标经营的活动场所主要集中在赛场之外，而且是一项贯穿全年的商业活动，是一个品牌和一种文化。与赛事结合，F1 的品牌价值在

500亿美元以上，红黑相间的F1标志已成为国际知名的，充满着激情、速度和挑战精神的，具有珍贵价值的品牌。（摘编自柳伯力、李万来：《体育产业概论》，328—332页，北京，人民体育出版社，2005。）

第七节 演艺及艺术品、文博收藏产业

一、演艺产业发展现状、问题及应对措施①

演艺产业的主体是艺术表演团体，基本的产业模式就是各个艺术表演团体通过创作和演出使受众认识到众多艺术门类所蕴含的文化价值，并从中获得经济收益。我国的艺术表演团体是指由文化部门主办或管理的专门从事表演艺术等活动的文化机构，涵盖了戏曲、话剧、歌舞剧、木偶戏、皮影戏等众多艺术门类，是我国文化体系的重要组成部分。② 近几年来，全国各级艺术表演团体大力开展艺术创作和生产，繁荣了演出市场，传播了先进文化，整个演艺产业发展势头良好。

我国对演艺产业的扶持政策及措施更加完善，政府于2015年出台了《关于支持戏曲传承发展的若干政策》，启动了全国地方戏曲剧种普查，扶持“三个一批”戏曲剧本27个、“名家传戏”师徒141组。实施中国民族音乐舞蹈扶持发展工程，扶持“一带一路”主题采风创作项目16个。组织直属艺术单位186批、近4400人次文艺工作者深入基层，开展创作采风、结对帮扶、慰问演出等活动。

2015年全年全国文化部门所属艺术表演团体共组织政府采购公益演出13.87万场，比上年增长27.8%；观众1.22亿人次，增长23.1%。利用流动舞台车演出11.71万场次，增长10.3%；观众10661.15万人次，增长7.7%。年末全国共有艺术表演场馆2143个，观众坐席数178.67万个。各级文化部门所属艺术表演场馆1264个，比上年增加16个，观众坐席数89.90万个，比上年减少2.08万个；全年共举行艺术演出5.45万场次，比上年增长7.3%；艺术演出观众人次2388.11万人次，增长11.3%。年末全国共有国有美术馆408个，比上年末增加44个，从业人员3978人，

① 关于演艺产业发展情况的数据，若无特别标注，则皆引自文化部官方网站公开发布的各类相关统计结果——http://www.ccnt.gov.cn/sjzznew2011/cws/whtj_cws/。

② 文化部计财司：《近几年来全国艺术表演团体发展情况分析》，2011－08－23，http://www.ccnt.gov.cn/sjzznew2011/cws/whtj_cws/201111/t20111128_153319.html。

增加 404 人。全年共举办展览 5121 次，比上年增长 7.2%，参观人次 3053 万人次，增长 6.7%。

另外，2015 年，文化部制定《国家级非物质文化遗产代表性传承人抢救性记录工作规范》，支持 268 位国家级非遗代表性传承人的抢救性记录。认定 464 家第四批国家级非遗代表性项目保护单位，对 331 家不适合的项目保护单位进行调整和重新认定。截至 2015 年末，国务院共公布了 1372 个国家级非物质文化遗产代表性项目，文化部共认定了 1986 名国家级非物质文化遗产项目代表性传承人。我国有 30 项非物质文化遗产项目入选联合国教科文组织“人类非物质文化遗产代表作名录”、7 项入选“急需保护的非物质文化遗产名录”，1 项入选“优秀实践名册”，总数位列世界第一。

尽管目前我国演艺产业发展态势良好，但艺术表演团体的发展仍存在不少问题，主要包括：

第一，艺术表演团体的发展依然受到自身条件的制约。很多演艺团体将主要精力放在效益产出上，而对人才保障的重视程度不足，高级从业人员的从业比重连年下降，从长远看，这不利于演艺产业进一步向多元化以及向更高层次的发展。2010 年全国艺术表演团体从业人员 22.07 万人，其中高级职称人员约 2.1 万人，中级职称人员约 4 万人，分别占从业人员总数的 9.6%和 18.2%，共 27.8%，较 2007 年下降了 2.4 个百分点。

部分艺术表演团体训练设施薄弱，严重制约着未来的生存和发展。2010 年，全国艺术表演团体公用房屋建筑面积为 465.53 万平方米，排练练功用房建筑面积为 128.72 万平方米，平均每团分别为 678.22 平方米和 187.53 平方米。文化部门所属的 2597 个院团中，公用房屋建筑面积小于 200 平方米的院团有 802 个，无排练练功用房的院团有 932 个，分别占到了文化部门所属艺术表演团体的 30.9%和 35.9%。而民间艺术团体尤其是边远地区的民间艺术表演团体，其用于训练表演的设施建设情况更加令人堪忧，说到底还是资金问题。2010 年，全国非文化部门所属艺术表演团体 4267 个，从业人员 84713 人，资产 28.72 亿元，平均每团人数不足 20 人、资产不到 70 万元，何况民营院团整体的市场竞争能力和抗风险能力要弱于国有院团，许多民营院团的生存和发展难以得到保障。

第二，各地区及各艺术表演团体发展不平衡，落差巨大。从地域分布情况来看，经济发达的中东部地区，艺术表演团体无论数量还是演出场次、演出收入等情况均远远高于西部地区；从艺术表演团体各自的发展情况看，有名气的团体，其演出门票往往价格高昂，且一票难求，正处在发展阶段的艺术表演团体，市场越来越窄，并常常入不敷出。尽管这在很大程度上是市场选择的结果，但也不排除部分艺术表演团体唯利是图，忽略了自身应尽的社会责任。数据显示，2010年北京市大型艺术表演场馆的平均票价为772元，接近北京地区人均月平均收入的1/3。而美国一场百老汇音乐剧的最高票价为120美元，最低票价为40美元，考虑到纽约地区居民的月平均收入约为2000美元，观看一场高规格演出的费用仅占其月平均收入的1/20左右，票价远低于国内水平。

第三，国有文艺院团市场化步伐有待加快。近几年我国国有艺术院团转企改制的数量逐年增长，截至2010年底，已有461家原国有文艺院团完成转企改制，实行完全市场化经营。但这一数量与2086家的总量相比，仍只是一小部分——22.1%，国有艺术院团转企完成率仍有相当大的提高空间。

针对上述情况，今后应从以下几方面着手，逐步解决我国演艺产业面临的问题：

第一，政府应加大对演艺产业尤其是民营艺术表演团体的扶植力度。结合“十三五”文化发展规划，在资金投入、设施建设、人才培养等方面为艺术表演团体的进一步发展提供必要的帮助；在政策上对民营艺术表演团体给予实质性的支持，设立专门针对民营艺术表演团体的扶植基金；为民营艺术表演团体提供更多的演出机会，尤其在官方主办的各类文化活动中鼓励民营艺术表演团体积极参与；在具体的文化项目投入上向民营艺术表演团体适当倾斜，并出台具体的政策鼓励更多的民间资本对民营艺术表演团体进行投资。

第二，国有艺术表演团体应加快体制改革的步伐。要充分利用国家支持国有艺术表演团体转企改制的政策优势，进一步适应市场化条件下受众对文艺演出的需求，主动出击在演艺产业领域确立自己的市场定位与市场价值，在进一步活跃演艺市场的同时提升自身的表演水平与艺术活力。

第三，全社会对公益性演出的发展应给予更多关注。尽管公益性演出更多具有文化事业的性质，但从文化产业角度而言，公益性演出对团体的社会影响力也具有广告效应，其社会效益更是无法用金钱来衡量的。公益演出与商业演出的平衡发展，有利于艺术表演团体体现自身文化与经济的双重价值，并最终实现艺术表演团体的可持续发展。

二、艺术品、文博收藏产业发展现状、问题及应对措施

随着经济的发展、人民生活水平的提高，我国艺术品、文博收藏产业可谓突飞猛进，日益壮大的收藏爱好者队伍推动了我国艺术品、文博收藏市场的迅猛发展，艺术品成为继金融、房地产之后的又一个重要投资对象。

截至2015年底，纳入统计范围的全国各类文化（文物）单位29.91万个，比上年末增加1.18万个；从业人员229.44万人，比去年增加25.42万人。其中，各级文化文物部门所属单位65714个，同比增加152个；从业人员64.53万人，同比增加7124人。全国文化市场经营单位23.17万家，比上年末增加1.15万家；从业人员156.47万人，增加24.08万人。全年全国文化市场经营单位营业总收入2965.64亿元，营业利润1002.10亿元。分区域看，年末城市文化市场经营单位83598个，占文化市场经营单位总量的36.1%。

国家文物局实施40个抗战类国保单位维修项目，113处抗战类全国重点文物保护单位全部对外开放。首批51个传统村落保护工程全面完工，启动第二批100个传统村落保护利用项目。“平安故宫”工程、中共六大会址修复工程扎实推进。2015年7月，“中国土司遗址”成功列入《世界文化遗产名录》，至此我国拥有48处世界遗产，位居世界第二。2015年年末全国共有文物机构8676个，比上年末增加255个。其中，文物保护管理机构3307个，占38.1%，博物馆3852个，占44.4%。年末全国文物机构拥有文物藏品4139.19万件，比上年末增加75.61万件，增长1.9%。其中，博物馆文物藏品3044.14万件，占文物藏品总量的73.5%；文物商店文物藏品728.02万件，占17.6%。全年全国文物机构共安排基本陈列10859个，举办临时展览11805个，接待观众92508万人次，比上年增长9.8%。

另外，自2013年起，我国文物艺术品拍卖成交额一直处于不断调整当中。从2013年的峰值576.24亿元，经历过2014年仅280.9亿元的猛跌，2014年略有回升，达到313.83亿元，随即又小幅下降，2015年全年的艺术品拍卖总额为307.6亿元，较2014年微降2%。虽然下降不多，但这是自2013年以来不断调整的结果。这当中的调整既有艺术品市场本身内部调整需求原因，也受我国宏观经济环境的影响。艺术品拍卖市场的下降也和2015年中国艺术品市场的整体下滑有关。2015年全球艺术品市场

相比 2014 年 474 亿欧元的成交额有所上升，超过 510 亿欧元。但是 2015 年中国市场占全球艺术市场的份额从 24%下降至 22%，虽然中国艺术市场总额只是略微下降了 1 亿欧元，但是在全球艺术市场提升的时间内，国内艺术市场总额下降具有内部的特殊性。①

艺术品、文博收藏产业是文化产业领域投资风险较高的产业门类，尽管经过近几年的发展，市场逐步规范，法律法规逐步健全，但在艺术品、文博收藏市场管理方面仍存在着一些问题。

第一，艺术品、文博收藏的相关政策与市场的快速发展不同步，相关法律法规出台比较滞后，整个市场管理体系还不健全，市场监管缺乏有效依据。各行政、执法部门实行多头管理，但缺乏有效的沟通措施或协调平台，既存在部分职能重叠也存在多方管理间的疏漏，权责不明导致监管力度削弱。此外，对于艺术品、文博收藏市场的运行管理，相关的行业协会也没能充分发挥沟通、协调的作用。

第二，艺术品、文博收藏品造假现象严重。这不仅是造假者本身的责任，不法商家为追逐暴利，利用市场监管的漏洞以假充真，甚至与鉴定机构、拍卖机构勾结出售赝品或进行假拍，而我国目前还没有权威的艺术品、文博收藏品鉴定机构能使消费者完全认可，从而使得艺术品、文博收藏市场出现越来越多的赝品及造假行为。

第三，文物保护措施不当。一方面，文物盗掘现象严重，文物走私屡禁不止，这给我国艺术品、文博收藏市场带来了巨大的损失；另一方面，文物法中关于出土文物限制交易的规定使得相当数量的艺术品、文博收藏品无法进入正常的流通领域，这对于正常的艺术品、文博收藏品交流而言是一道巨大的障碍，客观上也不利于文物的保护。

第四，艺术品、文博收藏市场的专业人才数量、质量均有待提高。目前的艺术品、文博收藏品往往只是依靠个别的鉴定专家乃至藏家本人的鉴赏水平得出鉴定结论，缺乏严格的科学论证，由此造成的艺术品、文博收藏品投资损失比较严重。这既需要制度法律的规范，也需要从业机构的严谨，但归根结底还需要成熟的专业人才，且随着艺术品、文博收藏市场的迅速发展，对专业人才的需求更为迫切。

针对上述情况，相信采取如下措施将有助于艺术品、文博收藏产业进

---

① 中国产业调研网：《2015 年中国艺术品市场现状调查与未来发展趋势趋势报告》，2015 年 9 月 10 日。

一步发展：

第一，在探索中进一步规范我国艺术品、文博收藏市场的管理制度与管理模式。政府相关部门应加强对艺术品、文博收藏市场的监管力度，完善各项监管法规，支持并鼓励艺术品、文博收藏行业协会发挥业内沟通协调作用。

第二，从艺术品、文博收藏市场的多个流通环节入手，严厉打击艺术品、文博收藏品的造假现象。整顿、规范、严格监督艺术品、文博收藏品仿制行业的生产销售；对各类鉴定机构、拍卖公司的市场行为进行规范，鉴定机构、拍卖公司也应加强行业自律；提高艺术品、文博收藏市场参与机构及人员的准入门槛并加大对其犯罪行为的处罚力度。

第三，政府与相关各行业应致力于建立我国艺术品、文博收藏市场的信誉。在严厉打击盗掘、走私文物行为的同时进一步放开国内的艺术品、文博收藏市场；加大对各地文物保护组织的支持，加强对海关的管理，加大文物保护性发掘的力度；对有利于正常文物交流的市场行为，从法律及制度上予以支持，这实质上也是对文物的一种保护；建立艺术品市场的信用管理体制，发挥司法及政府相关部门的权威性，对艺术品、文博收藏市场存在的不正当竞争行为予以修正和引导；适当增强鉴定机构及拍卖公司对艺术品、文博收藏品的保真责任。

第四，加速推进艺术品、文博收藏品鉴定行业人才的培养及储备，科学开展艺术品、文博收藏经营单位及其从业人员的资质认证工作并加大对鉴定研究工作的资金支持。此外，在政策上鼓励并支持民间博物馆的创办，这既可以为艺术品、文博收藏市场带来更多活力，对艺术品、文博收藏品的保护也大有裨益。

第六章　文化产业的发展机制

德国古典经济学家弗里德里希·李斯特（Friedrich List）指出："财富的生产力较之财富本身，不晓得要重要多少倍。"[①] 文化产业的发展机制是文化产业发展问题的关键。有效梳理文化产业的发展机制，对于进一步解放思想，更新发展观念，理清发展思路，逐步完善发展机制，不断优化发展环境具有重要意义。

第一节　文化产业的发展条件

马克思主义认为，经济基础决定上层建筑，上层建筑反作用于经济基础。文化作为上层建筑的重要组成部分，它的发展和进步必然受经济基础的决定和制约。文化产业被称为21世纪的"朝阳产业"，作为国民经济领域的新亮点，其兴起和发展同样离不开相关的发展条件。

一、文化产业的发展资源

（一）文化资源

文化资源是发展文化产业的基础。我国有着悠久的历史文明、博大精深的文化、丰厚的文化资源，为文化产业的发展提供了资源条件。对此，中国社科院原院长李铁映指出："中华民族有着五千年悠久的历史和灿烂的文化，有着多民族创造、兼容和共构一个伟大文化共同体的辉煌。其文化累积之丰厚、文化形态之多样和文化哲学之深刻，是世界上其他国家少有的。这是一笔怎么估价也不过分的宝贵的文化资源，是我们得天独厚的

① ［德］弗里德里希·李斯特著，邱伟立译：《政治经济学的国民体系》，99页，北京，华夏出版社，2009。

优势。”①

在文化资源保护、配置、开发利用中，必须做到：一是提高文化资源保护意识，形成正确的保护思路。在科学发展观的指导下，实现文化资源的可持续发展，不断满足人民群众日益增长的物质和文化需求。二是建立必要的保障措施，结合实际，因地制宜。中国现阶段经济发展不平衡的特点，决定了不同文化资源的开发利用要探索不同的方式。三是制定并完善行之有效的政策、法规，制约和规范开发行为，走良性发展的道路。四是建立科学合理的发展机制，保护与开发协调并举，实现“在保护的基础上合理利用，在利用的过程中强化保护”。

（二）人力资源

人力资源是文化产业发展的保证。21世纪是知识经济的时代，是文化产业蓬勃发展的时代，知识和创新在文化产业发展过程中的作用举足轻重。拥有知识、技能和创新理念的人才是最为宝贵的财富。美国经济学家沃伦·布鲁克斯在《头脑中的经济》一书中指出：真正的财富是主意，不是物质，人的头脑和人的想象力可以把无用的资源变成有价值的资源。

目前，我国文化产业人力资源主要存在以下问题：一是复合型管理人员缺乏。文化产业是以文化为生产和创作内容的产业，同时文化生产、投资、销售具有很强的不确定性，要求文化产业管理人员具有纵贯古今的文化视野和现代产业理念及经营技能。但目前的文化产业管理人员主要来自计划经济体制下的文化企事业单位的管理人员和个体经营人员，从业人员凭经验、感觉进行经营管理的现象比较普遍，严重削弱了文化生产单位的市场竞争力，难以适应文化产业快速发展的需要。二是创意人才奇缺。文化产业的核心是内容创意，文化产业的生产结晶是符合市场需要的文化产品，而这需要文化产业创意人才对文化资源的创造、提升以及再创新，人才的奇缺必然导致产品的匮乏。三是新兴行业的专业人员缺乏。文化产业领域的新兴行业，如会展、网游、动漫等，亟待专业人员引领产业发展。

（三）科技资源

科技资源是文化产业发展的推力。科学技术是第一生产力，文化产业发展的过程必须重视高新技术的应用。当前广播电视的普及、纳米技术的应用、互联网技术的发展，都说明高新技术已经成为社会生产力发展的火

---

① 李铁映：《2001—2002年中国文化产业发展报告·序言》，1页，北京，社会科学文献出版社，2002。

车头，对文化产业的渗透力也越来越强，文化产业的发展不仅要保持其固有的精神文化创造力，还要加大高技术含量和高智力含量，才能使文化产业的社会覆盖面和对公众的影响力扩大，从而开创更大的市场空间。

文化产业本身是消耗低、无污染、产值高的高新技术产业，随着高科技的发展，文化产品的单位产品材料费用和能耗越来越少，而科技文化附加值越来越大。只有将现代科技成果尽快地体现在文化产业中，不断提高文化产业的科技水平和文化产品的科技附加值，才能缩小中国文化产业与发达国家文化产业的差距，实现中国文化产业的跨越式发展。

（四）资本资源

资本资源是文化产业发展的动力。法国社会学家皮埃尔·布尔迪厄（Bourdieu Pierre）把资本分为三种基本形态，即经济资本、文化资本和社会资本。还有学者把文化资本的表现形态分为四类：一是货币资本，通常指以现金、银行存款为表现形态的，可以直接作为投资本金的资本。二是实物资本，指以厂房、设备、原料以及土地等实物为表现形态的，经过估价作为投资本金的资本。三是人力资本，指劳动力商品经过估价后作为入股本金的资本。四是智力资本，指作品版权、商标权、专利权、非专利技术发明权等无形财产经过估价作为入股本金的资本。①

文化产业的融资方式主要有以下几种：（1）政府投资。主要集中在四个方面：一是建造大型文化基础设施；二是赞助公益性文化单位；三是保护文化遗产和扶持高雅艺术；四是扶助文化产业，鼓励对外文化交流。②（2）允许民营资本介入。尽快启动民间资本，同时借助资本市场，吸收众多散户资金，实现资本快速集中。（3）引进国际文化资本既可以弥补国内资本的不足，又可以使我国的文化产业迅速融入到国际文化产业发展的大潮中，为我国文化产业带来高速发展的契机。

二、文化产业的发展环境

（一）政策环境

文化产业政策是市场经济条件下政府对文化进行宏观调控的重要手段。政策机制在文化产业的发展过程中承载着导向功能，为文化产业的发展指明道路和方向。在经济全球化和中国加入世界贸易组织的背景下，中

① 赵玉忠：《文化市场概论》，179页，北京，中国时代经济出版社，2004。

② 刘吉发、陈怀平：《文化产业学导论》，80页，北京，经济管理出版社，2005。

国的文化产业政策必须具有国际适应性。完善的文化产业政策机制，有助于调整国民经济发展的产业布局，推进经济结构的战略性调整和增长方式的转变；有助于文化产业资源的有效配置；有助于保护和促进民族文化产业的发展，维护国家文化安全。

（二）国际环境

冷战结束后，国际文化关系与世界文化力量格局发生战略性重组，文化产业及其系统运动所形成的力量在世界文化秩序重建中的权重，是当代中国在处理国际文化关系、调整国家文化发展战略时需要面对的重大课题。[①] 在全球一体化条件下，人类社会在全球范围内成为一个系统、有机的整体，资本自由流通，信息自由传播，某些文化内容出现全球认同或趋同化，国家文化主权受到严重威胁和挑战。所以，全球化不仅是经济战略问题，也是文化战略问题，是文化产业发展战略问题。

延伸阅读

目前，北京798艺术区已被北京市政府列为首批10个文化创意产业集聚区之一，并被朝阳区政府列入朝阳区首个文化创意产业聚集区。为了加快推动艺术区健康有序发展，朝阳区政府和七星集团共同成立了北京798艺术区建设管理办公室，以加强对艺术区的科学引导、规范管理和有效服务。在双方的共同努力下，798艺术区作为“创意地区、文化名园”的氛围正在形成。今后，艺术区将通过吸引国内外知名艺术家及艺术机构的入驻，进一步加强对艺术区的宣传与推广，为艺术品的制作、展示、交易与拍卖搭建良好平台，推进园区产业升级，从而展示艺术区的魅力，打造798艺术区品牌，把798艺术区建设成为北京最具特色和影响力的文化创意产业基地和世界著名的文化创意产业园区。

798创意产业区产生的根本原因在于中国经济发展程度已经达到了需要它出现的程度。不论是中国向创意产业的转型还是人们对创意产品的需求（两者实际上是统一的）都需要一个实体化的载体以全国最高端的产业区的形式出现，从而引领该产业的发展。其次，资本因素对798创意产业区的产生和发展非常重要。在798创意产业区形成的初始阶段，其资本主要来自国外投资者以及商业机构。此后，国内的一些画廊以及商户，例如咖啡厅、餐厅以及家具商等等相关商业单位也凭借着798创意产业区富有

① 胡惠林、单世联：《文化产业学概论》，6页，太原，书海出版社、山西人民出版社，2006。

极大经济潜力的发展趋势纷纷进入该地区，带来了大量的资金，使得798工厂地区逐渐向商业化创意产业集聚区进一步发展。（摘自马地：《创意产业区形成及影响因素研究——以798创意产业区为例》，《管理观察》，2008年12期。）

第二节　文化产业的运行机制

文化产业的运行机制是指文化产业系统中各构成要素之间相互联系、相互作用、相互制约，以及各要素产生影响、发挥功能的作用过程和作用原理及其运行方式。具体来说，文化产业的运行主要由生产系统、驱动系统和管理系统三部分组成。

一、文化产业的生产系统

文化产业的生产系统是在保证人员、设备和设施安全的基础上，按照预定的品质、价格和数量的要求，在预定时间内最经济地将输入资源转化为期望产出，对管理系统与作业系统加以整顿和运用，使人力、材料和设备得到有效利用的体系。具体来说，文化产业的生产系统主体可分为企业系统和科研系统两大类。文化产业的企业系统包括文化产品生产企业、文化服务企业、文化中介服务机构等。文化产品生产企业主要从事文化产品的策划、编辑等创意设计工作，以及生产、印刷、拷贝等产品复制工作，如影视公司、出版机构等都属于文化产品生产企业。文化服务企业主要指经营文化旅游、休闲、娱乐等的企业或公司。文化中介服务机构，主要实施为文化产品生产企业和文化服务企业提供各种服务，以保证所服务的文化企业在市场中正常运行，如文化产权交易所、文化经纪人、版权代理机构等。

文化产业的科研系统包括高校科研机构、学会科研机构、企业科研机构等。近年来，国家在北京大学、上海交通大学、清华大学等高校设立了文化产业创新与研究基地，许多省、市和部分高校都相继成立了文化产业研究中心和研究所，为文化产业的发展注入了强劲的科研力量。在文化产业的生产系统中，企业系统的发展为科研系统提供了坚实的后盾，并为科研付诸实践提供了平台；科研系统的发展为企业系统的创新发展提供了智力支持，企业系统与科研系统相互促进，共同发展。

二、文化产业的驱动系统

文化产业的驱动系统是指在文化产业运行过程中，保证文化生产要素充分利用，形成产业运行的推动力量。具体来说，文化产业的驱动系统包括文化消费和科技力量。文化消费是指对精神文化类产品及精神文化性劳务的占有、欣赏、享受和使用等，包括专门的精神、理论和其他文化产品的消费，也包括文化消费工具和手段的消费；既包括对文化产品的直接消费，比如电影电视节目、电子游戏软件、书籍、杂志的消费，也包括为了消费文化产品而消费各种物质消费品，如电视机、照相机、影碟机、计算机等，此外也需要各种各样的文化设施，如图书馆、展览馆、影剧院等。国家统计局数据显示，2010 年我国文化消费总量在 1 万亿元左右，到“十二五”末，这一数字将达到 1.5 万亿元。另据国际经验，按我国当前人均 GDP 4000 美元测算，文化消费总量应当在 5 万亿元左右，我国文化消费具有极大的提升空间。

科技力量是文化产业发展的内在动力，它推动文化产业的发展和转换，推动其产生一系列的变革。先进的科技手段生产出高科技含量的文化产品，如数字图书、数字电视及电影、网络游戏等，能大大加快文化产业的发展，促进社会进步。党的十七届六中全会明确把推进文化科技创新作为当前和今后一个时期文化产业发展的四项重大任务之一。文化部文化产业司司长刘玉珠指出：“从微观层面来看，科技创新深入地改变了文化产品的生产、传播和消费方式；从宏观层面来看，科技创新赋予文化产业新的内涵、功能和形态，为文化产业的结构升级和可持续发展提供了强大的动力。”①

三、文化产业的管理系统

文化产业的管理系统指由管理者、管理对象等若干个相互联系、相互作用的要素和子系统，按照管理整体目标结合而成的有机整体。管理系统是整体的，发挥着整体功能，在整个系统中，任何一个子系统都是为实现管理的整体功效和目标服务的。文化产业的管理系统主要由市场调控机制和政府调控机制组成。

（一）市场调控机制

1. 价值决定规律

文化产品的价格是由文化产品的价值决定的，文化产品的价格围绕文

---

① 《让文化产业插上科技翅膀》，《中国文化报》2011 年 12 月 2 日第 2 版。

化产品的价值上下波动，文化产品的价值又是由生产这种产品的社会必要劳动时间决定的。在文化市场流通过程中，个别劳动时间低于社会必要劳动时间的文化企业可以赢利，获得超额利润，反之就会亏损。这就要求文化企业不断提高生产技术，改善管理方式，缩短个别劳动时间，从而推动文化产业的发展。

2. 供求关系规律

文化产品的价值决定文化产品的价格，但价格不只是受这一个因素制约，价格还要受市场供求关系因素的影响。反过来说，价格在一定程度上反映了市场的供求状况。在文化市场上，供不应求的文化产品，其价格将高于价值，反之，供过于求的文化产品，其价格会低于价值。这就引导文化企业遵循市场规律进行生产，从而达到优化资源配置的目的。

3. 市场竞争规律

市场经济的活力在于竞争，文化市场作为市场经济的一部分同样需要竞争。竞争的方式是多种多样的，但价格竞争是首要的，从一定意义上讲，价格竞争必然导致文化产品价格的降低，对消费者来说是有利的。文化市场竞争导致的结果是优胜劣汰。从事文化生产的企业和个人，要想在竞争中存活下来并占据有利地位，就必须改进技术，扩大规模，改善经营管理，提高劳动生产率。市场竞争使一些技术水平低、生产规模小、效益低的企业破产或被兼并，实现文化资源的优化配置。

（二）政府调控机制

市场调节具有自发性、盲目性和滞后性，会造成经济波动和资源浪费，因而需要国家的宏观调控，文化产业市场作为市场的一部分亦不例外。由于我国文化产业是改革中出现的新事物，文化市场不够完善，一些市场主体难以在公平、公正、公开的基础上竞争，而利益的最大化是每个文化企业追求的目标，在利益驱动下，经常会产生经济效益和社会效益、整体利益和局部利益、长远利益和眼前利益的矛盾。比如提供公共文化产品和公共文化服务，单靠文化市场本身难以解决，需要国家宏观调控适时介入。

从横向看，我国文化产业宏观调控的实施主体主要包括几个相互独立、平行的行政主管部门，其最高层次主要是文化部、新闻出版总署、广播电影电视总局等单位。它们职能不同，互有分工，共同组织实施文化产业政策。从纵向看，我国文化产业政策的实施主体包括三个层次：第一层次是国务院的有关行政主管部门；第二层次是省、直辖市一级的行政主管部门；第三层次是基层行政主管部门，它们直接面对文化产业政策的客体——文化企业，负责文化产业政策的落实、执行。在手段方式上，文化产业宏观调控手段主要有以下三种：（1）经济手段。经济手段是产业政策主体根据客观经济规律，运用价格、信贷、利率、税收、工资、奖罚等经济杠杆和方式，通过调整经济利益关系而落实产业政策的方法。（2）法律手段。政府通过法律部门司法权力的执行保证产业发展环境的优化，产业间和产业内部关系的协调，保证产业政策得以完整地贯彻实施。（3）行政手段。产业政策中的行政手段是指政府凭借政权力量，运用政策、指令、计划等方法，贯彻产业政策措施，实现产业政策目标。①

延伸阅读

政策拉动作用是我国文化创意产业发展的一大特色，其政策（包括政府行政）作用的广度和深度，远远超过了其他国家在这方面的举措，而市场对产业发展的作用则明显偏弱。虽然市场的作用不是万能的（在金融危机袭来之际，政府的宏观调控往往起到关键性的作用），但是在正常条件下，市场机制的调节作用比政策及行政的运作，对产业发展具有更为深刻、持久的影响。针对我国文化创意产业在当前发展中存在重“市长”轻市场的倾向，在提升发展文化创意产业中，应基于各地的现实条件，特别注重做好市场的发育与发展；既要发挥政策对产业拉动的优势，又要做到产业与市场互动促进，使政策与市场双轮驱动。

创意无处不在，它既体现于专业领域，更体现在日常生活的方方面面。创意产业提升发展的市场非常之大。因此，市场的发育与发展，既要考虑专业性又要考虑普及性。尤其要通过对本地历史文化与现实发展的调查研究，通过日常生活方式与文化创意的连接，为创意产业的提升发展提供最广阔的市场空间。同时，还可以通过多种方式及载体，在青少年中大力普及文化创意素质的教育与培养。杭州近十余年来，通过在学校开设文化创意课程，通过开辟大学生文化创意园区和各类文化创意街区，以及政府对于创意产业发展和就业采取一系列积极有效的推动政策等，为创意产业发展打下了坚实的社会基础，培养了后备力量。2010 年 5 月，杭州市委办公厅、政研室“文化创意产业发展课题调研组”基于提升杭州城市文化创意基础，进一步营造创意产业发展社会氛围的想法，在走访实践的基础上，联合相关媒体、行业、研究机构及管理部门，积极探索在杭州的主流

① 杨吉华：《论我国文化产业政策的实施机制》，《郑州航空工业管理学院学报》，2006（5）。

电视媒体打造《创意杭州》栏目。通过这一举措，一方面宣传杭州文化创意产业发展，提升其社会形象及影响力；另一方面挖掘并展示杭州的城市生活以及蕴藏在普通市民生活中的创意元素，力求通过这一电视栏目运作，构建产业与市场、产业与社会的互动推进机制。（摘自李勇、戴军：《文化创意产业提升发展运行机制研究——以杭州市为例》，《中国党政干部论坛》，2011 年 12 期。）

第三节　文化产业的品牌战略

文化产业品牌战略是当前发展文化产业的必然要求。可口可乐总裁曾说，如果可口可乐在全世界的所有工厂，在一夜之间被大火烧得精光，那么可以肯定，大银行一定会争先恐后地向其提供贷款，因为可口可乐这块牌子放到任何一家公司头上，都会给它带来滚滚财源。可见品牌对于企业的重要意义。

一、品牌战略概述

品牌是用来识别商品或服务的标记、符号和设计。美国著名营销专家菲利普·科特勒（Philip Kotler）将品牌所表达的意义分为六层：属性、利益、价值、文化、个性、使用者。可见，品牌内涵广泛而深刻，包括品牌的名称、品牌的标志、品牌所代表的价值取向、品牌所蕴含的文化内涵、品牌的市场定位等。

当今时代，品牌已经成为全球经济瞩目的焦点，成功的品牌意味着较高的利润和较多的市场份额。品牌是企业的一种重要无形资产，是产品整体文化理念的重要组成，成功的品牌对于产品的营销、新产品推出、培育市场美誉度发挥着助推器的作用。文化品牌，是文化产业品牌化的结果，是文化的经济价值与精神价值的双重凝聚。个性化、差异性、独特性是文化产品的特点，文化产品品牌的价值主要体现在：

1. 品牌是企业综合实力的体现。

品牌是一个企业及其产品的形象和外在体现，是产品的优秀品质和良好销售的表现，是产品与消费者建立的长期、稳固的关系，是在消费者心中日积月累建立起来的价值，是企业长期投资的阵地。

2. 品牌是企业无形资产的核心。

许多世界知名品牌的品牌价值要远远高于企业实际资产，国际上通常用商标价值来反映品牌价值。国际会计准则已经倾向于把有形资产和无形资产都列入企业总资产中，例如，目前可口可乐公司的市场总价值多达1500亿美元，近90%的价值是属于无形资产的，其中品牌价值占到700多亿美元，而账面价值仅为160亿美元。

二、品牌战略的功能

1. 减少交易成本

随着生产力的发展，各种产品琳琅满目，摆满货架，对于每一类产品都会有大量不同生产者生产的替代性特别强的产品，消费者不愿意也没有必要依次尝试，而只会选择其中几种。这时选择知名品牌或者自己熟悉的品牌成为省时又低风险的决定。品牌成为消费者一次选择的引导和多次选择的标识，减少了消费者在产品选择上花费的时间，加快了消费者的购物决策，减少了交易成本。

2. 顾客的自我归属

消费者往往以自己消费的品牌来表明其社会地位和价值品位。我们经常会看到一个人周身上下被各种品牌包围，其实消费者在对品牌进行选择的同时就已经不自觉地进行了自我归属。品牌暗示着消费者对自己进行层次归属，并产生品牌价值联想，社会已经进入消费品牌、消费理念的时代。

3. 品牌文化追求

文化产品在满足了消费者基本的消费需求后，会进一步追求品牌所代表的特殊文化，满足人们的潮流体验和精神愉悦。例如中国移动推出的“动感地带”（M-ZONE）业务，定位在“时尚、好玩、探索”，并请周杰伦、潘玮柏、S. H. E 作形象代言。除了提供移动通信业务以外，还为年轻人提供了一个展现自我的舞台，充满时尚要素，像 Hip-Pop、街舞一样符合年轻人的口味，将无线通信和时尚生活融为一体，引领了令人耳目一新的消费潮流。“动感地带”的这种品牌文化对营销起到了很好的推动效应。

4. 消费经验延续

消费者从了解产品到决定购买再到完成使用的消费过程中，消费者消费的不仅是文化产品的使用价值，还会形成与品牌有关的独特消费经验，即消费者在使用品牌所代表的文化产品后获得一种精神上的满足感和认同感，而品牌就是这种满足感和认同感的符号表示。消费者往往希望能够延续这种消费经验。

5. 增加经营利润

相同质量条件下，名牌产品比非名牌的同类产品的价格要高出许多，因此，品牌产品比非品牌产品可以获得更高的经济效益。随着社会经济的发展，购买力日益增长，人们越来越追求高品质生活，越来越多的消费者希望购买品牌产品，以满足心理需求，对于文化产品亦如此。可见，谁拥有品牌就意味着谁能占有高额利润，品牌的无形资产的影响力是巨大的。

6. 有利于产业链的延伸

借助品牌的无形资产，企业可以不断地扩展自己的产业链，利用现有的知名品牌开发新的产品，向更有前景、利润空间更大的领域发展，有利于企业降低并分散经营风险。例如，海尔是从生产冰箱、空调做起，发展成为一个国内、国际知名的品牌，逐步扩展到生产洗衣机、电脑、彩电、手机，由于海尔品牌已经广为消费者所认知和接受，新产品推出也非常顺利，节约了大量的广告费用。

三、品牌的塑造

品牌的塑造是一个系统、复杂的工程，需要具备一些基本的条件和良好的经营途径。其一，质量是品牌的生命。质量是塑造品牌的基础，如果质量没有保证，一切都是空谈。拥有过硬的质量的产品不一定是知名的品牌，但知名品牌的产品却一定有一流的质量。产品质量包含在产品自身品质、营销过程及售后服务等方方面面。在质量的基础上才能建立起品牌的知名度、市场占有率、美誉度，可以说产品的质量是产品一切发展的物质载体和维持条件。其二，准确的市场定位是品牌塑造的关键。文化产品只有以其独特的形象与价值观念赢取广大消费者的认同，才能提高品牌的知名度和市场占有率，因此准确的市场定位非常关键。生产者要选择市场发展前景好、市场容量大的行业，明确目标人群，才有可能创出品牌。如百事可乐将市场定位为年轻一代，提出“新一代的选择”“渴望无限”等广告语，并请大量时尚、体育明星代言，从而对可口可乐形成巨大的市场压力。其三，品牌创意与保护。品牌是产品与其他同类产品区分的标志，良好的创意和设计是塑造一个优秀品牌的前提。优秀的品牌深入到消费者理念当中，引起消费者的共鸣，刺激顾客的购买欲，演变成消费者的一种生活偏好。同时，需要格外重视品牌的保护，生产者要及时到相关部门对品牌进行登记注册，以确保自己对商标的使用权，防止恶意抢注，注意品牌注册的续展。其四，人才是品牌塑造成功的保证。实际上，品牌的竞争归根到底是人才的竞争，一流的人才，成就一流的品牌。企业要树立正确的

WENHUA CHANYE

人才观，重视人才、挖掘人才、培养人才，让人才在合适的位置释放全部的能量。其五，诚信塑造持久的品牌。信誉是成就品牌的必需素质，持久的信誉才能形成品牌，企业决策者要义利兼营，在获取利润的同时要兼顾社会公德和大众利益，参与公益事业，塑造良好社会形象。一些国际知名的大公司之所以能够长盛不衰，甚至有几百年的经营历史，恪守商业信誉和道德规范是重要的原因。其六，广告宣传推动品牌塑造。在市场竞争日益激烈的今天，“酒香不怕巷子深”的时代一去不复返。强大的、全方位的广告宣传可以把产品品牌迅速推到消费者面前。品牌广告无处不在的渗透力和扩张力，在短期内扩大产品的影响力，促成强大的消费欲望，将品牌优势转化为市场优势。广告也可以维持消费者对某一品牌的消费，并进一步暗示消费者形成消费习惯。其七，危机意识是品牌长久的重要保障。品牌塑造非常艰难，品牌的毁灭却在一瞬间。危机处理是品牌塑造者要时刻准备好的工作。决策者要在思想上和工作上做好防范措施，未雨绸缪，积极处理好与媒体的关系。

具体来说，文化产业的品牌战略可划分为生产者品牌策略、销售者品牌策略和服务品牌策略等三大类。

（一）生产者品牌策略

文化产品的生产者决定自身采取的品牌策略，有全部产品使用一个品牌或者不同产品使用不同品牌等多样选择。

1. 统一品牌策略

生产者用一个品牌来命名自己所有的文化产品，使品牌成为企业的代名词。这种策略的优势在于：一方面可以大量节省品牌设计和保护的费用以及广告宣传的费用；另一方面容易在消费者当中形成持久稳固的品牌效应，减少对新产品的不信任感，利于企业产业链的扩张。这种品牌策略适用于报纸、杂志、图书、音像等大众传媒行业，这些企业大都以公司名称来创立产品品牌。

2. 多品牌策略

生产者用不同的品牌来命名自己的各种文化产品，品牌就是各自产品的名称，代表各自产品的个性。这种策略的优势在于：一方面各个品牌独立发展，即使个别品牌出现问题对其他品牌和整个企业的影响也会比较小；另一方面方便创新，每一个新产品都可以获得最恰当的名称从而吸引顾客的眼球。

3. 品牌族策略

生产者将自己的文化产品划分成不同的产品族，属于同一产品族的产品采用统一的品牌命名。这种策略综合了前两种品牌策略的优势，避免了因多种产品用同一品牌而可能造成的连锁反应。对于产品种类繁多、规格多样的企业这种策略更为适用。

（二）销售者品牌策略

文化产品的营销者（批发商、零售商）可以使用其公司名称作为品牌来展示其营销的文化产品。这种策略的优势在于：一方面可以使文化产品生产者节省品牌创建费用，同时拥有可靠、稳定的文化产品分销渠道；另一方面有利于文化产品营销者发展壮大自己的实力，从而确立市场竞争的优势地位。另外，如果文化产品的生产者和营销者能够达成协议，双方还可以采取混合品牌的策略，即对文化产品使用两种品牌，既有生产者注册的品牌又有营销者注册的品牌，两者同时使用。

（三）服务品牌策略

文化服务产品生产者可以用其企业名称或者营业场所的名称作为品牌来命名和展示自己所提供的文化服务活动。这种策略的优势在于：使文化服务提供者完善软硬件设施，提供更为优质的文化服务，同时也便于消费者通过品牌选择优质文化服务产品。例如，国内广泛存在的“新东方”“高联”“环球”等培训机构都采用这种品牌策略。

延伸阅读

“印象”系列是由著名导演张艺谋领衔的北京印象创新艺术发展公司作主创团队，根据地方政府牵头组成的投资方的要求，结合景点特色和文化，打造的大型实景演出项目。由独立的经营公司进行日常管理和运营。根据协议，“印象”的艺术主创团队将从每年的演出收入中提取版税，同时还要每年对演出进行维护性排练和改进，保证演出的质量。在“印象”的主创团队中，张艺谋为“印象”系列带来了招牌效应，实际的创作工作主要由王潮歌和樊跃承担。

“印象”的商业模式基本成熟——雇用本地人为演员，白天干自己的事，晚上干“印象”的事；利用演出品牌的能量带动搞活一方经济，借力当地政府全方位支持，展开品牌、旅游、文化与经济的整体营销。“印象”系列取得了不俗的商业成绩。“印象刘三姐”7 年演出 2000 多场，仅 2009 年就演了 497 场，观众达 130 万人，最低的票价 188 元，最贵的总统票 688 元，年演出收入超过 2.6 亿元；“印象丽江”自 2007 年摆脱亏损后，演出收入逐年倍增，2009 年演出 900 场，共有 140 万人观看，演出收入超

WENHUA CHANYE

1.5亿元，净利润7300万元；“印象西湖”从2005年开始研发，前期对演出的环保投入大，2008年公演，当年实现利润2700万元，2009年利润达到4300万元。“印象大红袍”绝不是“印象”的最后一站。据了解，现在国内有20多个城市和景点排着队希望挤进“印象”系列，还有美国、加拿大、韩国等国外来客与“印象”接触。这些地方都想搭上“印象”的品牌。

尽管“印象”已成为中国文化产业的一个品牌，但与迪斯尼等世界文化产业品牌相比，只有七年历史的“印象”系列还显得十分单薄和弱小。专家们注意到，“印象”主要靠演出门票收入，赢利模式单一，产业链太短，品牌的效应还没有完全放大，没有形成丰富的产品市场。反观美国沃尔特·迪斯尼兄弟的动画王国，涉及电影、主题公园、房地产开发，年利润最高时达50亿美元。从这个意义上来讲，“印象”品牌发展空间还很大。（摘自张玉玲：《“印象”系列打造文化产业的中国品牌》，《光明日报》2010年2月24日第9版。）

第四节 现代文化企业制度

现代文化企业制度是适应社会化大生产需要，反映社会主义市场经济体制要求，使企业真正成为国际、国内市场的法人实体和市场竞争主体的一种企业制度。加快经营性文化单位转企改制步伐，完善法人治理结构，建立现代文化企业制度，是文化企业发展的必由之路。

一、现代文化企业制度概述

根据2004年国家统计局颁布的《文化及相关产业分类》，我国文化企业主要分为以下几类：（1）为社会公众提供实物性精神文化产品和娱乐活动的企业；（2）为社会公众提供可参与和选择的精神文化服务和休闲娱乐服务以及相关的文化保护和管理活动的企业；（3）提供文化、娱乐产品所必需的设备、材料的生产和销售活动的企业；（4）提供文化、娱乐服务所必需的设备、用品的生产和销售活动的企业；（5）与文化、娱乐相关的其他活动的企业。[①]

现代企业制度是在16世纪末17世纪初诞生的西欧特许贸易公司的基

---

① 胡惠林、单世联：《文化产业学概论》，322页，太原，书海出版社、山西人民出版社，2006。

础上，经过几百年的发展逐渐形成的一种企业制度体系。它既不同于计划经济体制下的国有企业制度，也不同于早期的企业制度。它不仅涉及企业内部经营管理制度，而且涉及整个企业内部机制和企业与政府、市场、社会等外部环境之间的关系，是市场经济体制的微观基础，是能够实现公有制与市场经济有效结合的企业制度。

（一）现代企业制度的内涵

第一，现代企业产权制度。现代企业产权制度主要包括企业法人制度和有限责任制度。企业法人制度从法律上赋予企业人格，使企业成为具有人格的社会团体，承认企业法人有自己的财产所有权，并独立享有民事权利，承担民事责任，是法制建立和维持现代市场经济秩序的最基本条件。有限责任制包含两个层次的内容：一是企业作为独立的法人实体以其全部财产为限，对其债务承担有限责任；二是企业因经营管理不善导致资不抵债破产清算时，出资者以投入企业的出资额为限，对企业债务承担有限责任。有限责任制在快速聚集资本，加速资本流动，推动经济快速发展以及保护生产力等方面都起了重要的作用。

第二，现代企业组织制度。现代企业组织制度主要是指科学的企业法人治理结构。现代公司制企业的法人治理结构一般由股东会、董事会、监事会、总经理组成，它是一个权力机构、经营机构和监督机构相互分离、相互制衡、权责分明而又各司其职的高效科学体系。

第三，现代企业管理制度。建立现代企业管理制度的目的是通过科学的管理，实现企业内部各类资源的最优配置，增强企业的活力和竞争力，提高企业经济效益。现代企业管理制度，不仅要在管理思想、管理组织、管理人才、管理方法和管理手段等方面实现现代化，而且要把这几个方面有效结合起来，实现企业资源的优化配置和管理。

（二）现代企业制度的特征

第一，产权清晰。在现代企业中，资本的所有权与经营权分离。从产权制度看，现代文化企业制度的一个主要特征是指以法律的形式明确企业的出资者与企业的基本财产关系。这种关系体现在企业所使用的资本独立化为法人财产，与出资者享有的财产终极所有权相区别。这种终极所有权仅表现为凭借企业财产所有权证书向企业索取财产收益的权力，而企业的资本独立化为法人产权，归企业法人所有，企业拥有对法人资本的实际占有、使用、处置权力，成为法人实体。

第二，权责明确。权责明确就是企业以其全部法人财产，依法独立享有民事权利，自主经营、自负盈亏、照章纳税，对出资者承担资产保值增值的责任，企业以其全部法人财产对它的债务承担责任。现代文化企业制度要求权责明确，一是要求所有权与经营权分离，界定所有者、劳动者、经营者以及其他企业利益相关者各自的权利和责任，并且使权利和责任相对应或平衡。二是在所有者、劳动者、经营者以及其他企业利益相关者之间建立起相互依赖、相互制衡的机制，明确彼此的权利、责任、义务，相互监督，互相制约。

第三，政企分开。政企分开是指在理顺企业国有资产产权关系、明确产权的基础上，实行企业经营管理职能与政府的经济管理和行政管理职能分离，建立新型的适应社会主义市场经济体制环境的政府与企业的关系。企业依法自主经营。政府对经济的管理职能，主要通过政策法规和利率、税收等经济手段来调控市场，并通过市场来引导企业的经营活动，而不直接参与企业的生产经营活动。企业作为独立的经济组织，既不依赖于政府，也不受政府的行政干预，更不是政府机关的附属物。政府与企业的关系体现为法律关系，政府依法管理企业，企业依法自主经营。

第四，管理科学。现代文化企业制度是一种组织管理科学的企业制度。管理科学主要是指建立科学的企业领导体制和组织管理制度，调节所有者、经营者和职工之间的关系，形成激励和约束相结合的经营体制。它主要包括三个方面内容：一是科学的企业组织管理结构，即公司法人治理结构，使企业的权力机构、监督机构、决策和执行机构之间职责明确，相互制约而又各司其职。二是科学的内部管理制度，形成激励和约束相结合的经营机制。三是科学的企业规章制度，使运行机制规范化。

（三）建立现代文化企业制度的意义

建立现代文化企业制度，使文化企业真正成为市场的主体，对于摆脱计划经济体制传统的束缚，进一步解放和发展生产力，充分发挥社会主义制度的优越性和促进社会主义市场经济体制的完善具有重大意义。

第一，建立现代文化企业制度有利于真正实现政企分开，理顺企业产权关系，增强政府宏观调控能力。在传统体制下，政企不分，不仅扼杀了企业的积极性，也分散了政府的精力。现代文化企业制度的建立，确认了企业独立主体的地位，企业不再隶属于政府机构，国家作为出资者对企业进行管理。国家的管理主要体现在以股东的身份参与企业重大决策和企业收益分配等方面，不再直接干预企业的日常生产经营活动。企业作为独立法人，以利润最大化为目标，以市场为导向，自主进行生产经营活动，真正做到自主经营、自负盈亏，这不仅有利于调动企业的积极性，真正搞活企业，而且也有利于促使政府从直接参与企业日常经营管理的繁重工作中解脱出来，把更多的精力用于加强宏观调控，推动政府机构改革。

第二，有利于增强企业的融资功能。建立现代文化企业制度，改变国有企业与财政、银行捆绑的现状，广泛吸纳国有资本和非公有资本，充分利用上市、债券等资本市场的杠杆作用，多渠道多方位开展投融资活动，拓宽融资渠道，增强融资能力，有助于提高文化企业的实力和国际竞争力。

第三，有利于优化企业的经营体制。在现代文化企业制度下，由投资者组成股东大会，并选举产生董事会以行使企业法人所有权，董事会选任经理以行使企业经营管理权。此外，公司有一套完善的激励机制和约束机制，有严密、科学的组织制度，出资者与法人之间权利清晰，所有者和经营者之间责任明确，形成了各负其责、协调运转、有效制衡的企业法人治理结构，激发企业活力，提高经营效率。

第四，有利于塑造社会主义市场经济体制的微观基础。在传统企业制度下，企业是政府行政机构的附属物，生产什么，生产多少都由政府说了算，而不是根据市场需求。社会主义市场经济体制要求市场在政府的宏观调控下对资源配置起基础性作用。现代文化企业制度的建立，使企业成为独立法人，真正成为市场的主体，能够自主经营、自负盈亏，有利于促进社会主义市场经济的发展和完善。

二、现代文化企业管理

20世纪初，法国工业家亨利·法约尔（Henri Fayol）提出，所有管理者都履行着计划、组织、指挥、协调和控制五种管理职能。20世纪50年代中期，美国学者哈罗德·孔茨（Harold Koontz）和西里尔·奥·唐奈（Cyril O. Donnell）则采用计划、组织、人事、领导和控制五种职能作为管理学教材的框架。我们认为，现代文化企业管理主要包括战略管理、人才管理、投资管理、财务管理等。

（一）文化企业战略管理

战略管理是指企业在市场经济的环境中，在总结历史经验、调查现状、预测未来的基础上，为企业的生存和发展而制定长远性、全局性的规划或方案，依靠企业整体组织将谋划和决策付诸实施，以及在实施过程中进行控制的一个动态管理过程。文化企业的战略管理过程基本与一般企业相同，但文化企业精神内容产品的特性又决定了文化企业战略管理与一般企业管理相比有如下特点：

1. 全局性。文化企业战略管理不仅涉及战略的制定和规划，而且包含着对战略实施过程的管理，是一个全过程的管理。

2. 长远性。文化企业战略考虑的是企业未来较长时期内如何生存和发展的问题，实现这些目标需要较长时间，因此为实现战略目标的战略管理也具有长远性的特征。

3. 动态性。文化企业战略管理不是静态的、一次性的管理，而是一种循环的、反复性的动态管理过程。它需要文化企业根据外部环境的变化、内部条件的改变，以及战略执行结果的反馈信息等，而不断重复进行新一轮战略管理。有时企业会主动实施战略变革，对自己的发展重新定位。

4. 多元性。人们对精神内容的需求是多元化的，每个文化企业所拥有的文化资源也是多种多样的，文化企业可以根据自己的内部条件制定多元化的战略管理方案，满足不同消费者的精神需求和市场发展的需要。

5. 价值链的关联性。文化产业各行业之间以及文化产业与其他产业之间存在着密切的联系。文化企业所生产的纯精神产品、准精神产品和泛精神产品之间可以相互转化，文化企业可以通过许可和概念移植，将精神内容与不同的载体相接合，形成不同的产品形式，产生巨大的经济效益。

一般来说，战略管理包括经营范围、资源配置、自身优势和协同作用等四个基本要素。经营范围是指文化企业经营的业务涉及的方面和领域，文化企业的经营范围是文化企业战略的首要问题。资源配置即文化企业对其资源的认识、分配及运用，可利用的资源通常是有限的，企业在制定战略时，必须使自身资源与外部环境达到优化配置。对于文化企业来说，文化市场的波动性很大，文化产品的周期相对较短，因此需要根据市场在不同时期的波动以及产品所处的不同生命周期阶段，对企业的资源进行合理的配置。自身优势是指文化企业的经营范围及资源配置所形成的竞争力。一个成功的文化企业战略必须明确自身的优势是什么，通过什么样的方式能够将这种优势保持下去，并发展壮大，强调其独特性和不可代替性。例如，山东的文化旅游业要根据山东深厚的历史文化底蕴，博大的孔孟文化以及各个城市的特点来发展文化旅游。协同作用是指通过企业各个部门之间的通力合作，实现效率的最大化。整体效用大于各个部分之和，对于文化企业来说，在运用战略的过程中，应考虑产品核心内容、销售、运行、管理几个方面的协同作用。

（二）文化企业组织管理

文化企业组织管理是指为了实现某一共同目标，合理安排组织成员、组织任务以及调配资源流动，形成一个有机的分工协作体系。现代企业组织管理具有如下特点：

1. 组织层次扁平化。组织层次的扁平化，可以减少管理层次，管理者能够及时有效地了解基层的运行情况和外部市场的变化，是加快信息流动，提高组织反应速度的有效方式。具有灵敏、快捷、高效等优点，有利于降低管理费用，还有利于提高职工的积极性和主动性。在扁平化的组织中，如何处理好集权和放权的关系，是组织的关键。

2. 组织目标统一化。组织是为了实现共同的目标而建立的，它不是一个松散的自由组合形成的群体，目标的实现要靠组织成员的共同努力。共同目标是组织产生和发展的基础，是维系组织成员的纽带，是组织管理工作的依据，成员的个人目标要服从组织的共同目标。

3. 组织体系网络化。现代文化企业组织是由多个独立的个人、部门组成的联合体，借助现代信息技术，强化分工与协作，通过密集的网络组织共同完成目标。网络组织打破了部门之间的界线，加强了部门的合作，使得信息流动更加快捷，提高了工作效率。组织间的合作，有助于进一步形成企业间的合作网络，如产品供应链和战略联盟等。

4. 组织责权明确化。为了实现组织的统一目标，必须建立与之相适应的权力机构和组织体系，规定各级的职责范围和工作关系。责权关系是组织构成要素的核心内容。在组织管理过程中明确各部门、各职位与整体组织之间的责权关系，使每个组织成员都明确自己应该干什么，有哪些权力，归谁直接领导，这是保持组织的稳定性和提高组织运行效率的前提条件。

5. 组织信息畅通化。组织内的信息交流，是协调组织成员工作的有效途径。信息交流的渠道可以是固定的，如规章、制度、手册等，也可以是非固定的，如命令、指示、报告、会议等。

现代企业组织管理具有如下作用：第一，组织是实现决策的基础，是实现管理目标的保证。组织制定统一的目标，并通过多种方式努力实现目标。第二，组织是综合运用人、财、物和技术、信息等组织资源，以实现管理综合效益的合理结构体系。组织能够有效地配置各种资源，创造一种新的合力，通过组织协作，合理分工，组织生产力远超于个人生产力的简单相加。第三，合理有效的组织应该分工合理，权责明确，信息畅通，这就可以避免环节之间、部门之间的互相推诿，提供一种让组织每个成员充分发挥自己潜能、为组织目标作出最大贡献的良好的工作环境。第四，组织还可以满足人们一定的心理需求，人们在组织中可以获得安全感，可以满足社交的需要和自我成就的需要。①

（三）文化企业投资管理

企业投资是为了实现企业价值最大化而进行的战略性的资源投入和配置过程，企业的投资活动常常关系到企业的战略选择。通常投资管理包括对投资项目的分析与评价，以及为投资项目进行筹资和投资风险的控制等。文化企业投入的资源不仅是金融资本，更重要的是无形的精神资源，因此文化企业在投资管理中，最为重要的就是对无形资产的投资管理。无形资源成为企业投资活动中关注的主要对象，对无形资产的积累和管理，是企业投资成功的关键。

文化企业投资涉及对精神内容资源、知识产权和创意等无形资源的投资和积累，风险较大，同时要受到政治环境、文化产业相关政策、相关的技术和法律因素的影响。因此，在投资决策中除了需要考虑项目的收益和现金外，还要充分考虑风险因素，进行投资风险的控制。通常文化企业投资的风险控制方式可以采用制定分阶段的投资计划、延期投资和设计退出机制等方法。在演出公司中，通常的做法是初步确定演员阵容和剧目后，预先落实冠名赞助商、广告客户，如果不能及时落实，就需要对原计划进行调整，很少有公司敢于冒经济风险，盲目决策上马。许多国外公司在此前还要对目标市场作深入的调查分析，如美国魔术师大卫·科波菲尔德的经纪公司在认真研究了中国沿海各城市的市场后，才决定在其中几个城市进行巡演。② 文化企业投资模式多种多样，一般可以采取项目孵化、直接投资、并购、合资等方式。

（四）文化企业人才管理

文化企业人才是指能够推动文化企业发展，创造社会财富的具有智力劳动和体力劳动能力的人力资源的总称。

在企业中，凡是与人有关的事情一般都与人才管理有关。人才管理主要涉及五个方面，简称5P，即识人（Perception）、选人（Pick）、育人（Professional）、用人（Placement）、留人（Preservation）。识人、选人即

---

① 邵一明、马鄢主编：《现代企业管理》，87页，上海，立信会计出版社，2005。

② 李向民、王晨、成乔明：《文化产业管理概论》，75页，太原，书海出版社、山西人民出版社，2006。

人选的挑选和录用；用人就是如何激发员工的积极性，发挥员工的特长，实现企业人才的优化配置；育人主要是指对员工的培训和开发；留人是指如何将优秀的人才留在企业中，保持员工队伍的基本稳定。[①] 每一方面的工作都相互联系、相互影响。具体内容可概括为以下几个方面：

1. 基础工作。人才管理的基础工作主要是一些日常事务性的工作，是人才管理工作进行分析判断和决策的基础。主要有工作分析，企业人员状况资料收集、更新和保存，考评和薪资资料的保存等。

2. 人员规划与决策。人才规划与决策主要是指企业根据自身现实及未来发展需要，确定对各类人员的需求及人员来源，制定人才开发规划和各项管理政策、制度。

3. 人员招聘。根据企业发展对人才的需求，通过多种渠道和手段，广泛吸引具备相应资格的人员，并从中选取可用人员，同时实现人才的更新。

4. 人员配置。根据员工的才能和特点，安排合适的岗位和工作，优化人才配置。通过制定并运用一些激励措施，激发员工的工作热情，提高工作效率。

5. 人员考评。主要包括岗位评价、人员素质测评、员工的绩效考评、人才开发利用的总体评价等等。每隔一段时间，进行一次考评，根据考评结果进行人才的调整并给予奖惩。

6. 人员培训。根据企业发展需要，对员工进行有针对性的培训，帮助他们制定职业发展规划，提高员工技能和素质，既有利于企业的发展和员工队伍的稳定，又可以满足员工个人发展需要。

7. 人员稳定。具有专业技能和知名度的人才，通常是各个文化企业竞相争夺的对象，如何吸引并稳定这些员工，把对企业发展有重要作用的员工保留在企业中，是文化企业必须高度重视的问题。常用的措施有：提供合理的薪资报酬，提供职业发展机会；多与员工沟通，及时了解他们的需求，提高员工满意度；搞活企业文化，鼓舞员工士气等。

（五）文化企业财务管理

财务管理是根据财经法律制度、按照财务管理的原则组织财务活动，处理财务关系的一项经济管理工作。企业财务管理目标有以下几种选择[②]：

---

① 赵树基主编：《现代企业管理方法》，146页，北京，中国当代出版社，2005。

② 赵树基主编：《现代企业管理方法》，265页，北京，中国当代出版社，2005。

1. 利润最大化。这种选择没有考虑获得利润的时间、获取利润与投入资本额的管理，同时也没有考虑获取利润所承担的风险。

2. 每股盈余最大化。这一目标把企业的利润与股东的投入资本联系起来，在一定程度上克服了“利润最大化”的弊端，但仍没有考虑获取每股盈余的时间以及每股盈余的风险。

3. 股东价值最大化。股东是企业的所有者，股东创办企业的目的是扩大财富。股东财富往往取决于股票价值，因此，股东价值最大化目标考虑了风险因素，能够体现未来利润对股票价格的影响。但是没有考虑到其他利益主体的利益，也不适用于非股份制企业；而且，影响股票价格的因素很多，公司并不能控制所有因素。以股份体现股东价值仍有较大局限性。

4. 企业价值最大化。企业价值不是账面资产的总价值，而是企业全部财产的市场价值，它反映了企业潜在或预期获利能力。这一目标综合考虑了各个利益主体的利益，通过企业合理的财务经营，在充分考虑货币的时间价值、保持风险与报酬的均衡、履行社会责任、关注政策变化的前提下，采用最优的财务政策，实现企业总价值的最大化。

财务管理一般包含财务计划、投融资管理、资产管理、损益管理、财务评价等内容。文化企业不同于工业企业和零售业，其主要产品是精神内容，关键资产是无形资产，文化企业的文艺人才和精神生产活动很难仅仅依靠一般的财务规划进行控制。剧组中大量开支，如群众演员的每日工资，向群众临时借用道具的费用等，都不可能有完备的发票或者收据，但这又是不可避免的，目前在财务处理上常用其他票据代替，导致了财务监管的漏洞。文化企业的财务管理还面临许多问题。①

延伸阅读

凤凰出版传媒集团成立于2001年，拥有34家直属单位。新世纪新阶段，凤凰出版人积极响应中央关于推进文化体制改革的战略决策，探索集团化、多元化、跨地区发展和资本运作的思路，体制改革稳步推进，努力建设现代企业制度。

凤凰集团在全国率先实行局社分设，政事、政企分开，成立出版集团。所属的江苏新华发行集团作为全国首批改革试点单位，被评为全国文化体制改革优秀企业。重组上市工作也进展顺利。人事、劳动、分配制度

---

① 李向民、王晨、成乔明：《文化产业管理概论》，75页，太原，书海出版社、山西人民出版社，2006。

改革逐步深入，中层管理者能上能下已成常态，一批新人脱颖而出；9家出版社绩效薪酬改革方案已全部完成，2009年起绩效工资在收入比例中将达到65%。集团投资跨地区、跨所有制、跨媒体发展项目资金达6.76亿元。江苏新华发行集团与海南省发行公司实行战略重组，成立海南凤凰新华发行公司。

凤凰集团紧盯成为全国文化产业重要战略投资者的新定位，以改革为动力，以发展为目的，各项工作取得了新的进展。在国家统计局公布的2009年中国最大1000家企业中列398名，比上年提升了106位，居全国同行业首位。在开卷数据零售市场排名中，凤凰集团2009年从第6位跃升到第3位。在由世界品牌实验室发布的“2010年（第七届）中国500最具价值品牌”中，凤凰集团居第243位，品牌价值比去年排名上升9位，是全国唯一上榜的出版传媒集团。（摘自谭跃：《明确战略新定位　争创发展新优势——江苏凤凰出版传媒集团的探索与发展》，《求是》，2009年18期。）

第七章　文化产业的市场运营

计算机网络的出现增加了人们文化体验方式的选项，高速无线互联网络的出现则导致了文化发展重心的明显偏移。文化产品尤其是网络时代的文化产品，能否与网络对接成为评判其应用价值的重要标准。网络连接功能已经是数字终端产品的必备功能，视频产品仅仅通过有线电视传播的时代也一去不返，游戏类产品网络化应用已经成为其盈利的主要手段，传统平面媒体产品要获得生存空间则不得不推出其网络平面媒体产品……即便是最为传统的书籍，除了电子书的形式演变之外，网络销售已经成为其扩大消费群的最佳手段。从产品流通角度来看，如果说文化产品的生产还有浓重的工业化印记，那么文化产品的消费则已经步入了网络化时代。

法国社会学家皮埃尔·布尔迪厄在对各阶层消费的广泛研究中得出的重要结论之一是：所有的消费习惯都是文化现象，而不只是无理性的经济现象。在信息网络蓬勃兴起的大背景下，人们的文化消费习惯更倾向于网络化的文化产品也就不足为怪了。

文化产业价值的源头是文化内容，无论数字终端、园林建筑还是古玩字画、书报杂志，都是通过所蕴含的内容吸引受众进而创造价值的，而单纯的电子器件、石头花木、陶土纸张等并无文化性，也就不能创造文化价值。从这个意义上讲，文化产业是一种虚拟经济，只不过其价值在很多情况下是通过实物载体来体现的。当然，这并不是说实体经济中已经成熟的市场理论与策略不适用于文化产业，恰恰相反，实体经济的市场理论与策略对文化产业的发展有着相当重要的指导乃至决定性作用。

需要强调的是，文化产业的经营管理不应单纯以盈利为目的，文化价值与商业价值的兼顾应该成为文化产业发展始终秉持的原则，而这也将保证文化产业的可持续发展。有鉴于此，文化产业市场化运作的核心价值在于运用市场化的手段，以不违背社会主流价值观为基准，达到充分挖掘文化产品潜在价值的目的。

第一节 “注意力经济”与文化产业营销

一、“试用”型营销策略及其理论分析

在顾客决定购买商品前提供试用已经成为一种普遍的营销策略，这既是商家对自身产品信心的一种表达，也可让消费者在购买前减少后顾之忧。此外，对产品进行试用后顾客的心理也会产生微妙的变化，相当一部分顾客在价格与质量都可接受的情况下会选择购买。这一相对成熟且有效的策略在文化产品的销售中也已成常态，在书店对书籍进行免费的部分浏览，在音像店对唱片、影视作品进行免费的部分欣赏，促使潜在的顾客作出购买的决定。但对于数字化、网络化的新业态文化产品而言，这种市场策略的作用已经大打折扣。

就一般的实体商品而言，主动进入实体商店的相当一部分消费者本就有购买的倾向，在试用后认可商品的质量和价格就会购买。但文化商品的交易并非如此。相当一部分文化商品交易，商家与消费者通过网络与数字终端不见面即可完成，然而选择并确认交易的过程却变得复杂。其中一个重要的原因在于，在海量免费的网络资源随处可见的情况下，对于收费的文化商品，绝大多数消费者的第一反应为拒绝；在试看、试听、试读之后，消费者如果对质量予以认可，其从网络上寻找完全免费资源的兴趣往往更大。尤其是年轻消费者，对网络文化产品的需求量很大，付费的意愿却较小，且时间成本相对较低，选择余地较大。因此网络文化产品的免费试用，无论从感官层面还是从心理层面其作用都显得相对有限。

对于图书、音乐等文化商品，在数字化、网络化时代的“试用”型营销效果的确不容乐观，但这并非完全否定其效果，毕竟在大量的试用者中，会有很少比例的消费者选择购买，这类顾客的一个共同特点就是时间成本往往较高。我们不能小看这群“少数”，鉴于网络文化产品的浏览用户数量庞大，其中少数的绝对数量往往也是个不小的数字。一个大型实体书店平日客流量不过几百人，而大型的网上书店单日的浏览量动辄上百万乃至几百万次，即便只有百分之一的成功交易，其绝对数量也是惊人的。但遗憾的是，这种情况往往仅限于少数大的文化商品销售企业，虽有典型意义却不具备普遍性。

二、"注意力"——文化产业的稀缺性资源

许多人将现在的商品经济模式形象地概括为"注意力经济"，产品试用就是吸引消费者注意力的一种方式，在成功吸引消费者注意力的基础上实现商品的价值。与实体产品不同，文化产品并非传统意义上的生活必需品，而且大多数文化产品互相之间往往是替代品而非互补品，这就意味着文化产品的市场竞争更为激烈，各种产品对自身吸引注意力的能力也将更加重视。

产品吸引注意力的方式除了提供免费试用外还有很多，而传统意义上的广告宣传手段依然最为行之有效。尽管目前广告的运作流程已经比较成熟，但我国对文化产品进行商业化的广告宣传则是近几年才兴起的。无论自然、人文景观，还是影视、书籍、报刊，为了引起消费者的关注纷纷通过各种媒体对自己进行包装与宣传。这与我国经济发展方式的转变有关，更与消费者对文化产品的多方位需求有关。

文化产业吸引注意力的方式远比实体经济复杂得多，根本原因在于，决定商品价值的最重要因素——稀缺性资源发生了变化。实体经济中商品本身往往就是市场的稀缺性资源，而在文化产业这一本质上由信息构建的产业中，稀缺的并非文化商品本身。早在 1971 年，美国管理学家赫伯特·西蒙就一针见血地指出："在这样一个信息极其丰富的世界，信息的充裕意味着其他某些事物的匮乏；被信息损耗掉的任何事物都处于稀缺之中。信息……耗尽了信息接受者的注意力，因此信息的充裕造成了注意力的缺乏。"① 在信息网络时代，文化商品供给过剩且成本低廉，反倒是消费者的注意力成为一种稀缺资源，文化产业的市场价值所系并非文化商品而是"注意力"。

当然，文化产业的"注意力经济"在市场运作模式上与实体经济并无区别，只是价值衡量标准、推广策略、运营手段等层面上存在差异。如前所言，正因为相当一部分文化商品已并非是稀缺性的资源，其价格趋向于乃至等同于其边际成本，以至可以通过互联网等手段免费获得，因此"注意力"作为稀缺资源部分取代了文化商品所应有的商品价值，成为文化产业中一项重要的价值衡量标准。基于此项标准，作为文化商品推广过程中

① 转引自［美］克里斯·安德森著，蒋旭峰等译：《免费：商业的未来》，211 页，北京，中信出版社，2009。

的核心策略，强调商品本身的价值已经显得不合时宜，通过广告、美誉度、免费乃至艺术化的展示吸引并提升大众或特定受众的注意力才是重点所在。

至于上述这些新的推广元素是如何组合运用的，世界名牌大学的网络公开课给我们做了很好的示范。美国耶鲁大学将 Ben Polak 的《博弈论》、Paul Bloom 的《心理学》、Robert J. Shiller 的《金融学》等一系列精品课程通过互联网免费发布，而麻省理工学院则通过“开放课程计划”将其所有的课程都放在了互联网上。人们在家通过互联网就可以获得在名校课堂接受知识的机会，而且是免费的。这些学校为什么要这样做？抛开中美高校间的差异不谈，从文化产业的角度而言，这种完全开放式的网络课程是这些高校为提升自身关注度所运用的营销手段。推广这些课程的成本（主要为摄像及上传互联网的费用）极低，而通过这些课程大学不但提高了自身的受关注度及学术声誉（这是大学最可宝贵的无形资产），其授课老师也提升了知名度，由此这些大学所获得的生源数量、社会支持甚至授课教师的个人收入都会有所提升。当然，我们大可不必为交学费上学的在校学生鸣不平，毕竟大学教育不是通过上课就可以涵盖的，除了获得学历、学位外，接受教授、学者们直接指导的机会、与同学互相交流所带来的进步以及利用图书馆、实验室等硬件教学资源都会使学费物有所值。

三、“注意力经济”激发网络销售的“长尾”优势

网络销售最为突出的优势在于极大地克服了实体条件的制约，满足了商品对展示空间的需要，从而具有了“长尾”销售的优势。

几乎任何实体店为了展示商品都需具备一定的空间，但物理空间无论多大，所展示的商品种类与社会总的商品种类相比可谓沧海一粟。文化商品更是如此，书籍、报刊、音像制品乃至艺术品等等，只能根据市场的流行需求安排商品的上架，保证单位空间商品收益的最大化。而非流行或者市场需求不大的文化商品，如果单品利润也不突出，则几乎没有机会被置于实体店面，从而无法进入流通领域。这是市场条件下实体店面展示商品的必然选择。

不仅仅是店铺，电台、电视台的频道、播出时间等等也应视为文化商品的展示乃至销售空间，同样存在着类似于实体店面的空间限制。据统计，我国 2010 年完成拍摄具备播出资格的电视剧集总长已达 4 万多小时，

而能够上星从而进入电视观众荧屏的不过1万小时，近75%的电视剧以及背后的庞大投入白白浪费。电视台的频道、播出时间都是一种有限的稀缺资源，面对海量的电视剧集“顾此失彼”是不难想象的。

网络则是目前解决这一问题的理想空间。国内电视剧集的总时长与网络的信息容量相比不算什么，而网络本身也不存在频道有限的问题，理论上网页数量是可以无限扩展的。通过实体店销售的文化商品也无一例外可以通过网络销售，且可以节省店面及相当数量的员工，节约大量的经营费用。理想状态下文化商品作为一种信息的集合体，只要以数字形式置于存储介质中，然后根据市场的需求进行及时加工和复制即可销售，而无需庞大的仓储设施。加之网络经营理论上可以廉价地展示尽可能多的产品，因此，网络文化商品种类非常齐全，销售量也会全面增长。正如“长尾理论”所描述的那样，对于边缘商品单类的需求或许不大，但这类商品比主流商品的种类要多，消费者只需选择自己感兴趣的文化商品满足自身文化需要，每一类少量需求加起来，其总和并不比主流商品的少。

商品展示空间的限制并不仅仅是指商品摆放的空间有限，还包括商品影响力所及的地域乃至时间限制。像电影这类文化商品，仅依靠影院放映的票房收入来赚取利润是具有相当大的商业风险的。一部思想深刻却缺乏商业噱头的影片，或是缺乏资金无力进行前期大规模宣传的小成本制作，如果仅仅在影院播放甚至仅在个别影院播放，限于影院的商业辐射范围及上映时限，能吸引到的观众极为有限，即使喜欢此类作品的消费者很多，但试图在一个相对密集的时间与地点将过于分散的消费者集中起来，这很难实现非热门影片的商业价值。而通过网络销售则有可能解决这一问题。网络影片不受地域与时间的限制，而且放映边际成本几乎为零，是非主流电影乃至下线后的热门电影持续盈利的可选模式。

四、依靠具有稀缺性的表现形式提升产品价值

尽管越来越多的文化商品日益趋近于“零边际成本的零价格”，但在相当长的一段时间内通过营造商品自身的稀缺性从而维护甚至不断提升其经济价值的可能性依然存在。对于稀缺的文化商品，消费者往往愿意埋单。内容是文化商品的灵魂所在，内容的稀缺性当然是文化商品价值的最大体现，但内容在海量的文化资源中并不易脱颖而出，而且复制成本的低廉使其很难长时间保持稀缺地位。要使文化商品成为稀缺性资源，还要从

其他方面着眼。

在数字化时代，相同或相似的内容，表现形式可以是多种多样的。一般的文化商品要想通过提高自身的稀缺性而获得市场价值，对表现形式的选择显得格外重要。数字文化商品的表现形式虽不能取代内容的核心地位，但作为消费者感受并关注文化商品的先决条件，对消费者最终是否选择这一产品起到的作用是至关重要的。首先引起消费者注意的往往是文化商品的外在形式，文化商品通过与众不同的表现形式显示其在众多文化商品中的特殊性，从而占有最多的注意力，进而实现自身的经济价值，这已经接近实体商品的特性。不过，受众对文化产品表现形式的追求同样带有明显的文化性，或者说受众在追求文化产品功能的同时，对文化产品表现形式的艺术化也有着同等的要求。文化产品功能更多依赖于技术因素，而文化产品表现形式的艺术化则需要通过工业设计来实现。

产品工业设计并不仅仅是指对产品外观的设计，广义上包括从对产品的构想、研发到消费、售后整个流程中除技术以外的行为总和。对于展示文化产品的终端设备而言，产品设计要点包括：对消费者的文化定位；基于定位对产品进行的外观设计、宣传方式及其在消费者与产品间建立的文化认同；产品增值服务的可操作性等等。设计的核心是文化产品表现形式的艺术化，即针对特定的环境和目标市场的审美习惯，生产特定功能的产品，或者说从工业设计的角度出发，充分发挥创意及文化内涵从而为受众提供具有特殊艺术表现形式的文化产品。文化产品表现形式的艺术化很重要，但并不复杂，而更应趋向于精致与简洁，这也符合工业设计的规律。

在产品形式艺术化方面最为成功的无疑是苹果公司，它通过近乎完美的工业设计将旗下的“工业化产品变成了艺术品”，而其开发的一系列文化产品则依附于这些“艺术化的工业品”中，同一品牌的文化商品与其载体形成了一种封闭式的兼容。当消费者购买了诸如 iPhone、iPad 等产品后，若要享受这些造型精致、功能强大的“文化商品载体”，必须通过苹果的 AppStore 下载各类应用程序，以感受其阅读、游戏、交流等各种形式的文化活动。IT 产业崇尚的是全面开放与完全兼容，故苹果模式在其运营之初颇受诟病，但它通过产品的成功设计确立了市场地位，与其产品兼容的文化商品尤其是关注度较高的文化商品的价值也获得了大幅度提升。每次下载所需 0 至 9.99 美元不等的价格，对于这些边际成本几乎为零的应用程序而言，其利润率是相当可观的。

第二节　文化商品免费的发展趋势

一、文化商品免费的理论分析

目前大多数数字化文化产品免费已经司空见惯，免费成为数字化文化商品与传统实体商品相比最独特的亮点。免费并不仅是试用，而是文化产品本身实实在在地供消费者免费使用。大量文化产品将绝大多数功能或内容免费提供给消费者使用，这是现时市场条件下的一种必然选择。究其原因，有如下几种情况：

（1）作为该文化产品原料的文化资源不具有市场稀缺性；

（2）该文化产品本身的表现形式、文化内涵等与现有产品相比有较多的相似性；

（3）该文化产品有进行市场推广的需要。

面对海量的网络资源，卖家首先要保证消费者能够选择其提供的文化产品，市场占有率是其生存的关键。有了一定数量的用户之后，在保证绝大多数使用者免费使用产品日常功能的基础上，再通过加入收费的高端应用或其他辅助产品的方式，实现产品的商业价值，这已经成为数字化网络文化产品通常采用的一种商业模式。

免费相当于宣告该产品放弃了对用户的准入门槛，这对用户是一种莫大的吸引力。当免费在网络上成为常态，单纯的免费模式已不能对消费者产生多少吸引力，至于产品推广伊始就收费的做法更不会使受众有使用兴趣。即便收费非常少，但考虑到消费者为此付出的思考成本及办理缴费手续所需的时间成本等因素，消费者基本上会选择放弃该产品。数字化网络产品固然追求个性，但个性更多体现在产品界面上，产品界面留给用户展示自我的空间越多，越容易受到用户青睐；此外，一款流行的数字网络产品在功能不断更新的情况下更容易保证其市场占有率。但这两者的共同前提则是——免费。

促使数字化文化商品免费的另一种市场助力不容忽视，那就是 IT 业对文化商品内容免费的内在要求。硬件设施或者说数字化载体的出现是为内容服务的，从经济学角度而言，两者是典型的互补品，低廉乃至免费的文化商品所创造的巨大需求将使 IT 产品变得更有价值。正因如此，部分企业同时致力于数字硬件设备的研制与数字文化产品的开发。

当然，对于文化商品免费，消费者自身也起到了推波助澜的作用。数字化文化商品数量日增，但消费者的需求总量短时间内不可能产生飞跃，即便我们有边看小说边听音乐的习惯，也不可能同时听几首歌、看几本书，更无法与此同时还看电影。即便我们只看电视，也不可能同时观看几个频道的节目。总之，与文化商品庞大的供应量相比，我们每天的需求极为有限。在这种买方市场中，文化商品的免费将成为一种不可阻挡的趋势。对于日渐习惯数字生活的人们来说，越来越多的免费文化商品已经让人应接不暇，而免费消费的习惯在所有文化商品中有推而广之之势，这与文化商品的数字化趋势是同步的。基于此，抛开外界经济环境因素的影响，文化商品如果提高收费门槛从长远来说无异于放弃市场，文化商品放弃本身经济价值而利用其边际成本优势通过其他方式与途径创造新的价值的发展方向就势在必然了。

对于包括数字文化商品在内的文化商品而言，免费是一种发展趋势，也是时下进行产品推广的一种有效的营销策略，但现阶段对于部分文化商品，尤其是具有一定的区域性垄断能力或短时间内无法通过自身或第三方创造新价值的文化商品，采用免费的形式似乎不太现实。此类文化商品往往依附于实体载体而存在，与实体商品之间存在明显的互补关系，最为典型的是旅游业。自然景观以及古代遗留下来的人文景观是全社会共有的财富，除旅游功能外尚有生态与教育功能，免费或低收费向全社会开放应是其长远发展目标，但目前门票依然是旅游景点主要的收入来源。这是因为景观本身无疑具有市场稀缺性，不同的景观之间通常也缺乏相似性，且景观不像普通文化商品那样可以简单地复制产品体验，这都为作为文化商品的景观从自身直接获益创造了条件。但另一方面，旅游景点过高的门票收费，在获取直接收益的同时，往往意味着放弃了其本应具有的生态与教育职能，也放弃了通过低价或免费吸引更多游客，从而带动整个周边收益的机会。从可持续发展的角度，逐步摆脱"门票经济"发展模式，使旅游景点既能促进当地经济发展，又能充分发挥生态与教育功能，实现经济效益、社会效益和环境效益的协调发展应成为经营性旅游景点今后的发展方向。

延伸阅读

"免费西湖"不仅让中外游客尽情饱览江南秀色，也成为杭州市民休闲健身的首选之地。在各地景点门票价格居高不下的情况下，西湖免费开放，效益究竟如何呢？

杭州市审计局近日公布的调查报告显示，西湖免费开放使景区管理部门增收逾亿元，带动了杭州旅游产业新增经济效益上百亿元。

2002年，杭州西湖环湖公园景点实行免费开放。至2005年末，由杭州西湖风景名胜区17家事业单位管理养护的83个景点，包括各类公园、纪念馆、博物馆、艺术馆等，已有62个景点实行免费开放，景区管理部门每年因此直接减收门票收入2530万元。

靠什么来抵补这块损失？杭州市审计局2006年完成的《环西湖景点免费开放以来管理单位财务收支绩效情况的专题调查报告》表明，免费开放和西湖综合保护工程的实施，带动了西湖景区商业网点经营价值的提升，通过拍卖、出租或承包景区商业网点经营权等市场化手段，不仅抵补了损失的门票收入，也理顺了景区管理、养护单位与政府、企业、游客间的利益关系。

近3年来，17家事业单位各项收入指标呈现良性增长态势，总体财务收入不减反增，年均增长11.14%；杭州全市旅游创汇年均增长16.8%。旅游业的发展拉动了整个第三产业的发展，在很大程度上促进了城市的整体经济发展。

此外，“还湖于民”不仅在提高市民生活品质、提升城市整体形象的全局利益上发挥了重要作用，而且对推进名胜区管理体制改革、更新管理理念、改善部门财务收支状况也起到一定的激励作用，社会效益同样显著。（转引自新华网浙江频道2007年1月21日，《西湖免费开放后带动相关产业增收百亿》，http：// www.zj.xinhuanet.com/tail/2007-01/26/content_9153753.htm。）

二、正视文化商品的盗版问题

尽管文化商品有免费的市场发展趋势，但这并不等同于文化商品可不经创作者与合法拥有者的同意而被随意无偿使用，文化产品创作者对其智力劳动成果应享有专利，对知识产权的保护，无论在法律层面还是在道德层面都是文化产业应有之义。但在文化产业市场化运作条件下，我们不得不承认杜绝文化商品盗版现象的前景不容乐观。保护文化商品的知识产权成为一个难题，除道德与法律问题外，很大程度上是由我们讨论过的文化商品的文化和经济属性所决定的。

不妨以简单的数字文化商品为例。正如前文所述，基于文化资源的丰富以及文化产品无限的生产、复制能力，数字文化产品本身不具备稀缺性，其边际生产成本趋近于零，致使其无法直接通过市场获取有效的经济价值，因此提升产品的受关注度——也就是“注意力”，是其通过第三方获取经济价值的重要途径。一种数字文化商品之所以被盗版，是因为它具备反复使用或欣赏的实用性和文化价值。比如，目前我国绝大多数流行音乐作品，无疑都是写作者、演唱者以及他们身后整个团队的创作成果，但在数字化、网络化的今天，通过唱片销售收回成本甚至赚取利润的方式并不现实，恰恰相反，现如今绝大多数音乐人选择了放任网络免费使用其音乐作品，并利用这种作者本身放任“盗版”的形式扩大其影响力、吸引受众注意力，当其音乐作品获取了足够的注意力后，就可以通过商业演出、拍摄广告等形式，也就是我们所说的“第三方途径”获取经济价值。同样，绝大多数的唱片发行都是负利润的，唱片发售最主要的目的也是获取“注意力”。当然，对许多音乐人和音乐公司而言这种方式并非初衷，在知识产权的有效保护下，通过出售自己作品的版权和使用权来获取收益依然是众多音乐人的梦想，随着知识产权保护力度的加大，梦想终将照进现实。

对于大多数网络文学作品而言，情况也是如此。毫无疑问，任何一部作品都是作者的智力成果，但由于这类文化产品数量众多，质量参差，一个初出茅庐的作家的一部尚未有人认可的作品想要通过正规的出版途径实现经济价值在现实市场中非常困难。因此，即便是作者本人，对作品面世之初网络的免费转载往往视若无睹，甚至本人还会通过博客、论坛等将作品公开登载在网上，而目的也是一样：获取注意力，以期能够获得出版商等商业团体的关注。由此产生了另一个问题——在阅读了免费的数字作品后，人们是否还会花钱购买纸质书籍？就目前来看，会有这样的消费者，尽管其数量较阅读免费作品的人数要少得多，但也足以体现一部受欢迎的作品的市场价值。

至此还剩下另一个问题，上述数字文化商品盗版者的目的又何在？在数字化网络时代，依靠盗版文化商品的销售获取利润是目的之一，但绝非主要目的——毕竟相当数量的“正品”也是免费的。各类音乐试听网站、各类网络音乐播放器、文学作品网站等，免费播放、转载文化商品，其首要目的无疑也是在减少成本的同时提升自身的受关注程度。随着影响力的提升，广告等第三方收益也就随之而来了。

值得注意的是，有一类数字文化产品，制作费用相对高昂，获取利润的手段相对单一，成本回收周期相对较长，对这样一类文化产品，版权保护就显得十分必要了，最典型就是电影。目前我国电影主要的收入来源是票房，而电影衍生产品如电影光盘、人物形象的商业开发等尚未成为电影可资依赖的稳定的利润来源，如果没有较为得力的版权保护措施而因为盗版导致电影票房减少甚至无法收回成本，这对电影业的打击无疑是巨大的。但从市场策略的角度看，当电影产品下映后，通过让用户免费下载或在线观看的方式发掘新的商业价值也不失为一种理想的市场经营手段，至于如何运作，则是智者见智了。

当然，文化产品的盗版现象牵涉到的具体问题还有很多，以上仅仅是从文化产业市场策略角度出发进行的初步分析。即便盗版对文化产品的传播有利，但对创作者劳动成果的尊重依然应是第一位的，我们应该做的是在尊重知识产权与充分利用文化产品特性和市场策略之间把握平衡，从而为文化产业的发展进行更多有益的探索。随着人民大众版权意识的提高，政府也加大了版权保护的力度，文化产业的发展有了一个公平、公正的、健康的市场环境，这必将促进文化产业的健康发展。

延伸阅读

出名的歌手都是靠演出挣钱，而非版权，这在音乐界已是众所周知的。而演出又主要靠名气，而积累名气最简单的办法是什么？鼓励盗版获得传播。

湘海告诉记者："音乐人无法通过正常渠道获得收入回报，他们只能纵容盗版，甚至主动联合盗版商，让自己的歌曲在网络上做最大可能性的传播。一旦歌手依靠一首歌走红后，他就可以依靠商业演出获得收入。"

张志远告诉记者，一首网络歌曲走红前，唱片公司一般先是将歌曲放到一听音乐网、九天音乐等网站上进行推送，通过业内默认的"刷榜"或者支付费用等形式，将歌曲推送到排行榜上。传播三到六个月，一首歌如果不能火，就立刻更换歌曲。

"传播过程中，歌手和唱片公司除了使用短信群发、电视 flash 广告、推手推广之外，也会联合盗版厂商刻制盗版光碟，以最廉价的方式进行推广。"张志远说。

"这些盗版光碟还会被大量上传到网上，被用户进行下载。"湘海告诉记者，这也是百度等搜索引擎提供的音乐下载作品良莠不齐的重要原因。

"但是歌手和唱片公司是不会在意自身版权利益的保护。"湘海说，因为只有让自身的一首歌火了之后，这个歌手才能获得更多的商业演出机会。

"这是非常矛盾的心态。"湘海说，"一方面，音乐创作者天天喊着打击盗版；另一方面，99%的歌手都希望自己的作品被盗版。”

音乐版权的保护流为空谈后，也使得更多内容低俗、口水泛滥，甚至大胆抄袭的音乐作品充斥着人们的视听。

湘海告诉记者，很多业余歌手去提供伴奏带的网站上下载伴奏带，然后自己填词，编个可以哼哼的曲调，就传到网站上进行大量传播。“这使得大量恶俗的歌曲，占据了音乐原创市场。”

“这些歌曲的红火，直接冲击音乐创作人的创作信心，影响着他们的音乐理念。”湘海表示，“从长远来看，这将大大削弱中国原创音乐市场的创新力。”

在生存环境遭到破坏后，“我身边一批有理想的音乐人在恶劣环境下，已开始转而从事广告、演出等非音乐创作产业。”湘海说。

而纵览全球数字音乐市场，由于我国互联网数字音乐无法得到有效的版权保护，数字音乐竞争力也落后于其他国家。

根据艾瑞咨询发布的数据，2009 年中国数字音乐市场规模达到 17.9 亿元，其中，无线音乐营业收入占 92.1%，在线音乐营业收入占 7.9%。市场规模环比增长 8.2%，较 2008 年增速有所放缓，也落后于美国、日本、英国等其他国家。……

沈黎晖认为，从目前现状来看，将互联网视为与电台、电视台类似的宣传媒介，以此寻找特定用户群、打造成互动、交流的平台，再通过商业演出、发行作品等其他渠道获取收益，是比较现实的做法。

从长远发展角度看，中国数字音乐需要政府、行业协会、音乐人共同协力，通过技术开发，改变全部是“一刀切”的免费模式，才有可能真正探索出一条可行性的长远之路。

沈黎晖表示，未来应该由音乐人自主决定是否将音乐免费，免费多久等问题。例如，麦当娜的歌曲就是收费，而部分音乐则可以完全免费。将市场细分后，才可能挖掘更多的商业模式。（辛苑薇、郭建龙：《数字音乐的救赎》，摘引自《21 世纪经济报道》，2010 年 1 月 25 日第 29 版。）

第三节　通过新兴媒体打造企业品牌文化

对于现今活跃于网络上的新兴媒体，将其统称为“社交媒体”并不为过。其信息的传播都是交互式而非单向的，无论编发消息的出发点是什么，希望获得来自社会一方的关注与回应都是其首要目的。无论腾讯 QQ、

MSN，还是人人网、Facebook，或是微博、Twitter，它们的出现方便了人们对信息的采集、交流和编辑，从而使得文化资源向文化产品的转化以及文化和文化产品的传播进入了一个加速时代。

无论传播速度还是传播范围，如今的新兴媒体较传统媒体已经有了明显的优势，但在我国的开发利用程度还远远不够，尚有很大的探索与发展空间。从国外类似的社交媒体的发展情况来看，商业企业与新兴媒体的合作对双方的企业品牌都有着极大的提升作用，反观国内企业因新兴媒体的不可控性不愿与之进行广泛的合作——有的担心个别用户对企业产品不负责任的抱怨引发多米诺骨牌式的负面效应，有的担心作为企业方，不具个人用户的随意性，在新兴媒体上与用户之间存在交流障碍。国内已有的与新兴媒体的商业合作也主要局限在纯粹的广告宣传上，而与媒体用户缺乏交流，自然也就无法在这一新的社交领域获得足够的尊重。而商业企业参与的缺失又使得希望通过引入第三方创造经济价值的社交媒体平台难以获得长久的资金支持。

消除双方合作障碍的首要措施是提高双方的“可信度”。企业增强自身产品的可信度，在这一前提下网络舆论自行纠错的能力会得以体现，从长期来看有利于塑造企业品牌、培养忠实客户群并积淀其品牌文化。新兴媒体则应充分重视用户对亲友、同事等周围人的影响，在广告宣传上鼓励相关用户主动传播信息，如Facebook对用户的社交结构把握准确，知道用户的朋友关系，甚至知道谁对用户的影响较大，而这些宝贵的信息资源无疑具有极大的商业价值。在此基础上，新兴媒体就可以建立相关企业或品牌的交流平台，以取得企业的信任和重视。

此外，利用新兴媒体的沟通优势为客户提供随时随地可交互的信息服务，整理分析用户在新兴媒体上对企业及产品的评价以提高企业为客户服务的水平，甚至提供开放性的平台供用户参与产品的研发设计等都是企业与新兴媒体合作，以使双方在商业领域互利共赢同时提升各自品牌文化价值的可行手段。

企业与新兴媒体合作，在用户的广泛参与下，会达成一种三方互利共赢的发展模式：企业能够更为廉价、迅速、准确地向更为广泛的潜在客户推介其产品以及自身的品牌文化；新兴媒体则能够获得更多的资金及客户支持，进一步凸显其商业与文化价值；用户则能够获得企业与新兴媒体更细致的服务。这种意义上的合作已不仅仅是一种短期商业行为，对三方良性互动状况的持续以及对文化产业的促进才是这种合作模式的最大意义所在。

第八章　文化资源的开发

文化资源是文化产业发展的基础，是文化产业发展的必要条件。深入认识文化资源的属性，充分发挥文化资源在文化产业发展中的基础性作用，促进文化资源向文化资本的转化，使文化资源潜力转化为文化产业实力、文化资源优势转化为文化产业优势，是文化产业发展中的重大课题。

第一节　文化资源概述

一、文化资源的概念

文化资源是文化产业发展的基础和前提，但“文化资源”这一概念至今未被国家法律、法规等正式文件所采用。《国家“十一五”时期文化发展规划纲要》（2006年9月13日）、《文化产业振兴规划》（2009年9月26日）等权威文件都没有提及文化资源的概念。学术界对文化资源的含义也一直没有定论。故在此有必要对文化资源概念进行辨析，明确文化资源的内涵、特征及分类。我们认为，对文化资源的认识，应从“文化”和“资源”两个概念入手。

对文化的界定，众说纷纭。20世纪中叶，美国人类学家克罗伯和克拉克洪在《文化：关于概念和定义的探讨》中列举了从1871年到1951年间关于文化的160多种概念，并分成描述性定义、历史性定义、规范性定义、心理性定义和结构性定义等五类。① 西方学术界公认的“人类学之父”英国人类学家E·B·泰勒是第一个在文化定义上具有重大影响的人。泰

① 张广智、张广勇：《史学，文化中的文化——文化视野中的西方史学》，1—2页，杭州，浙江人民出版社，1990。

勒在《原始文化》一书中开宗明义，指出："文化或文明，就其广泛的民族学意义来讲，是一复合整体，包括知识、信仰、艺术、道德、法律、习俗以及作为一个社会成员的人所习得的其他一切能力和习惯。"① 将文化解释为社会发展过程中人类创造物的总称，包括物质技术、社会规范和观念精神。目前中国学术界大体上认为文化可分广义和狭义两种。广义的文化是指"人类在社会实践过程中所获得的物质、精神的生产能力和创造的物质和精神财富的总和"②，狭义的文化是指社会的意识形态以及与之相适应的制度和组织机构。

资源是传统经济学的范畴。经济学认为资源是"为了创造财富而投入生产活动中的一切要素"③；管理学意义上的"资源"倾向于知识和信息密集型的生产要素，认为资源是组织中的各种投入，包括人、财、物，具体形态不仅包括如机器、设备和厂房等有形资源，也包括如品牌、专利和声誉等无形资源。④《现代汉语词典》将资源界定为"生产资料或生活资料的天然来源，如地下资源，水利资源等"。

国内学术界对文化资源的界定已有较多论述，比较有代表性的有：程恩富认为，文化资源是人们从事文化生产或文化活动所利用的各种资源总和；⑤ 郭惠英等认为，文化资源是凝结了人类无差别劳动成果和丰富思维活动的物质的和精神的产品或者活动；⑥ 施惟达认为，广义的文化资源也就如广义的文化一样，是一个无所不包的概念，而狭义的文化主要是与政治、经济相区别的概念，因此文化资源也就是与政治资源和经济资源相区别的概念；⑦ 丹增认为，人类发展过程中所创造的一切含有文化意味的文明成果以及承载着一定文化意义的活动、物件、事件以及一些名人、名城等等，都是某种形式的文化资源；⑧ 刘吉发等认为，文化资源是前人所创

---

① 埃德华·泰勒：《原始文化》，1 页，上海，上海文艺出版社，1992。

② 《辞海》，4365 页，上海，上海辞书出版社，1999。

③ Hoskisson et al, "Strategy in Emerging Economy", *The Academy of Management Journal*, V01. 43, No. 3. 2000 (6): pp. 249－267.

④ Barney J, "Firm Resources and Sustained Competitive Advantage", *Journal of Management*, 1991 (1): pp. 99－120.

⑤ 程恩富：《文化经济学》，106 页，北京，中国经济出版社，1993。

⑥ 申维辰主编：《评价文化——文化资源评估与文化产业评价研究》，7－8 页，太原，山西教育出版社，2005。

⑦ 胡惠林主编：《文化产业概论》，170 页，昆明，云南大学出版社，2005。

⑧ 丹增：《文化产业发展论》，103 页，北京，人民出版社，2005。

造积累的文化遗产库和今人所创造的文化信息的总和；[①] 李沛新认为，文化资源是人们从事文化生产或文化活动所利用或可资利用的各种资源；[②] 姚伟钧等认为，文化资源是人类在漫长历史发展过程中所积淀的，通过文化创造、积累和延续所构建的，能够为社会经济发展提供对象、环境、条件、智能与创意的文化要素的综合；[③] 吕庆华认为，文化资源是人类劳动创造的物质成果及其转化。[④]

综上所述，我们将文化资源界定为，人类在社会实践过程中创造、积累和延续的，能够投入文化产业生产并为文化产业创造财富的一切要素。

二、文化资源的特征

文化资源不同于其他资源，有其自身的特性：

1. 无形精神性

从文化资源的含义中我们可以看出，在文化资源中有很大一部分是看不到摸不着、没有具体存在形态的事物，比如艺术审美观、文化品牌、民族精神传统等。这些无形的资源在文化资源中占有很大的比重。即使是具体的文化事物，如一个遗址、一件文物，体现其文化底蕴的也主要是依附于事物上的历史内容和人文精神。“虽然在文化资源的构成中，也有物质的有形的部分，但其意义却不是依赖其所具有的物质属性，而是在于附着于其中的精神属性。”[⑤] 在文化资源的开发和利用过程中，必须高度重视深度开发，深入挖掘文化资源的内在精神，从而使得文化产品和服务独具匠心、别开生面。

2. 多重价值性

文化资源是一种集多重价值于一身的资源。从功用角度来看，它本身具有文化价值、精神价值、思想价值和教育价值等，通过产业化运作和市场配置转换，还可以产生巨大的使用价值、消费价值和经济价值等；从价值的目的性来看，文化资源有的满足市场需求，有的满足社会公共利益需

---

① 刘吉发、岳红记、陈怀平：《文化产业学》，84－85页，北京，经济管理出版社，2005。

② 李沛新：《文化资本论：关于文化资本运营的理论与实务研究》，中央民族大学博士论文，2006。

③ 姚伟钧、任晓飞：《中国文化资源禀赋的多维构成与开发思路》，《江西社会科学》，2009（6）。

④ 吕庆华：《文化资源的产业开发》，49页，北京，经济日报出版社，2006。

⑤ 胡惠林主编：《文化产业概论》，172页，昆明，云南大学出版社，2005。

求。如何使文化资源的多重价值得到最大的发挥，是文化产业研究中的一个重要课题。

3. 广泛传播性

文化资源是可以广泛流动传播的。比如中国古代的四大发明传入欧洲，促进了欧洲社会生产力的提升；近代“西学东渐”，西方的先进文化和思想传入中国，为中国思想先进的人所接受和运用。正是由于文化资源在不同地域不同民族之间不断碰撞融合，才丰富和发展了全人类的精神文化生活，造就了文化的多元格局，燃起文化的勃勃生机。

4. 交流共享性

文化资源也有产权归属和所有权界限，但这并不代表其所有者对文化资源完全独占。文化资源并不是一次性消耗的资源，一种资源可多次利用、重复使用。一部《红楼梦》，作为文学巨著在世界范围内广为流传，拥有无数的欣赏者和研究者，它可以被改编成电视剧、电影，也可以被制作成动画、游戏，让人们以多种形式来欣赏。中国的《花木兰》由美国改编成动画大片在世界范围内播放，前苏联的文学名著《钢铁是怎样炼成的》由中国改编成电视剧，等等。可见，“任何文化资源，一经产生既是民族的，更是世界的、全人类的共同资源、共同财富”①。

5. 持久稳定性

中国古代婚俗有纳彩、问名、纳吉、纳征、请期、亲迎六个步骤，即“六礼”。到今天，虽然有些步骤发生了简化和改装，但是作为婚姻仪式的基本程序却一直延续下来。这种民族风俗、民族心理、民族精神性的文化资源，深深地刻印在民族的精神世界里，具有相当的持久性和稳定性。欧洲的骑士精神和日本的武士道精神，长久以来一直作用于这些国家和民族，至今都有不可磨灭的影响力。

6. 动态再生性

文化资源虽然具有持久稳定性，但这不代表它是一成不变的。文化资源所承载的内容会随着时代的变迁和社会的变革以及人类的进步而衍化和发展。这种衍化和发展可以是再生、丰富和发展，也可以是衰微、停滞和灭亡。人类社会古代四大文明中，只有中华文明的历史是完整和连续的，今天仍在继续丰富发展，其他三大古文明都出现了断层，在很大程度上遭到了破坏。在当今全球化的时代，我们必须与外界保持交流沟通，使文化

① 吴圣刚：《文化资源及其特征》，河南师范大学学报（哲学社会科学版），2002（4）。

资源得到恰到好处的使用，才能增强文化资源的活力，因为使用文化资源的过程就是创造文化资源的过程。正是由于对前代文化资源的借鉴和使用，人类才创造出了今天先进和辉煌的文化。

三、文化资源的分类

对文化资源的科学合理分类是进行文化资源统计、评估以及文化资源保护与开发的必要前提，采用不同的划分标准有不同的划分方法。程恩富认为，文化资源根据性质不同可划分为物质文化资源和精神文化资源。[①] 吴圣刚认为，文化资源包含民族文化传统和民族精神、科学和教育发展水平、文化事业和文化产业、体制建设和民主法制建设、信息技术等多方面的内容。[②] 郭惠英、米子川等把文化资源区分为可度量的文化资源和不可度量的文化资源两类。[③] 施惟达认为，文化资源可分为遗存资源、产品资源、制度资源、观念资源、习俗资源、人力资源等。[④] 丹增认为，从形式上可以把文化资源划分为有形文化资源和无形文化资源，从性质上可以把文化资源划分为历史文化资源、民族文化资源、宗教文化资源、地域文化资源等，从内容上可以把文化资源划分为精神文化资源、器物文化资源、信息文化资源等，从文化产业发展的角度可以把文化资源划分为可开发资源和不可开发资源。[⑤] 刘吉发等从文化资源的形态出发，将文化资源分为符号化意义的文化资源、经验型的技能文化资源、垄断性的旅游文化资源和创新型的智能文化资源等四种形态。[⑥] 吕庆华认为，按历时性标准，文化资源可以分为文化历史资源和文化现实资源，文化历史资源按是否有实物形态又可分为有形文化历史资源和无形文化历史资源，其典型代表是文化遗产；文化现实资源按物质成果转化的智能含量，又可分为智能资源和非智能资源，智能资源的核心要素是知识和智力。[⑦] 张胜冰从文化资源的

---

① 程恩富、顾钰民、方家良：《文化经济学通论》，107页，上海，上海财经大学出版社，1999。

② 吴圣刚：《河南师范大学学报（哲学社会科学版）》，2002（4）。

③ 申维辰主编：《评价文化——文化资源评估与文化产业评价研究》，7－8页，太原，山西教育出版社，2005。

④ 胡惠林主编：《文化产业概论》，170页，昆明，云南大学出版社，2005。

⑤ 丹增：《文化产业发展论》，104页，北京，人民出版社，2005。

⑥ 刘吉发、岳红记、陈怀平：《文化产业学》，84－85页，北京，经济管理出版社，2005。

⑦ 吕庆华：《文化资源的产业开发》，49页，北京，经济日报出版社，2006。

共时性与历时性，以及不同的存在方式出发，把文化资源的主要表现形态分为乡村文化资源、都市文化资源、传统文化资源、现代文化资源、海洋文化资源、民族文化资源、企业文化资源、社区文化资源等。①

在以上研究的基础上，我们认为，文化资源应分为历史文化资源、民俗文化资源、现实文化资源等三大类。其中，历史文化资源包括文物、古迹、文化景观等，民俗文化资源包括民间节庆、民间信仰、民间艺术、民间故事等，现实文化资源包括智力资源、智力成果等。

延伸阅读

党的十七届六中全会作出了坚持中国特色社会主义文化发展道路，努力建设社会主义文化强国的重大决策部署，开启了我国文化建设的新阶段。山东是经济大省、人口大省，也是文化资源大省。要紧密联系山东实际，着眼文化发展前沿，以高度的文化自觉和文化自信，加快推进由文化资源大省向文化强省跨越，努力实现文化大发展大繁荣。

加快建设文化强省，必须立足本地实际，使文化资源优势更好地转化为文化发展优势。发挥齐鲁文化资源富集优势，打好特色牌、做优势文章，重点打造“五个品牌”。一是文明山东品牌，通过主题教育、舆论引导、“四德”工程、文明创建、乡村文明行动等形式，全面提升社会文明程度；二是文化服务品牌，加快建设完善15—20分钟城乡公共文化服务圈，切实保障群众基本文化权益；三是创意山东品牌，实施“创意山东计划”，加快构建结构合理、门类齐全、科技含量高、富有创意、竞争力强的现代文化产业体系，集中力量培育重点文化企业、重点文化产业项目和重点文化产业园区“三大载体”，形成创意文化产业高地；四是文化产品品牌，加强精品创作和特色文化产品开发，推出更多在全国有影响力的鲁剧、鲁版图书和“鲁”字号产品。五是孔子文化品牌，以此整合带动其他文化资源，加强对外文化交流和贸易，推动齐鲁文化更好地走出去。（摘自孙守刚：《推进文化资源大省向文化强省跨越》，人民网2012年2月17日。）

第二节　文化资源评估

对文化资源进行开发、利用和产业化，必须对文化资源有一个全息把握，需要对文化资源进行调查和测评，根据评估结果确立产业化的目标、

① 张胜冰：《文化资源与文化产业》，42页，长沙，湖南文艺出版社，2008。

重点和方向。制定科学合理的文化资源评估方法，有效保护和开发文化资源，是我国文化产业发展的需要，是从业者和研究者共同致力的方向。

一、文化资源评估释义

对文化资源的全息把握，既要有量的掌握，给出资源在类别、规模上的直观印象，又要有质的提炼，即进行价值评估，进一步聚焦文化资源的亮点，为文化资源的产业化开发提供直接依据。基于此，文化资源评估可分为存量评估和价值评估。

文化资源的存量评估指的是评估各类别资源的存量情况，然后进行各类别文化资源间的存量比较，剖析其资源结构比例特征，最后评估优势文化资源的存量规模，通过比照其他地区和全国的同等文化资源，确定该资源优势的竞争力等级。

文化资源的价值评估指的是对文化资源目前市场开发价值和潜在开发价值的综合性评估，通过评估发现文化资源的潜在价值，可以把握产业化运作过程中的先机。文化资源的开发价值主要涉及：一是保护状况，考察文化资源保护现状，是发现文化资源开发误区、重新审视资源的产业化路径的重要契机；二是利用程度，即考量资源价值转化的程度，考察文化资源在产业视域中的价值表现，便于发现资源的产业价值意义，以及资源价值进一步转化的可能；三是开发潜力，文化资源的开发潜力，是价值评估所致力于发掘的“蓝海”，包括对产业化视野内的文化资源经济潜力的深入挖掘和产业化视野之外的文化资源可开发性的探讨。

二、文化资源的评估要素

如何进行文化资源的评估？有的学者根据文化的精神和物质的双重属性，将文化资源划分为可度量的文化资源和不可度量的文化资源，可度量的文化资源可以用定量的方法进行评估，不可度量的文化资源只能用定性的方法进行评估；可度量和不可度量的文化资源中都有可以进行产业化的部分，并且一种文化资源可能既有可度量的因素也有不可度量的因素，所以文化资源的评估需要将定量评估和定性评估综合运用。也有学者提出，对文化资源进行评估，应当遵循一系列原则，如规范性与特殊性相结合原则，现实性与前瞻性相结合原则，全面评价与重点评价相结合原则，定量评价和定性评价相结合原则，社会效益与经济效益相结合原则以及客观性原则，无宗教原则，数量化原则和可比性原则等等。

文化资源评估的基本程序是：文化资源调查──→确定文化资源评估对象──→确定评估因素、选定评估指标和评估方法──→设定评分等级标准并得出相应分值──→借助数学模型并算出结果──→评估结果的实际处理和应用。其中确定评估因素、选定评估指标和评估方法是非常重要的一步，是整个文化资源评估的基础和核心。我们认为，文化资源评估的要素主要有以下方面：

1. 资源品相要素

一般地说，资源的品相包括文化特色、保存状态、知名度、独特性、稀缺性及分布范围。文化特色指地域性或历史性文化特征；保存状态指文化资源的静态保有数量和保存质量；知名度指文化资源的媒介提及率和公众提及率；独特性指文化资源区别于其他文化资源的个性特征；稀缺性及分布范围是文化资源在历史发展过程中所经历的选择与被选择的结果，是资源自我生存能力与社会选择相互作用的结果。

2. 资源价值要素

文化资源的多重价值性使得它具有多重开发利用价值。一是资源的文化价值，这是文化资源的核心价值。二是文化资源的时间价值，其内容有：（1）文化资源形成的历史久远性；（2）文化资源的稀缺性；（3）文化资源生成年代的社会经济发展水平；（4）文化资源的比较优势；（5）文化资源的可代替性；（6）文化资源的复制和传承能力。三是文化资源的消费价值，文化消费不同于物质消费，具有物质消费所不具有的功能取向，文化消费更多依托文化产品消费。四是历史文化资源的保护等级。

3. 资源效用要素

文化资源的开发在带来经济效益的同时，最终发展应落脚于社会效益。文化资源的效用评估要素应包括两个方面，一是经济效用，涉及市场规模、受众群体、地域经济等；二是社会效用，有些文化资源需要经过经济效用的反哺之后显现出社会效用，有些文化资源天生具有社会公用的价值，如民间风俗礼仪、伦理道德等。

4. 发展预期

评估文化资源的发展预期，应结合文化资源的存在形态、比较优势、特有价值和与时代结合的趋势，发展预期不可偏执一端，要有一定的伸缩弹性，既要兼顾眼前经济效益的实现，更要重视后续长远的发展。

5. 传承能力

主要是指资源规模、资源综合竞争力、资源成熟度、资源环境等。

在评估要素的确定过程中，用于评估的统计指标需确保以下两点：一是要能体现出指标之间可能存在的统计因果关系，要能够在统计变量之间区分出相关关系和非相关关系、因果关系和非因果关系等，并进一步建立统计分析模型；二是要在区隔效应的概念框架下考察文化资源，各个指标应该能够单独地确认每个统计变量的影响力和贡献度。

三、文化资源的评估方法

确定了文化资源的评估要素后，下一步就是选定合适的文化资源评估方法进行评估。一般的文化资源评估方法有：统计报表评价法、问卷评价法、专家系统评价法、德尔菲法、实验统计求取等级比重法、集值统计法、多指标综合评估法、模糊综合评价法。[①]

1. 统计报表评价法

统计报表评价法是对文化资源基础统计资料进行收集和整理，据此进行文化资源评估的方法。统计报表是一种按统一规定的表格形式、统一的报送程序和报表时间，自上而下布置，自下而上搜集数据填制报表的制度。主要的报表有资源统计台账报表、文化资源月度/年度异动报表、文化资源存量报表、文化资源普查报表等。由于统计报表统一报送口径、统一报送时间，保证了统计资料的统一性，具有100%的回收率。

2. 问卷评价法

问卷评价是研究者预先确定所要问的问题，编制成书面的问卷，交由调查对象填写，然后收回整理分析，从而得出结论。问卷评价一般采用定性和定量相结合的方式，对一些无法量化的指标进行评价。可根据文化资源评价指标体系中的二级指标进一步量化出三级指标进行评价。对于某类特定的文化资源来说，问卷调查是最有效和可靠的。问卷调查可以根据特定文化资源的特征，详细设计适合该类资源的问卷，对评价者的选择也带有针对性。

3. 专家系统评价

所谓专家系统评价，是指对多名专家征询意见，经过科学合理的总结评审，进行积极的创造性思维活动，作出最后的评价。例如，对文物的评价主要采取专家系统评价法。不同学科、不同地区的若干名文物专家对文

① 申维臣：《评价文化——文化资源评估与文化产业评价研究》，34－42页，太原，山西教育出版社，2005。

物的形成年代、地域、数量、市场价值等作出评价判断，然后经过总结评审，形成文物鉴定书。这种评价方法的局限是可能带有一定的主观性，因为不同专家对文化资源的评价会受其自身认识角度等因素的影响。

4. 德尔菲法

这是一种反馈匿名函询法，利用匿名函询进行集体匿名思想交流。有以下特点：一是匿名性，专家之间没有直接交换意见的机会，因此不会有权威人士或观点左右集体的结论。二是多次有控制地反馈，专家的交流是在评价组织者的控制下完成的，这种控制可以帮助专家整理思路，使其更准确地得出结论。三是使用专家统计意见，一般的专家小组评价结果反映多数人的观点，少数专家的意见只能被概括地提及，并不能准确反映专家小组不同意见的分布状况；德尔菲法则使用专家统计意见，它可以报告一个中位数和两个四分点，其中一半落在两个四分点之内，一半落在两个四分点之外，这样就比较全面地将专家的各种观点包括在统计之中，避免了一般专家小组评价中少数观点被忽视的局限性。

5. 实验统计法

实验统计求取等级比重法是指通过实验，对单项指标给予等级评定，然后建立综合评判矩阵的方法。例如，请一组专家进行试验，每一位专家都要在等级评价表中打钩，并且对单项指标只能有一个等级评价，最后统计出各指标等级的命中概率，从而得出专家组对各单项指标的评价结果。在实验统计中，统计设计是影响实验成功与否的关键，常用的统计软件有SAS、SPSS、Sigma Plot、Origin Pro、Graph Pad、Prism、Mini Tab等。

6. 集值统计法

集值统计法是一种有效的定性指标量化评估方法，它不仅可以减弱不确定性、模糊性和心理因素对文化资源评估的影响，还可以广集专家的意见，充分利用评价过程中获得的信息，减少量化过程中的随机误差，使定性指标量化更加客观、合理。它不同于经典的概率统计，概率统计的统计样本一般被看作是一个随机变量的独立实现，集值统计的样本则被看作是一个随机集的独立实现。

7. 多指标综合评估法

多指标综合评估法是把多个描述被评价对象不同方面且量纲不同的定性和定量指标，转化为无量纲的评价值，并综合这些评价值得出对该评价对象的一个整体结论。具体步骤是：明确评价对象⟶建立评价指标体系⟶确定定性与定量指标价值⟶确定评价指标权系数⟶确定指标间的合成关系，求取综合评价值——→根据评价过程得到的信息，进行系统分析和决策。多指标综合评价法具有多指标、多层次的特点，能够较好地处理大型复杂系统的资源评价问题，在实际操作当中得到了广泛的应用。

8. 模糊综合评价法

模糊评价就是利用模糊数学的方法，对受到多个因素影响的事物，按照一定的评判标准，给出事物获得某个评价的可能性。这是对受多种因素影响的事物作出全面评价的一种十分有效的多因素决策方法，其特点是评价结果不是绝对地肯定或否定，而是以一个模糊集合来表示。模糊综合评价法适用于对象复杂、工作量大的资源评估，而不适用于对象单纯、结论精度要求高的资源评估。

第三节　文化资源的保护

文化资源是不可再生资源，如果对文化资源的开发利用不当，或是为了追求经济利益开发过滥，必然会造成对文化资源的破坏，甚至危及文化资源的存在。文化资源保护是当代社会的重要议题，有效协调产业开发与文化资源保护的矛盾冲突，实现文化资源产业化开发的可持续发展，不仅可以避免在开发的名义下人为地破坏和摧毁文化资源，还可以使文化资源价值得到更有效地开发利用。

一、文化资源保护中存在的问题

我国向来注重文化资源保护工作，尤其近年来积极申请世界文化遗产，使得全国对文化资源的保护意识有了层次上的提高。但是，我国传统文化资源丰富，保护难度大，而保护观念有所欠缺，所以在文化资源保护方面还存在很多问题。

1. 保护观念不到位

我国的文化资源十分丰富，随处可见，许多人司空见惯，没有意识到其价值和重要意义。在很多人的观念中只有博物馆里陈列的文物才是文化资源，至于劳工的号子、传统的手艺、经典的叫卖吆喝口语等，很少人能认识到其资源价值，以至于有很多宝贵的文化资源流失甚至消亡，大量文化资源处于自然放置状态，这些都需要人们进行自觉的保护。

2. 保护机制不健全

目前，我国虽然出台了一些与文化资源保护相关的政策和条例，但主要是大纲全局性质的，且执行周期较长，缺乏必要的步骤支撑和阶段性的实施计划，缺少符合不同地域不同情况的细则。而以市场机制为主导的文化资源开发，往往经济效益优先，难以兼顾保护存续工作。健全文化资源保护机制，强化政府宏观管理的重要性不言而喻。在法国，为了减轻凡尔赛宫的旅游客流压力，给予其足够的时间休养生息，政府制定了具体措施以限制一定时间内参观凡尔赛宫的游客人数。

3. 开发性破坏严重

我国文化资源在开发过程中，遭到肆意破坏。我国许多文化资源在列入世界文化遗产之后，没有长远规划，商业开发成其首要目的，保护与开发的关系处理不当，出现了过度开发、建设性破坏、人工化严重、旅客超负荷等问题，商业化正在造成世界文化遗产的致命伤。据报道，山西平遥古城被列入世界文化遗产之后，前来参观旅游的人络绎不绝，严重超标，给古城带来了巨大的压力，再加上管理维护上的疏忽，平遥古城城墙已经数次坍塌，造成了难以修复的损失。

4. 保护方式单一

当前，我国文化资源保护的习惯做法是：保护就意味着不乱动。而国外往往采取灵活多样的方式对文化资源进行保护性管理。例如，意大利政府对某些文化遗产采取领养制度，文化遗产领养人可以对文化遗产进行一定程度的使用，并负责日常的维护工作。另外，意大利每年春、夏、秋、冬都会举办各种主题活动，期间全国各地数百座平时不对外开放的古迹也会对公众开放，成为人们了解历史与文化的窗口。形式多样的文化资源保护方式，不仅提升了公众对文化资源的了解，还调动了公众对文化资源保护的积极性。

二、文化资源保护工作

文化资源保护工作任重道远，存在的问题深浅不一，要有效地保护文化资源，我们必须着重做好以下工作：

1. 广泛进行文化资源保护的教育宣传工作，在全社会树立文化资源保护意识

例如，西班牙的中小学均开设了世界遗产保护课程，使得民众从小就养成尊重、珍惜和保护文化资源的意识；在日本，为使能剧在社会上得到广泛的传播和认同，政府规定所有的小学生在学期间至少观看能剧一次，国民从小就培养对传统文化的重视和保护意识。我国在这方面也做了一些

工作，但对于我们这样一个文化资源大国和人口大国来说，还远远不够，对文化资源保护的宣传教育工作必须提高重视程度。

2. 制定相应的法律法规，完善文化资源保护机制。政府在文化资源的保护中所起的作用是无可替代的，最重要最有效的手段就是法律手段

早在1793年法国就通过了“共和二年法令”，规定领土内的任何艺术品都应受到保护，1913年法国颁布了《保护历史古迹法》，这是世界上第一部保护文化遗产的现代法律。比较完善的法律机制是法国文化资源保护工作走在世界前列的重要原因。我们应当尽快制定相关的法律法规，完善文化资源法律保护机制。另外，政府的宏观调控措施在保护文化资源方面也是行之有效的。比如严格审批制度，对开发项目进行鉴定、对开发活动征税，调节开发利益驱动力，限制游客人数总量以减轻景区的压力，适当上下调节票价，平衡旅游旺季和淡季的旅客人数等等。

3. 树立可持续发展观，避免开发性破坏和建设性破坏

在可持续发展已经成为世界共识的环境中，新兴的文化产业也要坚持可持续发展的原则，避免重蹈工业发展先破坏再治理的覆辙，在产业发展之初制定长远规划和分期发展规划。发展文化产业要正确处理好保护和开发的关系，不恰当的开发和建设严重威胁着文化资源的整体性和原生性，已经有不少实例给我们敲响了警钟。只有在合理利用文化资源的基础上，文化产业才能够长远和健康发展。文化资源是世世代代积累下来的，当代人在平等享受的时候，也要保证后代人使用和分配文化资源的权利。我们要保护文化资源，防止对文化资源的污染和破坏，保证文化资源在健康的环境中可持续发展。

4. 以开发促进保护，以产业化来促进文化资源的传承与发展

文化资源具有广泛传播和动态再生等特性，开发和利用也是传承文化资源的一种重要手段，因此，文化产业承担着保护存续文化资源的重要使命。文化资源的产业化可以扩大文化资源的影响，拓宽文化资源的传播领域，从而加强文化资源的渗透力和生命力，扩展文化资源的生存发展空间。如果将文化资源的保护与产业开发、经济发展结合起来，那么文化资源就可以为社会、为人民创造巨大的经济效益。人们的消费行为也可以使文化资源的精神内涵和审美艺术走进人们的日常生活，使文化资源从被动保护的位置走到主动与社会与人们交流的位置，最终达成开发与保护的融合。

延伸阅读

2012年2月，河南嵩山少林景区因管理混乱，被全国旅游景区质量等

级评定委员会要求限期整改。在接到风景区整改的一纸通知之前，各种关于少林寺的负面炒作已经频频见诸报端：从三皇寨禅院毁树建房招致争议，到十方禅院收钱算命游客大呼上当；从港中旅入主嵩山景区引发“上市”揣测，再到世界小姐在少林景区大秀身材……少林景区受到质疑，身在其中的少林寺也难免受到影响；嵩山赚足了国人眼球，也在一定程度上损害了少林寺的品牌美誉度。而政府有关部门的职能混乱、监管缺位无形中助长了少林景区的乱象丛生。“拿三皇寨禅院开山炸石、毁树建房来说，那里是世界地质公园、国家风景名胜区、国家森林公园……很多部门综合管理，综合执法，然而却又乱象重重……”

从根本上看，少林景区存在商业利益驱动下的过度开发，追求短期效益，忽视景区原本的核心文化价值的问题不是一天两天，商业运作与行政管理无法分清权界，造成政府在某些领域不作为而在某些领域又作为过度，因此“整改应该是一个长期的事情”。（摘自邱玥、王小润：《嵩山少林景区：为何遭遇“摘牌”危机》，《光明日报》2012 年 2 月 14 日第 10 版。）

第四节　文化资源的开发

研究文化资源的开发与利用，对于促进文化产业的发展有积极的作用。文化资源的占有量和整合与配置文化资源的能力，不仅决定了文化产业发展的基本结构和规模程度，而且直接影响了一个国家和地区的文化竞争力[1]。中国社科院原院长李铁映指出：“中华民族……宝贵的文化资源，是我们得天独厚的优势。对于中国新兴的文化产业来说，启动并整合、包装这些文化资源，就有可能形成具有中国特色的文化产业，并在全球市场的激烈竞争中占有可观的优势。”[2] 开发和利用丰富的文化资源，是发展文化产业的必然要求，也是提升我国文化软实力的重要举措。

一、文化资源的整合

文化资源整合是文化资源系统内部各个要素之间相互渗透、协调、搭配，构成一个新整体，从而使得文化资源系统发挥最大效能，达到优于各个要素功能之和，即取得“1＋1＞2”的效果的过程。在文化产业中，我

---

① 胡惠林主编：《文化产业概论》，168 页，昆明，云南大学出版社，2005。

② 李铁映：《2001—2002 年中国文化产业发展报告·序言》，1 页，北京，社会科学文献出版社，2002。

们要研究文化资源的整合，探讨文化资源以什么样的方式搭配组合才能发挥最大的效能，产生最大的效益。

（一）横向整合

横向整合是同类文化资源的整合，通过协同合作，实现文化资源的规模开发、配置、管理和经营，避免同质竞争和文化资源浪费。比如秦腔是陕西的特色剧种，西安市原有几家国有性质的秦腔艺术表演团体，因市场狭小，同质竞争，经济效益都不好。于是，他们按照“消肿、松绑、减负、放开、搞活”的思路，将这几个秦腔剧团合并重组，成立西安秦腔剧院，激发了西安秦腔行业的整体活力。

报业集团的成立也是一种文化资源横向整合。面对国外媒体和新兴媒体的竞争，报纸产业面临前所未有的危机，成立报业集团，进行报业资源重新整合和配置成为必经之路。我国最早的报业集团是1996年成立的广州日报集团，集团成立后，发行量和广告收入在全国都榜上有名，销售、发行网络遍布珠江三角洲。此后，文汇新民联合报业集团、羊城晚报集团、南方日报报业集团、光明日报报业集团、北京青年报报业集团、新华报业集团等报业集团纷纷成立，为我国报业经济注入了新的活力，也给各个报业集团带来了新的生机。但是相比国外的报业集团，我国的报业集团在规模和资源整合方面都还有一定的差距。顺应文化体制改革的潮流，进一步进行内部结构调整，是我国报业经济发展的趋势。

（二）纵向整合

纵向整合是同一条产业链上的文化资源整合，可以实现文化资源的深度开发，使文化资源产品和服务更加全面、丰富，并且产业链上的不同节点之间可以相互促进，使节点和产业链的效用都得到提升。日本是世界动漫强国，它以动漫产业链为载体的动漫资源开发有很多值得我国动漫产业借鉴和学习的地方。每种成功的动漫资源在日本的动漫产业链中都被开发到极致，资源得到最大、最有效的利用。从策划动画制作之初，就对产业链的开发进行深入的探讨，制定全线盈利的长远计划；在融资的时候就整合产业链上下游不同节点的资金，从出版社、发行公司到玩具公司、食品公司、游戏开发商等都被吸引进来。当动画播出并取得成功后，全方位的产业链运作便会显示出强大的攻势。首先是动画的各种版本DVD套装、音乐单曲或合集，然后是小说、漫画的热卖，各种周边产品、主题店铺也会趁势抢滩市场。后续便是游戏的改编，或者电影改编。所谓ACGMN全面制霸就是指动画、漫画、游戏、电影、小说相互渗透、互相促进，使一种动漫资源在产业链的延伸中获得最大的利用。

此外，跨媒体趋势也是一种文化资源的纵向整合。比如澳大利亚的新闻巨头默多克集团涉及新闻出版、电视产业、电影产业等领域，这些领域的丰富资源为集团的经济效益发挥着各自的作用，且相互影响、相互促进。在20世纪福克斯公司制作的电影《独立日》中，片中人物观看的新闻频道是欧洲频道的SKY NEWS，而实际上20世纪福克斯公司和SKY NEWS都是默多克集团旗下的公司，这是一种非常有效的广告行为。

（三）全球整合

在全球化愈演愈烈的形势下，全球整合是文化资源整合中的一种必然趋势。经济上的交流合作必然带来文化的交流和互渗，全世界各个角落的文化正在以史无前例的速度和方式整合，文化产业的发展呈现出跨越时间和空间的走势。

美国是整合全世界文化资源的高手，这也正是其文化产业取得今日成就的重要原因，无论麦当劳、好莱坞还是迪斯尼，都植根于世界资源的沃土，广泛汲取营养从而开出灿烂的成就之花。沃尔特·迪斯尼公司从创立初期就认识到运用世界文化资源的重要性，1933年推出的动画影片《白雪公主和七个小矮人》，不仅在商业上取得了巨大的成功，还获得了美国的学院奖。至今迪斯尼制作的50多部动画电影，随处可见改编的影子，《灰姑娘》改编自《安徒生童话》《睡美人》改编自《格林童话》《阿拉丁与神灯》改编于阿拉伯传说、《狮子王》改编自莎士比亚的著名戏剧《哈姆雷特》《花木兰》改编自中国古诗《木兰辞》……另外还有不少电视动画根据希腊、罗马、北欧等地的神话传说改编而成。在世界各地建立并广受小朋友喜爱的迪斯尼乐园是世界上运作最成功的主题公园，这些主题公园不仅再次利用了迪斯尼整合的世界文化资源，更是进一步整合了全球的资本资源、人力资源和创意资源。我国在整合挖掘自己的优秀深厚的文化资源的同时，也要积极整合世界文化资源，促进我国文化产业的发展。

二、文化资源的开发模式

文化资源的发展模式是文化资源在发展过程中所采取的独特的方式方法。由于各地区间存在着地理环境、文化资源状态、经济发展水平等方面的差异，文化资源开发模式也各不相同。

（一）文化资源的符号化开发模式

文化消费往往具有符号化特征，利用符号意义创造价值和知识产权保护，是文化产业的特色。美国经济学家彼德·德鲁克（Peter Drucker）早在1986年就指出，“符号经济已经取代实物经济，成为世界经济的车轮，而且大体上独立于实物经济”[①]。提炼文化符号、塑造品牌是利用文化资源创造价值的一种重要途径。

文化资源的符号化开发应根据文化资源的影响力、现状等进行准确定位。各地应基于地区历史文化记忆，选取最具代表性的文化载体作为区域的文化标识，树立自己独特的文化形象。

（二）文化资源的创意项目开发模式

在文化资源的开发利用过程中，各地往往面临资金瓶颈和招商引资难题，文化资源的创意项目开发是各地发展文化产业的普遍做法。项目开发即遵照某种规范及应用标准，在限定的时间、成本、人力资源等项目参数内，导入或生产某种新产品或某项新服务。利用文化资源，通过创意策划和市场运作，吸引社会资本联合开发，往往会取得良好的效果。

在文化资源的创意项目开发中，应注意对现有文化资源创意开发项目进行后续跟踪，总结经验教训，为今后文化资源创意开发提供参考；同时加大文化资源项目开发的创意力度，注重文化资源项目开发的质量，真正做到“开发一个，成功一个”，以特色、创意、精品意识主导文化资源的创意项目开发。

（三）文化资源的故事活化开发模式

我国文化资源源远流长，内涵丰厚，民间传说、民俗风情丰富多彩，在文化资源开发过程中，整理、编撰、演绎各种故事资源，以故事来活化文化资源，以故事吸引公众眼球、打动消费者的情感，从而实现经济价值，成为当下文化资源开发利用的新模式。

文化资源的故事活化开发模式主要有两种类型：一是文化资源的物化。文化内涵对于文化资源的开发利用意义重大，将文化资源的内涵通过活化、艺术化再现等形式物化，打造具有丰厚文化内涵的文化产品。二是文化资源的深度创意，即将文化资源的深厚内涵通过文学、艺术、科技等手段演绎，通过大众媒体广泛传播，达到文化资源整体营销的目的。在文化资源的故事活化开发中，应以文化资源保护为基础，文化资源的物化为

① ［英］斯科特·拉什（Scott Lash）、［英］约翰·厄里（John Urry）著，王光之、商正译：《符号经济与空间经济》，151页，北京，商务印书馆，2006。

保障，文化资源的深度创意为目标，实现文化资源的“活化”，营造体验性的文化快感和情感交流，打造区域文化产业精品。

（四）文化资源的旅游开发模式

作为第三产业的重要内容，旅游资源开发已成为地方政府促进经济发展，优化产业结构的重要途径。发挥文化资源的独特魅力，建立文化资源自身造血的机制，将文化资源适当开发为旅游景观已成为一种常见的开发模式。

文化资源的旅游开发有以下几种类型：一是政府主导型，即由政府投资进行开发，一般是公共旅游空间或是其他旅游开发的初级阶段。这种模式应避免急功近利的开发，加强旅游基础设施建设。二是社区主导型，即由文化资源所在社区作为直接利益主体，自筹资金，自主开发。这种模式往往存在开发理念落后、资金缺乏、市场定位失当和利益分配不均等问题，应加强规划工作，注重管理。三是企业开发型，由开发商投资文化资源，从事基础设施建设、景区规划设计、宣传推广、客源组织和经营管理等。这种模式应注意文化资源保护与开发的协调，企业与地方利益的协调。在文化资源的旅游开发中，应注重政府、社区、企业的互动，政府做好文化资源旅游开发的基础保障工作，企业做好文化资源的经营管理，社区参与文化资源的经营，形成政府、社区、企业三方联动的文化资源旅游开发模式。

三、文化资源开发需要注意的问题

丰富的文化资源是文化产业发展得天独厚的条件。但文化资源的丰裕程度只是文化产业的影响因素，不是决定因素。美国文化资源相对匮乏，却是世界上文化产业最发达的国家，其原因之一就在于它广泛采纳世界丰富的文化资源，注重文化资源的合理开发利用。我国高度重视文化资源保护与开发工作，并且在产业化发展上也取得了有目共睹的成就，但在文化资源的合理利用开发上还存在不少问题。

目前，我们在对文化资源的理解上还存在很多误区。不少人在谈到文化资源的时候，只看到资源的表层，忽视了文化的内涵意义。最典型的是将文化资源简单地看作是旅游资源，从而将文化产业单纯地理解为旅游产业，并且这种肤浅的认识还具有相当的普遍性，以为将某个地域具有一定玩赏价值的资源进行开发利用，比如建一个旅游景点或主题公园，吸引房地产的开发，出售手工艺品等，这就是所谓的文化产业。诚然，我们不否认旅游产业在文化产业中的重要地位和作用，但并不是所有的地域都适合发展旅游产业，也并不是所有文化资源都适合被开发为旅游资源。这是对文化产业和文化资源的片面认识，会造成对文化资源的浪费。对文化资源的开发利用首先要建立在对文化产业和当地文化资源正确理解的基础上，要准确把握文化资源的功能和内涵，然后对文化资源进行评估鉴定，根据本地区的具体情况采用相适应的方式进行文化资源的开发，才能促进当地文化产业的发展。

必须正确处理开发与保护的关系。法兰克福学派最早提出文化产业这一概念，他们从批判大众文化的角度认为文化工业侵蚀精英文化，正在使文化失去其独特性和批判性。这种文化工业吞噬文化艺术的观点对我们具有警示作用。目前，不合理的开发利用正在使大量宝贵的文化资源遭到破坏。自然生态景观、历史文化遗址被毁坏了，就很难恢复原貌，一个民族的精神异化变质了，更是难以复原。所以，我们在开发文化资源发展文化产业的过程中，一定要贯彻可持续发展的原则，以长远的眼光来规划发展，既要注重当前的经济利益，又要顾及文化产业的生态和存续文化的功能，从而进行合理的规划布局，在正确处理开发与保护关系的基础上，让文化产业为我们带来全方位的效益。

应遵循市场规律，优化文化资源配置。文化产业作为一个营利性的行业，必须置身于市场环境中，以市场竞争为主导。美国作为全球文化产业的头号强国，既未设文化部，也没有正式的官方政策文件，“这恰恰意味着美国人最先领悟到使一个文化资源小国变成文化产业大国，并使文化服务于全球战略的真谛——在文化产业领域中，市场是检验其文化政策的唯一标准”[①]。在开发文化资源的过程中，遵循市场经济的规律和特点，提供符合大众文化需求的产品和服务，才能在市场竞争中取胜，从而获得经济效益，推动文化产业的发展。反之，盲目开发文化资源，只会造成文化资源的浪费。近年来，各地都认识到旅游产业的重要性，纷纷大力发展旅游产业，这其中就有不少项目没有遵循市场规律，未对文化资源作全面分析和正确评估，结果造成了文化资源的破坏和浪费。因此，我们要纵观全局，具体分析不同地区的不同情况，根据市场规律有理有序地进行文化资源的开发。

---

① 汤丽萍、殷瑜、殷俊：《世界文化产业案例选析》，51页，成都，四川大学出版社，2006。

要对文化资源进行深度开发、创意开发、多手段开发。我国现阶段的文化资源开发是比较粗放的，许多文化产品和服务都比较原始和初级，对文化资源的内涵和经济潜力缺乏深入认识和发掘，只是进行简单包装就推入市场。比如，每年国庆黄金周过后，各大媒体纷纷对各景区纪念品的雷同和粗制滥造进行报道。我国各大名山胜水，各具特色和韵味，但纪念品却十之八九雷同，无非是玉石、佛珠、挂件、摆设等等，让消费者十分失望。旅游景点应该对各自得天独厚的文化资源进行深度开发，提供符合消费者日益提高的文化品味并具有本地特色的产品。创意是文化产业发展的动力源泉，文化资源的开发需要创意，没有好的创意就不能对文化资源进行成功的开发。美国林林总总的电影大片中，取得成功的都是集合了优秀创意的作品，如《泰坦尼克》《侏罗纪公园》《怪物史莱克》《哈利·波特》系列，其中的文化创意无不显现出耀眼的光芒。在科技发展迅速的今天，文化产品和服务也呈现多样化，对文化资源的开发也要采用更加丰富的手段，以满足消费者日益增长的精神文化需要。

延伸阅读

“一切都始于一只老鼠”。这是沃尔特·迪斯尼生前最喜欢挂在嘴边的一句话。的确，正是米老鼠造就了整个迪斯尼王国。在这个王国当中，充满着爱、宽容、梦想和勇气。每天，全球各地都有超过 10 万名游客在迪斯尼的主题公园高高兴兴地坐上蒸汽火车，他们的每一点满足，都像对其他传统迪斯尼产品的渴慕一样，是这个世界需要迪斯尼的最大证据。迪斯尼主题公园的兴建，让米老鼠不仅生活在卡通世界里，而且让它走进了我们的生活，让他不仅能和唐老鸭等明星戏耍，更能和世界各国的小朋友和大朋友对话。

迪斯尼公司不断更新和扩展主题公园，并为主题公园增加配套的饭店、旅馆以及数百家专卖迪斯尼产品的商店。在这里你可以置身其中，体验迪斯尼主人的星光之旅，与卡通明星手拉手肩并肩，去美国西部体验冒险，在明日世界梦幻探险，迪斯尼主题公园可以称得上是体验哲学的成功典范。没有做不到，只有想不到。这里的一切都充满温情与梦想，快乐无处不在。除了主题公园，迪斯尼公司还增设迪斯尼频道，不但播放迪斯尼自己制作的卡通片，而且发挥“交叉促销”效用，异常成功地促销迪斯尼的各种商品。（摘自徐彬彬：《一切从一只老鼠开始》，《大众电影》，2005 年第 18 期。）

第九章　打造文化产业的中国特色

第一节　在继承传统的基础上追求全球化视野

当我们谈及中国特色，实际上就暗含着一个前提，即与其他国家和地区进行了一定的比较。就文化产业而言，这个比较就意味着我们既要遵循世界各国发展文化产业的一般规律与通行做法，更要结合中国的实际情况，因地、因时制宜，走出一条发展文化产业的中国道路。

一、文化产业的中国特色

放眼当今世界，纵观各国文化产业的发展轨迹，回顾我国改革开放30多年来的经济腾飞之路，我们应该认真思考中国文化产业应当走一条什么样的发展道路。目前，我国的文化产业还处于发展的初级阶段，文化产业体系尚未完全建立，无论从产业模式还是从文化产品的具体内容上看，都有模仿国外的痕迹，缺乏民族特征和创新精神。长此以往，我国的文化产业将很难步入平稳、健康发展的良性轨道。欧美发达国家在文化产业方面的成功很大程度上归功于把产业开发的内容和方式与本国的文化特色紧密结合，把成熟的商业模式移植到文化产品开发上，做到了文化与产业的完美结合，坚持社会效益和经济效益的统一，尊重文化生产和商品经济两种规律，这也是文化产业发展的成功经验。

我国的文化产业起步晚，基础弱，但是只要认识清晰、目标明确、机制科学、勇于创新，完全可以形成后发优势，实现超常规发展。从理论和现实层面来看，我国完全有可能集世界各国文化产业发展经验之大成，充分发挥中国人民的智慧和创造力，结合社会主义制度的优越性，开创一条有中国特色的社会主义文化产业发展之路，实现中国文化产业的跨越式增长。

中国文化产业必须坚持以邓小平理论、“三个代表”重要思想和科学发展观为指导，坚持为人民服务、为社会主义服务的方向，努力争取经济效益和社会效益的平衡和统一，贯彻先进文化的要求，始终把社会效益放在首位，弘扬社会主义核心价值观。

文化产业的中国特色实质上是要打造出中国文化产业的核心竞争力。而这种核心竞争力，一方面体现为有中国特色、中国韵味的文化产品，另一方面则体现为切合中国实际的文化产业发展模式。

（一）有中国特色的文化产品

有中国特色的文化产品是指那些有中国气派、民族风格并能适应国内外市场需求的文化产品。这些文化产品应该体现出传统精神与时代特色的统一、国际文化普适性与民族创新精神的统一、通俗性与健康趣味的统一。

中国五千年的历史文化，为文化产品的开发提供了丰富的资源宝库，它不仅可以为中国的文化产品赋予鲜明的民族、思想、内容、形式和美学特色，而且能使其拥有特殊的文化魅力和市场竞争力，从而创造巨大的经济效益。我国文化产业不可也无需妄自菲薄而简单模仿西方文化产品，可以代表中国的元素有很多，书法、绘画、篆刻、建筑、手工、功夫、饮食这些都能成为发展中国特色文化产业的素材。《花木兰》与《功夫熊猫》的成功说明了中国元素在国内外文化市场上是很受欢迎的，有很高的市场价值。又如目前初见端倪的以姓氏文化为核心的部分行业如寻根旅游等，今后很有可能成为中国的特色产业。

（二）文化产业发展的中国模式

文化产业的中国模式是指我国文化产业领域比较有代表性的商业模式，以及有关文化产业的一系列政策体系，这就要求突出自主创新。文化要想走好产业化之路，也必须在提高自主创新能力上下功夫，不断进行产品创新、产业创新、金融创新、政策创新、管理体制创新，不断健全、完善文化产业链条。

西方发达国家文化产业的真正优势，并不是强势而又具有普世价值的文化产品，而是其充分运用那只“看不见的手”的能力，即成熟的产业运作与市场开发、推广模式。从长远来看，打造中国模式的意义要远远超过开发几个有中国特色的文化产品，后者是量的增长，前者是质的飞跃，增强自身开发文化资源的能力与文化资源本身同等重要。

我们要敢于结合中国国情和时代特色，解放思想，改革创新，在实践中摸索和制定出一套有利于推动我国文化产业发展的政策和法律法规，充分发挥我国社会主义制度的优势，开创具有中国特色的文化产业发展模式。这一模式可能与以往对文化的认识与管理有着很大的不同，要求“文化系统在思想观念、管理体制、经营机制和运作方式等方面产生一系列的改革和变化”①。

产业模式的中国化，意味着我们将来有可能像好莱坞一样，用成熟的中国特色文化产业发展模式与产业运作流程到世界各地寻找并开发有市场价值的文化资源，而不是坐等下一个《花木兰》或者《功夫熊猫》的出现。

以文化资本为例，搭建金融与文化产业沟通的桥梁，是当下政府发展文化产业的一个重大战略目标。为文化产业投融资“破冰”，将会为我国文化产业插上“隐形的翅膀”，这也是在解决发展模式的问题。

二、打造文化产业中国特色的重要意义

在欧美发达国家的文化产品充斥全球文化市场的今天，打造并输出具有中国特色的文化产品，既是丰富和活跃国际文化市场的需要，也是表达东方文化特别是中华文化价值观以及社会主义价值观的需要，更是抵御外来糟粕文化入侵和维护国家文化安全的需要。

（一）继承和弘扬中华文化的需要

当今世界，文化与经济、政治相互交融，在综合国力竞争中的地位和作用越来越突出。在经济全球化背景下，文化产业的迅猛发展使超级大国得以推行文化霸权，为其强权政治服务。美国控制了全世界75%的电视节目和60%的广播节目的生产和制作，许多国家的电视节目中，美国节目占到60%，甚至80%以上。为了维护我国的文化安全，维护世界文化的多样化，促进世界多元文化的共存共荣，反对文化霸权，必须大力发展中国特色的文化产业，在世界文化市场上争得与五千年文明史的人口大国相应的市场份额。

中国传统文化博大精深，资源之丰富让人叹为观止。然而由于诸多原因，中国传统文化遭到了巨大破坏，而走产业化发展的道路是中国传统文化实现伟大复兴的必然选择。

作为最具生命力的文明古国，中国有必要也有能力让自己的文化走

① 王永章：《走中国特色文化产业发展之路》，《人民日报》2003年5月6日第12版。

向世界，最重要的就是要创造一系列有鲜明中国特色的文化产品。文化产品是文化精神和文化传统的载体和表现。在经济全球化的趋势下，中国的文化产业应该立足于民族传统文化，将民族文化的精华带入产业链，带入国际文化市场，打造民族文化品牌，积极探索民族文化资源的产业化道路。

（二）参与全球文化产业竞争的需要

早在2007年党的十七大报告就指出："大力发展文化产业，实施重大文化产业项目带动战略，加快文化产业基地和区域性特色文化产业群建设，培育文化产业骨干企业和战略投资者，繁荣文化市场，增强国际竞争力。"① 2011年10月，党的十七届六中全会强调："当今世界正处在大发展大变革大调整时期，世界多极化、经济全球化深入发展，科学技术日新月异，各种思想文化交流、交融、交锋更加频繁，文化在综合国力竞争中的地位和作用更加凸显，维护国家文化安全任务更加艰巨，增强国家文化软实力、中华文化国际影响力要求更加紧迫。"② 可见，振兴我国文化产业不仅是民族文化复兴的内在需求，更是参与全球文化产业竞争，维护世界文化多样性发展的必然要求。

我国国内生产总值从2009年超过日本以来稳居世界第二位，占世界经济总量的比重也不断上升。2015年中国的货物贸易进口和出口额自2013年以来连续三年位居世界第一，社会消费品零售总额、服务贸易进出口额也稳居世界第二位。另一方面，我国文化贸易却存在着巨大的逆差，规模、结构、竞争力等方面亟待扩大、优化和提升。尽管近年来我国对外文化贸易发展很快，但出口的多为初级产品，高端文化产品出口相当稀少，产权贸易逆差在7.5∶1左右。以演艺产品为例，中国引进和派出的文艺演出每场收入比约为10∶1，中国全部海外商业演出的年收入不到1亿美元，不及国外一个著名马戏团一年的海外演出收入。③

文化贸易的巨大逆差，反映出我国目前的文化产品还缺乏应有的国际竞争力与市场吸引力。越是民族的，就越是世界的，有特色的产品才能在

---

① 胡锦涛：《高举中国特色社会主义伟大旗帜　为夺取全面建设小康社会新胜利而奋斗》，中国共产党第十七次代表大会，2007。

② 中国共产党第十七届中央委员会第六次全体会议文件：《中共中央关于深化文化体制改革推动社会主义文化大发展大繁荣若干重大问题的决定》，2011年10月18日。

③ 蔡武：《国务院关于文化产业发展工作情况的报告》，参见中国人大网2010年4月28日：http://www.npc.gov.cn/npc/xinwen/2010-04/28/content_1570904.htm。

市场上吸引眼球，占领市场。中国要想在激烈的国际文化产业市场竞争中占有一席之地，首先必须生产出大量中国特色的文化产品，打造具有中国味、民族味的文化产业品牌，而不只是做国际文化产品的OEM。目前，我国能够打入国际市场的文化产品也都是带有中国风格和中国气派的文化品牌。这也证明，只有民族品牌才能经受住国际文化产业市场的严峻考验与挑战。

作为中国文化产业的领跑者，深圳华强集团走出了一条“文化+科技”的文化产业新路径，首创了一个文化产业多元化市场平台，从市场角度将文化、旅游、科技三大产业整合为一体，形成了以文化为核心，以旅游为市场，以科技为支撑的文化科技产业“三驾马车”，逐步形成以自有品牌、自主知识产权为核心，以动漫、特种电影、游戏、主题公园为产品，以旅游、电视网络、互联网络、休闲娱乐等为多元化市场格局的具有国际竞争力的商业运营模式。[①] 目前，华强集团已经将70多套完全自有知识产权的环幕4D影院输出到美国、加拿大等40多个国家与地区，每年出租到上述国家和地区的配套特种电影影片超过20部。中国第一个出口国外的文化科技主题公园“方特欢乐世界”已在伊朗第二大城市伊斯法罕建设完成，华强集团同南非、乌克兰等国就大型文化科技主题公园的合作项目也正在进行之中。另外，华强集团部分优秀产品还进入了全球知名媒体尼克频道和欧洲市场。

（三）满足人民群众文化消费的需要

文化生产从根本上讲，是要满足人民群众日益增长的精神文化需要。文化产品已经成为现代人不可缺少的精神食粮，文化生活是现代生活的重要组成部分。

从需求的角度看，都市人越来越深切地体验到繁华的弊端，转而怀念和向往已横遭破坏的昔日的淳朴与安宁；同时经过多年的宣传，一个庞大的中国传统文化需求市场正在全球形成。我国人民的文化需求，不能大部分由国外现代化的、有异域风情的文化产品来满足，毕竟中国消费者对中国风格、中国特色的文化产品情有独钟，必须由中国特色的文化产业来提供相应的文化产品。因此在继承传统文化的同时，也要符合和反映时代潮流，创造表现中国优秀历史思想文化和现代人民精神风貌的新型文化，满

---

① 易运文：《科技让文化产生裂变——深圳华强集团走出中国特色文化产业发展之路》，《光明日报》2010年9月11日第1版。

足13亿人民迅猛增长且日益多样化的精神文化需求。

三、发挥自身优势打造文化产业的中国特色

发展文化产业的根本任务是最大限度地解放和发展文化生产力，大胆改革生产关系和上层建筑中尚不适应文化生产力发展的方面和环节，把有利于发展中国文化生产力、有利于增强我国文化产业的综合实力、有利于激发我国文化产业的创造性和创立文化品牌、有利于推动中国文化产业的跨越式发展作为所有工作的出发点和检验标准。① 文化产业要形成走向世界和参与国际竞争的主体力量，提高文化产品和服务的科技含量，促进文化产业与教育、科技、体育、旅游、信息等相关行业的联动发展，构建有中国特色的文化产业体系。

（一）传统性、民族性与时代性、全球性相统一

打造文化产业的中国特色，要求我们在继承传统的基础上追求全球化视野，寻求中国传统文化与现代市场新的结合点。一切有利于加强我国社会主义文化建设的有益经验，一切有利于提高我国人民精神境界的文化成果，一切有利于发展我国社会主义文化事业和文化产业的管理方式都要积极研究和借鉴。

在全球化浪潮和对外开放的条件下，要继承和弘扬民族优秀的传统文化，保持和突出鲜明的民族特色和民族特性。对外文化工作要认真处理好“越是民族的，越是世界的”这一定律和“适应受众的思维方式、欣赏习惯、接受能力和语言特点”这一跨文化传播规律的辩证关系。

中国传统文化资源具有独特的竞争优势，内容博大精深，形式巨细纷繁。静态的如浩如烟海的儒、释、道、医、易等文献典籍，动态的如音乐、戏剧、武术、杂技等等，无不包含着对生生不息的渴望，对生存乐趣的演绎，对自然的亲和，对社会的责任，对友谊的追求，对亲情的眷恋，对道义的持守……我国丰富的历史资源为文化产业的发展准备了坚实的发展基础。中国文化产业的发展，可以、应该也必须立足于对传统的继承和发扬。同时，应该发掘、发挥传统文化在当今社会中的新意义，赋予传统文化以时代神韵。开发利用这些历史文化资源，并加以产权保护，可以形成具有中国特色的文化产业。

---

① 王育济、齐勇峰、侯样祥、韩英：《中国文化年鉴学术年鉴（2003－2007年卷）》，60页，北京，文化艺术出版社，2009。

要寻求中国传统文化与市场新的结合点，提升文化产品的科技含量。传统文化不能只是被动地等待市场机会，而是要积极影响市场，提高传统文化本身的自然吸引力，并引导市场建立起向传统文化靠拢的价值取向。即通过产业化手段和合理的商业包装和运作，将传统文化转变成为大众愿意接受的一系列文化产品，使传统文化产生巨大的经济价值。

发展文化产业，要发扬与时俱进的时代精神，坚持古为今用的方针。要继承和发扬五千年中华文化的优秀传统，大力弘扬中华民族精神，使民族优秀文化成为新的历史条件下鼓舞我国人民不断前进的精神力量，为中华民族的伟大复兴提供智力支持和思想保证。面对外国文化产业对我国广阔文化市场的激烈攻势，面对市场经济的金钱关系对传统价值观念的猛烈冲击，我们必须坚持洋为中用、古为今用的方针，辩证取舍，择善而从，发展先进文化，支持健康文化，改造落后文化，抵制腐朽文化；必须坚持辩证的批判继承态度，对传统文化进行去粗取精、去伪存真、推陈出新的整理、加工和完善，并借助现代科技和数字化技术加以发掘、改进、制作、产业化、经营和营销，使我国文化产业能够生产制作出具有国际竞争力的优秀文化商品，使文化产业成为全面建设小康社会的重要支柱产业。

（二）寻找比较优势，大力进行文化输出

经济全球化的趋势，并不意味着人类文化也要趋同化和一体化，相反，在日益变小的世界里，人类更需要葆有丰富多彩的精神生活和自由自主的文化取向，这是不同民族不同文明协调发展和各种文化对话、交流、融合的基础。世界迫切地需要了解中国文化，通过发展对外文化贸易，提高中华文化产品在国际市场上的生命力和竞争力，扩大我国文化产品和服务的国际文化市场份额，是中国文化复兴的必由之路。

在发展中国文化产业的道路上，我们应该自觉坚持和弘扬民族文化在文化产品中的灵魂地位，使中华传统文化为中国文化产业注入鲜明的民族特色，从而形成强大的市场吸引力和竞争力。同时，具有中国文化内涵的文化产品将会对目前仍是西方文化一统天下的国际文化市场增添极具精神和经济价值的文化内容和产品形式，这将对丰富和完善国际文化市场、向各国人民提供更为平衡多彩的文化产品、切实推动世界文化多元化、建立更趋合理的国际文化贸易格局作出贡献。

积极与境外的文化企业开展多种类型的合作，积极采取措施增强企业推动中华文化“走出去”的信心和动力。鼓励有实力的企业通过合资、合营等形式，直接在海外建立自己的研发、生产、营销基地，并根据当地的审美情趣和消费习惯，量身创作具有中华文化内涵的文化产品，并力争销往当地主流市场。

（三）积极发展特色文化产业，开发特色文化产品

各地发展文化产业时，应该突出各自的地方特色。这既是指有着鲜明地域特色的文化产品，也包括地方在发展文化产业方面所做的创举。只有各个地区在文化产业的发展中有自己的特色，作为整体的中国文化产业才能有更多的“中国特色”。文化部历年来在全国范围内命名的近千个“中国民间艺术之乡”“中国特色艺术之乡”和“中国民间文化艺术之乡”往往对某种特色文化资源具有一定的区域垄断性，无疑都具备了开发特色文化产品的天然优势。千百年的悠久历史所形成的独特文化和自然环境所造成的要素禀赋，是这些地区发展特色文化产业的最大资本。

立足本地特色优势，正确处理继承和创新的辩证关系。在坚定地走特色化产业发展之路的同时，大胆“引进来”和“走出去”，一方面着眼于世界文化的发展前沿，敢于吸收和借鉴国内外一切有益的文明成果及一切先进的文化管理经验与科技手段，“拿来”并创造具有高科技含量和富有表现力的新形式为我所用；另一方面对本地特色文化精心开发、锐意创新，利用一切可以利用的手段和条件，促使其走出区域、走出国门、走向世界。这就要求各个地方健全和完善文化产业发生机制，扶持有实力的文化企业打造出一批特色鲜明的拳头文化品牌，并使特色文化产品尽快占领应有的市场份额。如上海市依托产业基地的集聚、服务和孵化功能，目前在网络视听服务上占据全国约70%的市场，网络游戏服务占据全国近50%的市场，在网络财经服务、网络电子商务、网络休闲娱乐服务、网络远程教育等领域都保持了全国领先地位。而深圳确立了“设计是产业核心竞争力”的理念，把以工业设计、平面设计、建筑设计、服装设计、室内设计、游戏设计、软件设计为代表的设计业作为文化产业的重点来发展，2008年已经有专业设计从业人员6万余人，年产值15亿元人民币，设计产业占GDP的5%，被联合国教科文组织全球创意城市网络认定为全球6个“设计之都”之一。

（四）加强文化产业的理论创新与突破

发展文化产业，是党的十六大提出的全面建设小康社会、推动文化建设和经济社会协调发展的一项战略任务。对文化产业进行全方位的深入研究，既是文化产业自身发展和实践的内在需要，也是我国社会主义市场经济发展和现代化建设的必然要求。近年来，我国理论界关于文化产业的各

种讨论十分活跃，这对推动和指导各地文化产业的发展起到了积极的作用。实践呼唤理论的指导，有了正确理论的指导，文化产业就能够少走弯路或不走弯路，就能够更健康、更快捷地向前发展。

中国特色的文化产业该如何发展，亟需学术界在理论上给予科学合理的研究与阐释。特别是要加强事关文化产业发展的战略性、前瞻性、全局性问题的理论研究，把握文化产业发展的总体趋势；要逐步总结和建立具有中国特色的文化产业的理论体系；同时，要坚持理论指导实践，提高理论应用水平，推出理论研究成果，尽快转化理论为现实的文化生产力。

总之，只要以自主创新为先导，突出文化产业的中国特色，我们一定能创造更多的体现时代精神、符合人民要求，具有中国特色、中国风格、中国气派的文化成果与文化产品，并创造可观的经济效益，更好地为人民服务，更好地为我国社会主义现代化建设服务。

第二节　用社会主义道德标准规范文化产业市场

文化产品具有明显的意识形态色彩，反映和表现特定阶级和社会集团的利益、意志和精神要求，又反映特定时代的思想观念和意识形态；反映一定社会条件下的客观的社会关系，又反映了创作者的主观意志。文化商品所具有的强烈的意识形态性，对文化消费者及社会群体在思想道德、伦理规范、价值观念层面会产生积极或消极的影响；文化商品的意识形态特征使其承载着教化、激励和社会导向的功能，不仅对消费者个体有影响，而且还会作为一种社会观念产生社会影响。精神产品一旦作为商品在社会传播开来，就会在一定程度上、一定范围内、甚至在普遍范围内影响受众的思想和行为，进而对当时或以后社会的政治、经济、文化等产生影响，而且这种影响还具有累积性、持久性。

因此，任何一个国家的文化商品生产和文化产业发展都必须遵守相应的道德规范，体现国家和民族对精神道德的基本要求，有违社会道德和伦理价值的文化产品是不允许生产销售的。从一定意义上讲，文化产品所体现的国家与民族的道德规范和价值理念，也是一个国家和民族文化产业之特色所在。

一、文化产业发展过程中道德的方向作用

在西方，道德一词起源于拉丁语 mores，指风俗和习惯，后来引申为行为品质的规则规范和善恶评价。再加以扩展可以理解为规则、规范和法则之意。其实，道德的这种含义在我国古代典籍中已有说明，“道”是指事物发展变化的规律和法则，“德”是指人的德行好坏，两者合在一起，则是指人的德行是否符合规律或法则。道德依靠人们的内心信念、社会舆论和传统习俗等维持，用以调整人与人、个人与社会之间的关系。道德作为一种特殊的社会意识，是一定经济基础之上的社会关系的反映，道德规范总是服务于一定的道德主体的，体现着一定阶级、民族或社会集团的利益要求。同样，文化也是一定社会条件的产物，中国正处于社会主义初级阶段，中国特色的社会主义文化及其文化产业必然带有鲜明的时代特征和民族特色。我国的文化产品生产和文化产业发展必须同社会主义初级阶段的特殊国情相适应，与我国基本经济制度、政治制度相结合。现阶段，人民群众的精神文化需要主要表现为求知、求美和求乐的愿望，要求提高文化知识水平，提高思想道德水平，获得审美、消遣、娱乐。我国文化商品的使用价值必须满足人们精神生活的需要，集欣赏价值、审美价值、认识价值于一体；我国文化产业的发展应以社会主义道德规范为依据，围绕建设富强、民主、文明的社会主义现代化国家的根本任务，为人民服务，为社会服务。具体来看，文化产业发展过程中道德的方向作用主要体现在以下三个方面：

（一）导向性功能：道德规范明确了文化产业的方向和目标

世界上没有不包含内在价值观的文化，也没有不体现一定道德规范的文化产品。文化产品作为具有意识形态性的特殊商品，其产业化发展自然受到道德导向性作用的规范和约束。文化产业是文化走向市场经济的产物，我国大力发展文化产业，目的在于全面建设小康社会，丰富人民的文化生活，满足人民群众日益增长的精神文化需求。文化产品一般也有物质载体，但它主要是一种精神产品，因此，文化产品的生产和文化产业的发展，必须以社会主义道德规范为基本导向。

随着温饱问题的解决，中国逐步进入小康社会，在获得物质需求的同时，人民更多地渴望获得更高层次的精神和文化上的满足。而信息传播技术的革命，使得文化产品在传播速度、覆盖面和对公众的影响力上达到了前人难以想象的程度。可以预见，文化产业将会是 21 世纪具有远大前景

和影响力的产业形态。由于文化产业不仅仅是经济领域的市场行为，同时也承载着建设社会主义精神文明和发展社会主义文化的任务，所以文化产业的发展必须与社会主义道德规范和精神文明建设相一致。培养一代又一代有理想、有道德、有文化、有纪律的公民，促进全民族思想道德素质和科学文化素质的不断提高，为我国经济发展和社会进步提供精神动力和智力支持，是文化产业应有的方向性目标与社会责任。

（二）规定性功能：道德规范规定了文化产品的内涵和精神实质

凡能被称作文化的东西必然有其精神、思想、价值观层面的属性。发展文化产业，离不开文化，但我们需要的是符合社会主义道德规范的，积极向上、健康纯净的文化。道德规范确定了文化产品的内涵和精神实质，如果仅仅为了产业和利益，而牺牲了文化的导向性，无视道德观和价值观，将不可避免地引发一系列社会问题，这是得不偿失的。而且，即使符合社会主义价值取向的文化，不是都可以毫无顾忌地被商业化的，也不是任何文化都可以做成文化产业。现在一些公益性文化场所以敛财营利为目的，弱化甚至丧失了原有的文化价值，这不利于文化内涵的传承。文化产业是文化和产业的结合，文化是前提和基础，不符合道德规范、没有文化内涵，文化产业也就无从谈起。文化产品的生产应该以保护和发展文化、满足人们的精神文化需求为核心价值和终极目的，政府在鼓励发展文化产业的同时也要重视对其内容的引导，尤其在文化产业兴起之初更要避免盲目上马、误入歧途。

（三）评判性功能：道德规范彰显了文化企业的社会责任

文化企业作为市场主体，追求经济利益最大化是应有之义，无可厚非，但片面强调文化产品的商品属性而无视文化企业的社会责任，则不利于文化产业的发展。文化产品生产商应以满足人民需求为市场导向，以社会主义道德规范为依据，彰显文化企业的道德责任。这主要体现在两个方面：首先，作为文化产品提供商的文化企业，应当创作和生产积极向上的、能够激励人、鼓舞人、感染人的精神产品，充分发挥文化产品本身所承载的教化、激励和社会导向的功能。不同的文化商品具有不同的社会效应，积极向上的文化产品，可以通过塑造感人的形象来激励人，通过美的感染力来影响人，振奋民族精神，增强民族凝聚力。通过生产积极向上的精神产品，繁荣我国的文化发展，为社会主义建设提供强大的精神动力和智力支持，推动社会进步。其次，文化企业作为特殊的企业形态，承载着文明道德、价值理念传播者的责任，理应成为企业界和全社会不可或缺的道德楷模，担负起更多的公益事业和社会责任。

二、用社会主义道德标准推动中国特色文化产业健康发展

社会主义社会作为人类社会历史发展进程的重要阶段，在思想、政治、经济、文化等方面都表现出与以往社会形态不同的鲜明特征。社会主义道德规范也是一样，体现着这一特定历史阶段所具有的先进文化内涵。

道德规范作为一个社会的道德观念、道德意识、道德评价和道德关系的有机整体，作用于社会的经济、政治、生活的各个方面和整个过程。社会主义道德规范可以从以下几个方面具体把握：首先，集体主义原则是社会主义道德的基本原则。这是由我国社会主义国家性质所决定的，既符合社会主义初级阶段的经济基础与经济关系的需要，也适应了建立社会主义市场经济体制的要求。其次，公平、公正原则也是社会主义道德的基本原则，要求公正与平等统一，公正与效益统一，权利与义务统一。第三，互利共赢原则同样是社会主义道德的基本原则，可以有效地协调社会主义市场经济体制下各方面的经济活动和社会关系。

文化产业在中国是一个蓬勃兴起的新产业。中国文化的发展需要产业化，社会主义市场经济的发展也少不了文化产业。当务之急，不仅要在实践中加速发展中国文化产业，而且要在价值观念上建立社会主义道德规范和精神文明对中国文化产业的引导，用社会主义道德标准规范、促进中国特色社会主义文化产业的发展。

（一）社会主义道德规范是中国文化产业良性运行的基本条件

社会主义道德是中国文化产业之魂，文化产业是弘扬中华民族道德规范和理想价值的载体。我们无需人为地把文化意识形态灌输到文化产业中，但也不能回避社会主义道德规范是中国特色文化产业良性运行的基本条件。

社会主义道德规范是中国文化产业健康发展的保障。发展中国特色社会主义文化产业，要遵循社会主义精神文明建设的规律，适应市场经济的要求，深化文化体制改革，大力推进文化创新，满足人民群众日益增长的精神文化需求。这是符合形势发展要求、体现我国文化发展方向的战略思路，文化产业要遵循这一思路，积极推行体制改革和机制创新，进一步探索中国特色文化产业发展之路。

道德规范对文化产业的整合功能非常明显，可以使经济活动主体之间的工作关系更加协调，利益关系处理得更加公平妥当，人际关系调理得更

加宽松和谐，从而促进社会经济活动的健康发展。当然，由于中国当前处于社会转型期，全社会精神文明建设还有待深入，道德规范的整合性功能在文化产业发展的某些方面还体现得不够充分。一般情况下，道德规范的整合性功能是与经济政策与经济制度、管理制度与管理方式等“硬调节”因素结合在一起而产生效用的。

（二）社会主义道德规范有利于中国文化产品质量提升

社会主义道德规范规定了中国文化产品的内涵和精神实质，也对中国文化产品的生产质量提出了要求，那就是要生产体现民族精神价值的文化精品。文化精品可以从以下方面理解：一是反映了一个国家整体的文化水平，代表了一个国家文化发展的主导方向，具有引导性、前瞻性和精美性；二是体现着社会主义文化工作者的追求与奋斗，代表着他们对国家、对民族文化产业发展的奉献精神，具有强大的感染力和号召力；三是精品的本质是创造，是创新与突破，是超越时空能载入人类文化史的佳作，具有广泛的传播性和较高的文化价值。只有以社会主义道德标准为导向，积极实施文化精品战略，才能生产大量的优秀文化产品，才能极大地提升和丰富人民群众的精神文化生活，产生广泛而良好的社会影响，促进中国特色文化产业的不断升级，为国家带来更大的社会效益与经济效益，为社会主义精神文明建设作出更大贡献。

（三）社会主义道德规范促进了文化企业的健康发展

文化企业是市场经济中的经营主体，是现代企业形态之一。传统意义上企业目标就是实现投资者利益最大化，但这对文化企业而言却具有相当的局限性，文化企业的目标应当是双重的，即一方面要实现投资者利益，另一方面要为社会作出贡献，传承民族文化、履行社会责任、实现社会效益。道德规范将引导文化企业明确自身责任，促进其健康发展。文化企业的社会责任在于使消费者得到优质的文化产品和文化服务。一个以道德为引导，为消费者利益着想的文化企业，既为文化传承作出了贡献，又在实现投资者的利益的同时增强了市场竞争力，有利于文化企业的长远发展。

总之，在经济全球化条件下发展社会主义文化产业是一项任务艰巨的系统工程。当代中国文化产业的改革与发展没有现存的模式可资借鉴，需要我们积极大胆地探索，在实践中不断完善。中国文化产业在社会主义市场经济体制下的基本属性，要求文化产业的改革与发展既要体现先进文化的发展要求，又要遵循市场经济的一般规律；既要借鉴其他产业的成熟模式，又要借鉴国外文化产业的有益经验；更要摆正文化产业在国民经济和人民生活中的位置，确认发展文化产业在社会主义精神文明建设中的重大促进作用。只有将文化产业与社会主义精神文明建设联系起来，中国文化产业的发展才能有正确的方向和远大的前途。

附录一 《文化及相关产业分类》（2012）

一、目的和作用

（一）为深入贯彻落实党的十七届六中全会关于深化文化体制改革、推动社会主义文化大发展大繁荣的精神，建立科学可行的文化及相关产业统计制度，制定本分类。

（二）本分类为界定我国文化及相关单位的生产活动提供依据，为当前的社会主义文化建设、文化宏观管理提供参考，为文化及相关产业统计提供统一的定义和范围。

二、定义和范围

（一）定义

本分类规定的文化及相关产业是指为社会公众提供文化产品和文化相关产品的生产活动的集合。

（二）范围

根据以上定义，我国文化及相关产业的范围包括：

1. 以文化为核心内容，为直接满足人们的精神需要而进行的创作、制造、传播、展示等文化产品（包括货物和服务）的生产活动；

2. 为实现文化产品生产所必需的辅助生产活动；

3. 作为文化产品实物载体或制作（使用、传播、展示）工具的文化用品的生产活动（包括制造和销售）；

4. 为实现文化产品生产所需专用设备的生产活动（包括制造和销售）。

三、分类原则

（一）以《国民经济行业分类》为基础

本分类以《国民经济行业分类》（GB/T4754—2011）为基础，根据文化及相关单位生产活动的特点，将行业分类中相关的类别重新组合，是《国民经济行业分类》的派生分类。

（二）兼顾部门管理需要和可操作性

根据我国文化体制改革和发展的实际，本分类在考虑文化生产活动特点的同时，兼顾政府部门管理的需要；立足于现行的统计制度和方法，充分考虑分类的可操作性。

（三）与国际分类标准相衔接

本分类借鉴了联合国教科文组织的《文化统计框架—2009》的分类方法，在定义和覆盖范围上可与其衔接。

四、分类方法

本分类依据上述分类原则，将文化及相关产业分为五层。

第一层包括文化产品的生产、文化相关产品的生产两部分，用“第一部分”“第二部分”表示；

第二层根据管理需要和文化生产活动的自身特点分为 10 个大类，用“一”“二”……“十”表示；

第三层依照文化生产活动的相近性分为 50 个中类，在每个大类下分别用“（一）”“（二）”“（三）”……表示；

第四层共有 120 个小类，是文化及相关产业的具体活动类别，直接用《国民经济行业分类》（GB/T4754—2011）相对应行业小类的名称和代码表示。对于含有部分文化生产活动的小类，在其名称后用“*”标出。

第五层为带“*”小类下设置的延伸层。通过在类别名称前加“—”表示，不设代码和顺序号，其包含的活动内容在表 2 中加以说明。

五、文化及相关产业分类表

表 1　　文化及相关产业的类别名称和行业代码

类别名称	国民经济行业代码
第一部分　文化产品的生产	
一、新闻出版发行服务	
（一）新闻服务	
新闻业	8510
（二）出版服务	
图书出版	8521

续表

类　别　名　称	国民经济 行业代码
报纸出版	8522
期刊出版	8523
音像制品出版	8524
电子出版物出版	8525
其他出版业	8529
（三）发行服务	
图书批发	5143
报刊批发	5144
音像制品及电子出版物批发	5145
图书、报刊零售	5243
音像制品及电子出版物零售	5244
二、广播电视电影服务	
（一）广播电视服务	
广播	8610
电视	8620
（二）电影和影视录音服务	
电影和影视节目制作	8630
电影和影视节目发行	8640
电影放映	8650
录音制作	8660
三、文化艺术服务	
（一）文艺创作与表演服务	
文艺创作与表演	8710
艺术表演场馆	8720
（二）图书馆与档案馆服务	
图书馆	8731
档案馆	8732
（三）文化遗产保护服务	
文物及非物质文化遗产保护	8740
博物馆	8750
烈士陵园、纪念馆	8760
（四）群众文化服务	
群众文化活动	8770
（五）文化研究和社团服务	
社会人文科学研究	7350
专业性团体（的服务）*	9421
——学术理论社会团体的服务	
——文化团体的服务	
（六）文化艺术培训服务	

续表

类别名称	国民经济行业代码
文化艺术培训	8293
其他未列明教育 *	8299
——美术、舞蹈、音乐辅导服务	
（七）其他文化艺术服务	
其他文化艺术业	8790
四、文化信息传输服务	
（一）互联网信息服务	
互联网信息服务	6420
（二）增值电信服务（文化部分）	
其他电信服务 *	6319
——增值电信服务（文化部分）	
（三）广播电视传输服务	
有线广播电视传输服务	6321
无线广播电视传输服务	6322
卫星传输服务 *	6330
——传输、覆盖与接收服务	
——设计、安装、调试、测试、监测等服务	
五、文化创意和设计服务	
（一）广告服务	
广告业	7240
（二）文化软件服务	
软件开发 *	6510
——多媒体、动漫游戏软件开发	
数字内容服务 *	6591
——数字动漫、游戏设计制作	
（三）建筑设计服务	
工程勘察设计 *	7482
——房屋建筑工程设计服务	
——室内装饰设计服务	
——风景园林工程专项设计服务	
（四）专业设计服务	
专业化设计服务	7491
六、文化休闲娱乐服务	
（一）景区游览服务	
公园管理	7851
游览景区管理	7852
野生动物保护 *	7712
——动物园和海洋馆、水族馆管理服务	
野生植物保护 *	7713

续表

类 别 名 称	国民经济 行业代码
——植物园管理服务	
（二）娱乐休闲服务	
歌舞厅娱乐活动	8911
电子游艺厅娱乐活动	8912
网吧活动	8913
其他室内娱乐活动	8919
游乐园	8920
其他娱乐业	8990
（三）摄影扩印服务	
摄影扩印服务	7492
七、工艺美术品的生产	
（一）工艺美术品的制造	
雕塑工艺品制造	2431
金属工艺品制造	2432
漆器工艺品制造	2433
花画工艺品制造	2434
天然植物纤维编织工艺品制造	2435
抽纱刺绣工艺品制造	2436
地毯、挂毯制造	2437
珠宝首饰及有关物品制造	2438
其他工艺美术品制造	2439
（二）园林、陈设艺术及其他陶瓷制品的制造	
园林、陈设艺术及其他陶瓷制品制造 *	3079
——陈设艺术陶瓷制品制造	
（三）工艺美术品的销售	
首饰、工艺品及收藏品批发	5146
珠宝首饰零售	5245
工艺美术品及收藏品零售	5246
第二部分　文化相关产品的生产	
八、文化产品生产的辅助生产	
（一）版权服务	
知识产权服务 *	7250
——版权和文化软件服务	
（二）印刷复制服务	
书、报刊印刷	2311
本册印制	2312
包装装潢及其他印刷	2319
装订及印刷相关服务	2320
记录媒介复制	2330

WENHUA CHANYE

续表

类　别　名　称	国民经济行业代码
（三）文化经纪代理服务	
文化娱乐经纪人	8941
其他文化艺术经纪代理	8949
（四）文化贸易代理与拍卖服务	
贸易代理 *	5181
——文化贸易代理服务	
拍卖 *	5182
——艺（美）术品、文物、古董、字画拍卖服务	
（五）文化出租服务	
娱乐及体育设备出租 *	7121
——视频设备、照相器材和娱乐设备的出租服务	
图书出租	7122
音像制品出租	7123
（六）会展服务	
会议及展览服务	7292
（七）其他文化辅助生产	
其他未列明商务服务业 *	7299
——公司礼仪和模特服务	
——大型活动组织服务	
——票务服务	
九、文化用品的生产	
（一）办公用品的制造	
文具制造	2411
笔的制造	2412
墨水、墨汁制造	2414
（二）乐器的制造	
中乐器制造	2421
西乐器制造	2422
电子乐器制造	2423
其他乐器及零件制造	2429
（三）玩具的制造	
玩具制造	2450
（四）游艺器材及娱乐用品的制造	
露天游乐场所游乐设备制造	2461
游艺用品及室内游艺器材制造	2462
其他娱乐用品制造	2469
（五）视听设备的制造	
电视机制造	3951
音响设备制造	3952

续表

类 别 名 称	国民经济行业代码
影视录放设备制造	3953
（六）焰火、鞭炮产品的制造	
焰火、鞭炮产品制造	2672
（七）文化用纸的制造	
机制纸及纸板制造 *	2221
——文化用机制纸及纸板制造	
手工纸制造	2222
（八）文化用油墨颜料的制造	
油墨及类似产品制造	2642
颜料制造 *	2643
——文化用颜料制造	
（九）文化用化学品的制造	
信息化学品制造 *	2664
——文化用信息化学品的制造	
（十）其他文化用品的制造	
照明灯具制造 *	3872
——装饰用灯和影视舞台灯制造	
其他电子设备制造 *	3990
——电子快译通、电子记事本、电子词典等制造	
（十一）文具乐器照相器材的销售	
文具用品批发	5141
文具用品零售	5241
乐器零售	5247
照相器材零售	5248
（十二）文化用家电的销售	
家用电器批发 *	5137
——文化用家用电器批发	
家用视听设备零售	5271
（十三）其他文化用品的销售	
其他文化用品批发	5149
其他文化用品零售	5249
十、文化专用设备的生产	
（一）印刷专用设备的制造	
印刷专用设备制造	3542
（二）广播电视电影专用设备的制造	
广播电视节目制作及发射设备制造	3931
广播电视接收设备及器材制造	3932

续表

类 别 名 称	国民经济行业代码
应用电视设备及其他广播电视设备制造	3939
电影机械制造	3471
（三）其他文化专用设备的制造	
幻灯及投影设备制造	3472
照相机及器材制造	3473
复印和胶印设备制造	3474
（四）广播电视电影专用设备的批发	
通讯及广播电视设备批发 *	5178
——广播电视电影专用设备批发	
（五）舞台照明设备的批发	
电气设备批发 *	5176
——舞台照明设备的批发	

表 2　　对延伸层文化生产活动内容的说明

序号	类别名称及代码		文化生产活动的内容
	小　类	延伸层	
1	专业性团体（的服务）(9421)	学术理论社会团体的服务	包括党的理论研究、史学研究、思想工作研究、社会人文科学研究等团体的服务。
		文化团体的服务	包括新闻、图书、报刊、音像、版权、广播、电视、电影、演员、作家、文学艺术、美术家、摄影家、文物、博物馆、图书馆、文化馆、游乐园、公园、文艺理论研究、民族文化等团体的服务。
2	其他未列明教育（8299）	美术、舞蹈、音乐辅导服务	包括美术、舞蹈和音乐等辅导服务。
3	其他电信服务（6319）	增值电信服务（文化部分）	包括手机报、个性化铃音、网络广告等业务服务。
4	卫星传输服务（6330）	传输、覆盖与接收服务	包括卫星广播电视信号的传输、覆盖与接收服务。
		设计、安装、调试、测试、监测等服务	包括卫星广播电视传输、覆盖、接收系统的设计、安装、调试、测试、监测等服务。
5	软件开发（6510）	多媒体、动漫游戏软件开发	包括应用软件开发及经营中的多媒体软件和动漫游戏软件开发及经营活动。
6	数字内容服务（6591）	数字动漫、游戏设计制作	包括数字动漫制作和游戏设计制作等服务。

续表

序号	类别名称及代码		文化生产活动的内容
	小　类	延伸层	
7	工程勘察设计（7482）	房屋建筑工程设计服务	包括房屋（住宅、商业用房、公用事业用房、其他房屋）建筑工程设计服务。
		室内装饰设计服务	包括住宅室内装饰设计服务和其他室内装饰设计服务。
		风景园林工程专项设计服务	包括各类风景园林工程专项设计服务。
8	野生动物保护（7712）	动物园和海洋馆、水族馆管理服务	包括动物园管理服务，放养动物园管理服务，鸟类动物园管理服务，海洋馆、水族馆管理服务。
9	野生植物保护（7713）	植物园管理服务	包括各类植物园管理服务。
10	园林、陈设艺术及其他陶瓷制品制造（3079）	陈设艺术陶瓷制品制造	包括室内陈设艺术陶瓷制品、工艺陶瓷制品、陶瓷壁画、陶瓷制塑像和其他陈设艺术陶瓷制品的制造。
11	知识产权服务（7250）	版权和文化软件服务	版权服务包括版权代理服务，版权鉴定服务，版权咨询服务，海外作品登记服务，涉外音像合同认证服务，著作权使用报酬收转服务，版权贸易服务和其他版权服务。文化软件服务指与文化有关的软件服务，包括软件代理、软件著作权登记、软件鉴定等服务。
12	贸易代理（5181）	文化贸易代理服务	包括文化用品、图书、音像、文化用家用电器和广播电视器材等国际国内贸易代理服务。
13	拍卖（5182）	艺（美）术品、文物、古董、字画拍卖服务	包括艺（美）术品拍卖服务，文物拍卖服务，古董、字画拍卖服务。
14	娱乐及体育设备出租（7121）	视频设备、照相器材和娱乐设备的出租服务	包括视频设备出租服务，照相器材出租服务，娱乐设备出租服务。
15	其他未列明商务服务业（7299）	公司礼仪和模特服务	公司礼仪服务包括开业典礼、庆典及其他重大活动的礼仪服务。模特服务包括服装模特、艺术模特和其他模特等服务。
		大型活动组织服务	包括文艺晚会策划组织服务，大型庆典活动策划组织服务，艺术、模特大赛策划组织服务，艺术节、电影节等策划组织服务，民间活动策划组织服务，公益演出、展览等活动的策划组织服务，其他大型活动的策划组织服务。
		票务服务	包括电影票务服务，文艺演出票务服务，展览、博览会票务服务。

续表

序号	类别名称及代码		文化生产活动的内容
	小　类	延伸层	
16	机制纸及纸板制造（2221）	文化用机制纸及纸板制造	包括未涂布印刷书写用纸制造，涂布类印刷用纸制造，感应纸及纸板制造。
17	颜料制造（2643）	文化用颜料制造	包括水彩颜料、水粉颜料、油画颜料、国画颜料、调色料、其他艺术用颜料、美工塑型用膏等制造。
18	信息化学品制造（2664）	文化用信息化学品的制造	包括感光胶片的制造，摄影感光纸、纸板及纺织物制造，摄影用化学制剂、复印机用化学制剂制造，空白磁带、空白磁盘、空盘制造。
19	照明灯具制造（3872）	装饰用灯和影视舞台灯制造	包括装饰用灯（圣诞树用成套灯具、其他装饰用灯）和影视舞台灯的制造。
20	其他电子设备制造（3990）	电子快译通、电子记事本、电子词典等制造	包括电子快译通、电子记事本、电子词典等电子设备的制造。
21	家用电器批发（5137）	文化用家用电器批发	包括电视机、摄录像设备、便携式收录放设备、音响设备等的批发。
22	通讯及广播电视设备批发（5178）	广播电视电影专用设备批发	包括广播设备、电视设备、电影设备、广播电视卫星设备等的批发。
23	电气设备批发（5176）	舞台照明设备的批发	包括各类舞台照明设备的批发。

《文化及相关产业分类（2012）》
修订说明

一、修订的背景

2004年，为贯彻落实党的十六大关于文化建设和文化体制改革的要求，建立科学可行的文化产业统计，规范文化及相关产业的范围，国家统计局在与中宣部及国务院有关部门共同研究的基础上，依据《国民经济行业分类》（GB/T4754-2002），制定了《文化及相关产业分类》，并作为国家统计标准颁布实施。从实施情况看，以此分类为基础开展的统计工作为反映我国文化产业的发展状况，为文化体制改革和文化产业发展宏观决策提供了重要的基础信息。

党的十七届五中全会提出推动文化产业成为国民经济支柱性产业的战略目标，党的十七届六中全会进一步强调推动文化产业跨越式发展，使之成为新的增长点、经济结构战略性调整的重要支点、转变经济发展方式的重要着力点，对文化产业统计工作提出了新的要求。同时，由于新的《国民经济行业分类》（GB/T4754-2011）颁布实施，联合国教科文组织《文化统计框架—2009》的发布，文化新业态的不断涌现，有必要对2004年制定的《文化及相关产业分类》进行修订。

2011年9月28日，中宣部、国家统计局在北京召开了文化产业统计研讨会，有关部委同志、部分省市党委宣传部和统计局负责同志以及有关专家学者参加。会议认为，要适应我国文化产业发展的新情况、新变化，总结近年来各地区、各部门统计工作的实践经验，对现行分类进行必要调整，使其更加切合发展需要。修订工作争取2012年6月底前完成，从2012年统计年报开始正式实行。

根据会议精神，国家统计局开始了《文化及相关产业分类》的修订工作。

二、修订的主要内容

本次修订在2004年制定的《文化及相关产业分类》的基础上进行，延续原有的分类原则和方法，调整了类别结构，增加了与文化生产活动相关的创意、新业态、软件设计服务等内容和部分行业小类，减少了少量不符合文化及相关产业定义的活动类别。

（一）结构的调整情况

1.2004年制定的《文化及相关产业分类》第一层分为“文化服务”和“相关文化服务”两部分，本分类将第一层分为“文化产品的生产”和“文化相关产品的生产”两部分。

2.第二层的大类由原来的9个调整为10个。具体是：

（1）合并原大类“新闻服务”和“出版发行和版权服务”为“新闻出版发行服务”一个大类，包含内容略有调整；

（2）保留“广播电视电影服务”“文化艺术服务”“网络文化服务”“文化休闲娱乐服务”四个大类，包含内容有所调整。其中“网络文化服务”更名为“文化信息传输服务”。

（3）新增“文化创意和设计服务”“工艺美术品的生产”“文化产品生产的辅助生产”三个大类；

WENHUA CHANYE

(4) 取消原大类“其他文化服务”。将其中的广告服务移至新增的“文化创意和设计服务”大类中，其他内容移至新增的“文化产品生产的辅助生产”大类中；

(5) 将原“文化用品、设备及相关文化产品的生产”和“文化用品、设备及相关文化产品的销售”两个大类修订为“文化用品的生产”和“文化专用设备的生产”两个大类。

3. 第三层的中类由24个修订为50个，第四层的小类由99个修订为120个（其中新增19个、减少5个，因执行新《国民经济行业分类》增加7个），带“*”的小类由17个修订为23个（其中新增11个、减少4个，因执行新《国民经济行业分类》减少1个）。

4. 取消过渡层，在带“*”的小类下设置29个延伸层。

（二）增加和减少的内容

1. 增加的内容

(1) 文化创意。包括建筑设计服务（指工程勘察设计中的房屋建筑工程设计、室内装饰设计和风景园林工程专项设计）和专业设计服务（指工业设计、时装设计、包装装潢设计、多媒体设计、动漫及衍生产品设计、饰物装饰设计、美术图案设计、展台设计、模型设计和其他专业设计等服务）。

(2) 文化新业态。包括数字内容服务中的数字动漫制作和游戏设计制作，以及其他电信服务中的增值电信服务（文化部分）。

(3) 软件设计服务。包括多媒体软件和动漫游戏软件开发。

(4) 具有文化内涵的特色产品的生产。主要是焰火、鞭炮产品的制造，珠宝首饰及有关物品的制造、销售，陈设艺术陶瓷制品的制造等。

(5) 其他。包括文化艺术培训、本册印制、装订及印刷相关服务、幻灯及投影设备的制造和舞台照明设备的批发等。

2. 减少的内容

包括旅行社、休闲健身娱乐活动、教学用模型及教具制造、其他文教办公用品制造、其他文化办公用机械制造和彩票活动等。

三、有关问题的说明

（一）关于文化及相关产业的定义

2004年制定的分类把文化及相关产业定义为“为社会公众提供文化、娱乐产品和服务的活动，以及与这些活动有关联的活动的集合”。本次修订把文化及相关产业的定义进一步完善为“指为社会公众提供文化产品和文化相关产品的生产活动的集合”，并在范围的表述上对文化产品的生产活动（从内涵）和文化相关产品的生产活动（从外延）做出解释。

根据这一定义，文化及相关产业包括了四个方面的内容，即文化产品的生产活动、文化产品生产的辅助生产活动、文化用品的生产活动和文化专用设备的生产活动。其中文化产品的生产活动构成文化及相关产业的主体，其他三个方面是文化及相关产业的补充。

（二）关于文化事业和文化产业的划分

在国民经济行业分类中，一个行业（或产业）是指从事相同性质的经济活动的所有单位的集合。在统计分类中，行业与产业在英语中都称为“industry”。对国际上的有关分类我国一般翻译为“产业”，而我国相对应的分类叫“行业”。目前，在我国使用“产业”一词往往更强调其经营性或经营规模。

本次修订继续使用“文化及相关产业”的名称，分类涉及范围既包括了公益性单位，也包括了经营性单位，其范围与联合国教科文组织的《文化统计框架—2009》规定的范围基本一致。

在制定2004年的分类时，由于文化体制改革刚刚起步，从单位的行业属性很难区分其公益性和经营性。在很多行业内部，公益性和经营性单位共存，公益性和经营性的统计分类标志尚未确定。目前，文化体制改革取得重大进展，多数行业的公益性或经营性属性可以确定，特别是经过两次全国经济普查，使用是否执行企业会计制度来区分经营性文化产业单位和公益性文化事业单位的原则已经确定。因此，在本分类公布后，统计上所称的“文化及相关产业”指本分类所覆盖的全部单位，“文化产业”仅指经营性文化单位的集合，“文化事业”仅指公益性文化单位的集合。

（三）关于不再保留三个层次划分的说明

在2004年制定分类时，为反映文化建设和文化体制改革的情况，提出《文化及相关产业分类》的内容可进一步组合成文化产业核心层、文化产业外围层和相关文化产业层。目前我国文化体制改革已取得新突破，文化业态不断融合，文化新业态不断涌现，许多文化生产活动很难区分是核心层还是外围层，因此本次修订不再保留三个层次的划分。

（四）关于增加分类内容意见的处理

在本次修订过程中，有关方面提出了很多增加分类内容的意见。经研究，对于新生的文化业态和与文化及相关产业定义较为符合的生产活动已纳入分类，对于争议较大或目前尚把握不准的生产活动暂不纳入（如手机和微型家用计算机的制造），对于虽有部分活动与文化有关但已形成自身完整体系的生产活动不予纳入，以免削弱本分类的文化特征。按此原则，在本次修订中，凡属于农业、采矿、建筑施工、行政管理、体育、自然科学研究、国民教育、餐饮、金融、修理等生产活动和宗教活动均不纳入分类。

新旧《文化及相关产业分类》类别名称和代码对照表

类别名称（2012）	GB/T 4754-2011 代码	类别名称（2004）	GB/T 4754-2002 代码	简要说明
第一部分　文化产品的生产				
一、新闻出版发行服务				
（一）新闻服务				
新闻业	8510	新闻业	8810	
（二）出版服务				
图书出版	8521	图书出版	8821	
报纸出版	8522	报纸出版	8822	
期刊出版	8523	期刊出版	8823	
音像制品出版	8524	音像制品出版	8824	
电子出版物出版	8525	电子出版物出版	8825	
其他出版业	8529	其他出版	8829	
（三）发行服务				
图书批发	5143	图书批发	6343	
报刊批发	5144	报刊批发	6344	
音像制品及电子出版物批发	5145	音像制品及电子出版物批发	6345	
图书、报刊零售	5243	图书零售	6543	
		报刊零售	6544	
音像制品及电子出版物零售	5244	音像制品及电子出版物零售	6545	
二、广播电视电影服务				
（一）广播电视服务				
广播	8610	广播	8910	原8910部分内容调出

续表

类别名称（2012）	GB/T 4754-2011 代码	类别名称（2004）	GB/T 4754-2002 代码	简要说明
电视	8620	电视	8920	原 8920 部分内容调出
（二）电影和影视录音服务				
电影和影视节目制作	8630	电影制作与发行	8931	原 8920、8931、8940 部分内容调到此类
电影和影视节目发行	8640			
电影放映	8650	电影放映	8932	
录音制作	8660	音像制作	8940	原 8910、8940 的部分内容调到此类
三、文化艺术服务				
（一）文艺创作与表演服务				
文艺创作与表演	8710	文艺创作与表演	9010	
艺术表演场馆	8720	艺术表演场馆	9020	
（二）图书馆与档案馆服务				
图书馆	8731	图书馆	9031	
档案馆	8732	档案馆	9032	
（三）文化遗产保护服务				
文物及非物质文化遗产保护	8740	文物及文化保护	9040	更名
博物馆	8750	博物馆	9050	
烈士陵园、纪念馆	8760	烈士陵园、纪念馆	9060	
（四）群众文化服务				
群众文化活动	8770	群众文化活动	9070	
（五）文化研究和社团服务				
社会人文科学研究	7350	社会人文科学研究	7550	
专业性团体（的服务）*	9421	专业性社会团体 *	9621	更名
（六）文化艺术培训服务				
文化艺术培训	8293			新增行业
其他未列明教育 *	8299			新增“*”行业

续表

类别名称（2012）	GB/T 4754-2011 代码	类别名称（2004）	GB/T 4754-2002 代码	简要说明
（七）其他文化艺术服务				
其他文化艺术业	8790	其他文化艺术	9090	
四、文化信息传输服务				
（一）互联网信息服务				
互联网信息服务	6420	互联网信息服务	6020	原 6020 部分内容调出
（二）增值电信服务（文化部分）				
其他电信服务＊	6319			新增“＊”行业
（三）广播电视传输服务				
有线广播电视传输服务	6321	有线广播电视传输服务	6031	
无线广播电视传输服务	6322	无线广播电视传输服务	6032	
卫星传输服务＊	6330	卫星传输服务＊	6040	
五、文化创意和设计服务				
（一）广告服务				
广告业	7240	广告业	7440	
（二）文化软件服务				
软件开发＊	6510			新增“＊”行业
数字内容服务＊	6591			新增“＊”行业，原 6212 部分内容归入此类
（三）建筑设计服务				
工程勘察设计＊	7482			新增“＊”行业
（四）专业设计服务				
专业化设计服务	7491	其他专业技术服务＊	7690	新增行业，原 7690 部分内容调到此类

续表

类别名称（2012）	GB/T 4754-2011 代码	类别名称（2004）	GB/T 4754-2002 代码	简要说明
六、文化休闲娱乐服务				
（一）景区游览服务				
		旅行社	7480	取消行业
公园管理	7851	公园管理	8132	
游览景区管理	7852	风景名胜区管理	8131	
		其他游览景区管理	8139	
野生动物保护 *	7712	野生动植物保护 *	8012	原 8012 分解
野生植物保护 *	7713			
（二）娱乐休闲服务				
歌舞厅娱乐活动	8911	室内娱乐活动	9210	原 9210 分解
电子游艺厅娱乐活动	8912			
网吧活动	8913	其他计算机服务 *	6190	原 6190 部分内容调到此类
其他室内娱乐活动	8919	室内娱乐活动	9210	原 9210 分解
游乐园	8920	游乐园	9220	
		休闲健身娱乐活动	9230	取消行业
其他娱乐业	8990	其他娱乐活动	9290	原 9290 的彩票活动调出
（三）摄影扩印服务				
摄影扩印服务	7492	摄影扩印服务	8280	
七、工艺美术品的生产				
（一）工艺美术品的制造				
雕塑工艺品制造	2431	雕塑工艺品制造	4211	
金属工艺品制造	2432	金属工艺品制造	4212	
漆器工艺品制造	2433	漆器工艺品制造	4213	
花画工艺品制造	2434	花画工艺品制造	4214	
天然植物纤维编织工艺品制造	2435	天然植物纤维编织工艺品制造	4215	

续表

类别名称（2012）	GB/T 4754-2011 代码	类别名称（2004）	GB/T 4754-2002 代码	简要说明
抽纱刺绣工艺品制造	2436	抽纱刺绣工艺品制造	4216	
地毯、挂毯制造	2437	地毯、挂毯制造	4217	
珠宝首饰及有关物品制造	2438	珠宝首饰及有关物品的制造	4218	
其他工艺美术品制造	2439	其他工艺美术品制造	4219	
（二）园林、陈设艺术及其他陶瓷制品的制造				
园林、陈设艺术及其他陶瓷制品制造 *	3079			新增“*”行业
（三）工艺美术品的销售				
首饰、工艺品及收藏品批发	5146	首饰、工艺品及收藏品批发	6346	
珠宝首饰零售	5245			新增行业
工艺美术品及收藏品零售	5246	工艺美术品及收藏品零售	6547	
第二部分　文化相关产品的生产				
八、文化产品生产的辅助生产				
（一）版权服务				
知识产权服务 *	7250	知识产权服务 *	7450	
（二）印刷复制服务				
书、报刊印刷	2311	书、报、刊印刷	2311	
本册印制	2312			新增行业
包装装潢及其他印刷	2319	包装装潢及其他印刷 *	2319	取消“*”
装订及印刷相关服务	2320			新增行业
记录媒介复制	2330	记录媒介的复制 *	2330	取消“*”
（三）文化经纪代理服务				
文化娱乐经纪人	8941	文化艺术经纪代理	9080	原 7499 部分、原 9080 分解

续表

类别名称（2012）	GB/T 4754-2011 代码	类别名称（2004）	GB/T 4754-2002 代码	简要说明
其他文化艺术经纪代理	8949	其他未列明的商务服务 *	7499	原 7499 部分、原 9080 分解
（四）文化贸易代理与拍卖服务				
贸易代理 *	5181	贸易经纪与代理 *	6380	原 6380 分解为 5181、5182、5189
拍卖 *	5182			
（五）文化出租服务				
娱乐及体育设备出租 *	7121			新增“*”行业
图书出租	7122	图书及音像制品出租	7321	原 7321 分解
音像制品出租	7123			
（六）会展服务				
会议及展览服务	7292	会议及展览服务	7491	
（七）其他文化辅助生产				
其他未列明商务服务业 *	7299			原 7499 分解
九、文化用品的生产				
（一）办公用品的制造				
文具制造	2411	文具制造	2411	
笔的制造	2412	笔的制造	2412	
		教学用模型及教具制造	2413	取消行业
墨水、墨汁制造	2414	墨水、墨汁制造	2414	
		其他文化用品制造	2419	取消行业
（二）乐器的制造				
中乐器制造	2421	中乐器制造	2431	
西乐器制造	2422	西乐器制造	2432	
电子乐器制造	2423	电子乐器制造	2433	
其他乐器及零件制造	2429	其他乐器及零件制造	2439	
（三）玩具的制造				

续表

类别名称（2012）	GB/T 4754-2011 代码	类别名称（2004）	GB/T 4754-2002 代码	简要说明
玩具制造	2450	玩具制造	2440	
（四）游艺器材及娱乐用品的制造				
露天游乐场所游乐设备制造	2461	露天游乐场所游乐设备制造	2451	
游艺用品及室内游艺器材制造	2462	游艺用品及室内游艺器材制造	2452	原2452分解
其他娱乐用品制造	2469			
（五）视听设备的制造				
电视机制造	3951	家用影视设备制造	4071	原4071分解
音响设备制造	3952	家用音响设备制造	4072	更名
影视录放设备制造	3953			原4071分解
（六）焰火、鞭炮产品的制造				
焰火、鞭炮产品制造	2672			新增行业
（七）文化用纸的制造				
机制纸及纸板制造 *	2221	机制纸及纸板制造 *	2221	
手工纸制造	2222	手工纸制造 *	2222	取消“*”
（八）文化用油墨颜料的制造				
油墨及类似产品制造	2642			新增行业
颜料制造 *	2643			新增“*”行业
（九）文化用化学品的制造				
信息化学品制造 *	2664	信息化学品制造 *	2665	
（十）其他文化用品的制造				
照明灯具制造 *	3872			新增“*”行业
其他电子设备制造 *	3990			新增“*”行业
（十一）文具乐器照相器材的销售				
文具用品批发	5141	文具用品批发	6341	

续表

类别名称（2012）	GB/T 4754-2011 代码	类别名称（2004）	GB/T 4754-2002 代码	简要说明
文具用品零售	5241	文具用品零售	6541	
乐器零售	5247			原 6549 部分内容调到此处
照相器材零售	5248	照相器材零售	6548	
（十二）文化用家电的销售				
家用电器批发 *	5137	家用电器批发 *	6374	
家用视听设备零售	5271	家用电器零售 *	6571	取消“ * ”
（十三）其他文化用品的销售				
其他文化用品批发	5149	其他文化用品批发	6349	
其他文化用品零售	5249	其他文化用品零售	6549	原 6549 部分内容调出
十、文化专用设备的生产				
（一）印刷专用设备的制造				
印刷专用设备制造	3542	印刷专用设备制造	3642	
（二）广播电视电影专用设备的制造				
广播电视节目制作及发射设备制造	3931	广播电视节目制作及发射设备制造	4031	
广播电视接收设备及器材制造	3932	广播电视接收设备及器材制造	4032	
应用电视设备及其他广播电视设备制造	3939	应用电视设备及其他广播电视设备制造	4039	
电影机械制造	3471	电影机械制造	4151	
（三）其他文化专用设备的制造				
幻灯及投影设备制造	3472			新增行业
照相机及器材制造	3473	照相机及器材制造	4153	
复印和胶印设备制造	3474	复印和胶印设备制造	4154	
		其他文化、办公用机械制造 *	4159	取消行业

续表

类别名称（2012）	GB/T 4754-2011 代码	类别名称（2004）	GB/T 4754-2002 代码	简要说明
（四）广播电视电影设备的批发				
通讯及广播电视设备批发 *	5178	通讯及广播电视设备批发 *	6376	
（五）舞台照明设备的批发				
电气设备批发 *	5176			新增“ * ”行业

（本文件由国家统计局设管司于 2012 年发布）

附录二　文化·创意·财富[①]

——关于文化产业的一种简约表达

文化与文化产业

文化，如同云端的头雁，既彰显着“文博会”作为“文化盛宴”的应有之义，又醒豁地标示了文化在文化产业中的本根地位。

这种本根地位，不但体现为文化是文化产业的“逻辑起点”，即一切的文化产业都必须以文化为基础，文化于文化产业，犹如木之根、水之源，万丈高楼之基石；更重要的是，文化的本根地位，还深刻地表现为：

文化是文化产业的内在之魂。

文化是文化产业的无形之魅。

美国迪斯尼的米老鼠之所以带动了一个巨大的文化产业，当然有技术、资本、营销等众多的原因，但文化则是其风靡全球的魅力之源。沃尔特·迪斯尼通过米老鼠所传达的“善意与关照，幽默与自嘲”，既是美国文化精神的典型凝练，又体现了具有人类某种共性的文化诉求。

① 2006年，山东省人民政府筹办“首届山东（国际）文化产业博览会”，“文化·创意·财富”，即是山东大学相关学者为这届“文博会”设计的主题词。这一主题词当时曾获得广泛好评，产生了很大的社会影响，后又为2008年第二届“文博会”连续使用。本书附录的这篇《文化·创意·财富》，是2006年为阐释这一主题而完成的三篇文章的组合——《文化与文化产业》《创意与文化产业》《财富与文化产业》。当时，“文博会”组委会的徐向红、王世农等领导同志对这组文章的撰写十分关注，要求“既要有学术深度，又要深入浅出”，“要有文采，要写成学术美文”。根据他们的要求，山东大学相关专家集体讨论后，由王育济教授执笔完成了这组文章，并以《文化·创意·财富：三论文博会主题词》发表于“山东文化事业网”，后又收入《中国文化产业学术年鉴 2003－2007年卷》。此次全文附录于《文化产业概论》，并将副标题改拟为“关于文化产业的一种简约表达”，意在以“简约表达”与“概论”相对应。事实上，这组文章也的确可以视之为内容浓缩的“文化产业概论”。

湖南三辰影库公司以“蓝猫”形象为核心创意的卡通产业，两年中，版权收入1.2亿元，产业群销售收入20亿元。美国迪斯尼公司派人实地考察后认为：“‘蓝猫’将成为继‘米老鼠’‘铁臂阿童木’之后销售收入超过1000亿美元的又一国际卡通品牌。”蓝猫的成功，从其核心创意来看，是因为它代表了同“米老鼠”“阿童木”所不同的一种“中国文化的范式”，它是“红领巾”“小大人”“潘冬子”“三好学生”“鸡毛信”“孙悟空”，乃至“孔融让梨”“司马光砸缸”等多种中国文化符号的巧妙融合，也切合了人类喜爱“阳光少年”的文化心理。

“有文化，当然有魅力”，不同“文化范式”所彰显的文化个性，就是迪斯尼和“蓝猫”成功的魅力之源。在文化产业的问题上，也同样印证了如下硬道理：

越是个性的，越是普遍的；

越是民族的，越是世界的；

越是文化的，越是市场的。

缺乏文化含量、缺乏文化个性、缺乏文化精神的文化产业是没有灵魂和生命，也是没有市场的。

文化是文化产业的“内在之魂”，而文化产业则是文化的“有形载体”。

文化需要呈现、需要交流、需要传播、需要延续，文化需要成为千百万人世世代代的精神食粮，这一切都离不开文化产业这一载体。

尤其是在全球化的语境下，一个民族的文化要自立于世界文化之林，要在与各国文化的竞争中获得尊严乃至生存的一席之地，更是离不开文化产业的强力支撑！

应该从文化战略的高度去认识文化与文化产业的问题。因为，在当今世界的发展中，文化的因素已经变得越来越重要。

过去，文化只是一个民族的凝聚力，决定一个国家实力的是政治和经济。而在现代社会，各个国家综合国力的竞争，已经不仅仅是政治和经济的比拼，更重要的是文化的比拼，文化已经被看作一个国家的软实力。

过去，强国对弱国的控制主要是政治和经济的控制，而现在，主要依靠强大的文化产业所赋予的话语权和文化霸权。好莱坞、迪斯尼的输出远比飞机和导弹更有力量。西方学者不无得意地说：“斯大林希望获得压倒一切的绝对实力地位。而米老鼠却真正实现了这种绝对实力地位。”

美国学者亨廷顿认为，未来世界的冲突将不再是政治和经济的冲突，而是文明的冲突和文化的冲突，这种“文明冲突论”在一定程度上反映了当今世界的现实。

一个国家文化的“软实力”主要由三个方面构成，即文化的积累、文化的创新和文化的传播，而包括文化产业在内的文化的传播是最重要的方面。因此文化要真正成为具有竞争性的软实力，必须通过文化产业这个载体。

从这个意义上看，文化产业的发展就有了战略高度。发展文化产业就不仅有经济的动因，还有政治和文化的动因。中共中央政治局第七次集体学习，以“世界文化产业发展状况和我国文化产业发展战略”为内容，其深刻的意义也正在于此。

文化与文化产业的关系虽然如此紧密，但文化产业在任何意义上也不等于文化。有人用弗洛伊德的“冰山理论”来解释文化和文化产业的关系，即我们看到的文化产业只是一个巨大冰山露出海面的很小的一部分，它所依托的文化虽然隐藏在目不可测的海面之下，却构成了这个冰山的绝大部分。

这个比喻是贴切的。

所以，并不是所有的文化要素都可以产业化，哪些文化可以推向市场，哪些文化需要政府的扶植，这些都应当认真考虑。

文化产业的基本属性之一是文化，这不必怀疑，但是被产业化定义了的文化和我们通常所说的文化并不是一回事情。

——首先，它是一种“消费主义的文化”，是按照消费者的要求和市场的需求改造后的文化；

——其次，它是根据产业化的生产和再生产需要，加以规范化、标准化、程序化、品牌化之后的文化；

——再次，它是一种流行主义的文化，只会选择那些具有最大消费群体的，满足大众品味的文化内容作为生产原料。

这就告诉我们，在论及文化与文化产业时，以下的两种情况应该是同时存在着的。

一方面，文化“市场化”的过度追求，导致了诸如“戏说历史”“大话经典”，以及对历史名胜景点的毁坏性经营等一系列问题；而文化产业的大众品味，以及文化产业对艺术作品的大量复制也导致了文化的平庸化，抑制了文化的个性和创造性，妨碍了艺术精品的产生。有学者不无忧虑地指出："如果我们对此没有对策的话，像托尔斯泰、高更和莎士比亚这样的艺术大师恐怕离我们越来越远了。"

但是另一方面，文化产业的巨大发展，包括文化产品（书籍、影视、唱片、光盘）、文化设备以及传播载体的发展，也极大丰富了人类的精神生活，并从根本上促进了人类文化的繁荣。

如果说，"经济的发展，就是一般工厂女工也有能力购得女王穿的丝袜"的话，那么文化发展的主要标志就是，一般大众也能分享和消费文化。文化的大众化与政治的民主化一样，代表着人类的进步。文化产业的最大贡献，就是将以前只为某一个阶层所垄断的"文化"普及于一般民众。尤其是当代文化产业通过电视、光盘和互联网等等，更是消除了所谓高雅文化与通俗文化的界限，从整体上提升了大众文化的品位。例如作为电视剧的《红楼梦》，就很难说它是大众文化还是高雅文化。据报载，电视剧《红楼梦》首播时，北京夜间的盗窃案件一度下降为零，可见其影响阶层之广泛。

其实，上述两种情况给予我们的启示是一致的。这就是：文化品格是文化产业的头等问题；文化产业的发展始终需要"精神标尺"的考量。

这也是"文化·创意·财富"这一主题词首先突出"文化"的意义之所在。

创意与文化产业

创意，像一道气韵灵动的彩虹，连结起两端的文化与财富。

的确，文化产业中的创意，正是商业眼光与文化眼光的结合，它旨在从文化资源中发掘、提炼出最能切入大众文化心理和精神诉求的，因而也最具有市场潜力的卖点（或曰概念），并设计出一种最合适的商业呈现方式，使这一卖点实现商品价值的最大化。

"超级女声，想唱就唱"的创意，就切合了当代大众最为关心的两大文化诉求：机会均等和公平取胜；而"拇指（手机）投票"的创意，更是契合了普通民众日益发生的民主意识和社会参与激情。再加上一系列"刷新大众视听”的呈现方式，如“海选”“PK”“观众短信发言”，“苛刻、戏谑、自嘲混杂的评委语言”，“颠覆评委的观众评判”，“言辞滑稽、势如潮涌的33频道滚动短信播放”，“放肆于喜、怒、哀、乐的夸张表演”，以及透明清晰却又有意拉长的比赛程序，所有这些商业化的呈现方式，终于把“超女”抬升至财富之巅。

所以，文化产业中的创意尽管也有创新、发明等公共含义，但更重要的却是以下三点。

第一，它是对文化内容的一种独具慧眼的商业选择。

创意虽然以文化为基础，但它通常并不是对文化内容的全新创造，而是对已有的文化内容进行独具慧眼的选择，选择文化中所包含的具有普遍商业价值的东西。

第二，它是牵动文化与资本结合的“一根红线”。

文化现象纷繁多样，并不是所有的文化都可能带来财富，唯有那些能够引起普遍关注的，能够带来普遍性的意义和精神价值的“文化”，才有产业化的价值，才能与资本兼容。

创意，就是寻找文化与资本匹配的“缘分”，这既需要了解文化，也需要了解资本。如果不是这样，而是生硬地将文化与资本拉郎配，这不是创意，而是破坏，既毁坏了文化，也损失了资本。

第三，它是按市场的要求，对文化进行全方位规划、设计的“婚前化妆”。

文化产业所界定的创意不仅仅是一个别出心裁的想法，而应该是在寻找到文化现象当中潜在的商业卖点之后，给文化一个符合现代消费习惯的包装，规划一个合理的生产流程，制订一个切实可行的生产资料和人力资源分配方案，设计一套营销和推广方案。

这其中体现的是策划、制作、传播、管理、销售等多方能力的综合。所以，文化产业中的创意，虽然也推崇个人的独创能力，但同时更强调集约化、团队化的特点。单打独斗的创意，至多是一个好点子，而不是文化产业意义上的创意。

创意在文化产业中犹如“转换器”，是文化资源转化为文化产业，资源优势转化为产业优势的关键。

文化资源优势并不能天然地转化为产业发展的优势，要变资源优势为产业优势，形成具有丰厚知识产权的文化产品，关键是创意。

中国不缺文化资源，五千年的文明古国，给我们留下了足够今天利用的丰厚的文化资源。但我们今天仍是文化产业小国。

相反，美国是一个只有两百多年历史的文化资源小国，缺少悠久的历史和灿烂的文化，缺少文化产业的传统资源，但它却能在文化生产和传播上有着巨大的能量和影响，成为一个文化产品的输出大国。这里的关键因素，就是文化创意开发能力的强弱。只要有创意，在不涉及产权保护的情况下，全世界的文化资源都可以为我所用，如中国古老的《木兰辞》，就被美国人“创意”为卡通巨片《花木兰》，在全球获得了3亿美元以上的票房收入。电影《泰坦尼克号》取材于世人尽知的海难悲剧。美国的电影制片企业对这个故事进行了全新的“创意”和全面的市场运作，于是这个故事被演绎为一个凄美的爱情故事，不仅赚到了观众大把的眼泪，而且从全球直接拿走了18亿美元的票房收入，间接地还从副产品中收入了53亿美元。

创意是文化产业中的“裂变器”。

创意是一种对文化资源的高层次的加工，是依靠创意人才的智慧、灵感和想象力，借助于高科技对文化资源的再创造、再提高，它会衍生出无穷的新产品、新服务、新市场和新商机，是文化产业创造巨额价值的“裂变器”。

正如比尔·盖茨所言，“创意具有裂变效应，一盎司的创意，能够带来无以计数的商业利益和商业奇迹”。

创意是文化竞争力中最活跃的因子。

判断一个国家、一个地区的文化竞争力的高低，决定性的指标就是有无自主创意的文化产业品牌。如果没有自主创意的产品，其文化竞争力必然会处于弱势，甚至成为强势者倾销其产品的低端市场，国外大片在中国的热播，就属于这种情况。

女子十二乐坊，是依托中国传统民乐自主创意的一个音乐产业的品牌，“已在日本赚到了近7个亿的人民币”。《十面埋伏》《英雄》这两部充满中国文化符号的自主创意产品，也在海外有着不俗的市场。但是，此类创意目前还很少。时至今日，我们还拿不出与《大长今》《樱桃小丸子》，以及迪斯尼、奥特曼相抗衡的产品；我们也未能使我们的《孙悟空》《封神榜》和《神笔马良》具备《哈里·波特》那种风靡全球的“魔力”。响当当的“中国制造”仍呼之未出。我们在文化交流、国际竞争和文化贸易中仍处于被动地位。

这不是我们的文化资源不够丰厚，而是我们的自主创意能力不足，没有形成文化产业的核心竞争优势。

要改变上述状况，一方面需要综合国力的提高，另一方面则需要着力培养创意人才，建立有利于创意人才生长的社会机制，使创意人才茁壮成长。

目前中国的创意人才，往往是有文化眼光的可能缺乏商业头脑，而有商业头脑的又缺少文化底蕴。二者俱佳的创意人才少而又少。据报载，前面提到的蓝猫卡通行业，目前已出现了明显的危机，其中最致命的问题就是“从业人员的素质偏低，艺术和文化理念沉淀严重不足”。

如同任何产业都有赖于人才一样，文化创意和文化产业，对人才的依赖程度更高。

山东大学历史文化学院院长、山东省文化产业研究基地首席专家王育济教授在教育部首次设置文化产业管理的本科专业时就提出，要在“文化精神、产业理念、现代技术相融合的最佳状态中培养出合格的文化产业管理人才”。

山东省广播电视局刘长允局长说：“我们广电系统目前不缺具体的编导制作人员，缺的是既懂文化又懂观众市场，既有宽广的人文视野，又有精深的产业理念的复合型的策划、管理人才。”

“文化创意，尤其是世界一流的文化创意有赖‘精神家园’涵养基础，需要文化战略性胸怀和高端投入资源的行为，从而激励超群的个体人脑挥洒才华。这绝非低层面圈大地、盖大房、建流水线的办工业模式所能奏效。”北京市社科院首都文化研究中心副主任沈望舒也特别强调了这一点。

如果说其他产业还要更多地依赖于物质资源的话，那么对文化创意产业来说，最可宝贵的就是人才了。正如英国学者佛罗里达在《创意精英》一书中指出的，人的因素是第一位的。创意产业的动力，首先是一种有趣的人才组合，是在一种自由创造的空气中，由科技与艺术、创新与管理、艺术家和工程师、创意精英和能工巧匠形成的丰富组合。它不但有专业化的分工，而且有文与理、设计与复制、创意与营销等的交融。这会极大地刺激知识阶层，让他们在不同学科的碰撞中产生创意和创造。

“只要有了人，什么人间奇迹都可以创造出来”，毛泽东的这句话与比尔·盖茨说的“一盎司的创意可以裂变出无以计数的商业奇迹”，可谓隔代呼应，前后辉映，为文化创意和文化产业的发展，标示了一条清晰的路径。

财富与文化产业

文化·创意·财富——三组跳跃的音符，渐行渐强，由“财富”奏出了曲终的高亢。

文化创造财富，古今皆然。

“洛阳纸贵”，左思的《三都赋》至少间接创造了财富；“密尔顿创作《失乐园》得到了五磅”，马克思《资本论》中的这句名言，则直接标明文化的商品属性；曹雪芹本人虽穷困潦倒，他的《红楼梦》却流淌着不竭的利润；凡·高的油画在他去世百年之后，也卖到了每幅千万美元的高价。

但上述事例同时也给了我们一个巨大的反讽：文化的商品价值的真实呈现，竟是如此之艰难！

是的，文化只有进入产业的程序，人类社会只有发展到文化产业的阶段，文化才能实现其商品价值的真实回归，文化才能理直气壮地步入创造财富的商品市场。

文化产业是19世纪前后现代工业文明的产物。

在此前传统的手工业和小生产社会中，文化产品的生产和经营很难形成规模经济效益，文化的经济价值也就不可能被充分发掘。至19世纪末20世纪初，工业革命和工业技术的巨大进步，不但使文化产品的印刷复制呈现出巨大的规模，而且也产生出诸如照相、电影、留声机（以及后来的录音机、电视等）等新的文化形式。

这些新的文化形式，可以像工业产品那样批量生产。规模化、工业化的文化产业应运而生。

文化也就由此开始了在产业界面上的财富之舞。

文化产业所带来的财富是巨大的，尤其是伴随着近二三十年来现代传媒技术的飞速发展，文化产品借助网络传媒技术，彻底突破时间、空间的局限，无限地拓展了流通领域，提升了盈利空间，从而创造出惊人的财富。

文化产业之所以被称为“黄金产业”“朝阳产业”，或“21世纪最后一块暴利蛋糕”，就是因为文化创意的无限性，与网络传媒等高端技术所造成的流通的无限性，二者的相互融合，成就了一个又一个的财富神话。

文化产业中的“财富”，不应被狭隘地理解为一件文化产品赚了多少钱，它更为宏大的意义至少有以下两点。

第一，它是对一个区域的经济提升。

文化产业是生产文化产品或提供文化服务的经营性的行业集合，其经济的“联动效应”不仅会带动其他相关行业和产业，对区域经济的发展也具有无可比拟的促进和带动作用。

美国的奥兰多原来仅是一个以橘子种植和畜牧业为主业的18万人口的小城镇，迪斯尼乐园的建成，使它迅速转型成为一个观光娱乐城市，每年接待的游客人数高达2500万以上。文化娱乐业的发展，又带动了该地区的宾馆、餐饮、旅游、交通、演艺市场的发展，还吸引了大量的投资者，在当地相继投资兴建了美国境内最大的海洋公园、未来世界等等，每年为当地带来1亿多美元的收入。

第二，它意味着经济发展战略意义上的调整。在西方发达国家，文化产业在GDP中的比重普遍都高于10%。美国的文化产业在其国内产业结构中仅次于军事工业居第二位；日本文化产业的规模比电子和汽车产业还要大；英国自2001年以来，文化产业年产值已超过了任何一种传统制造业所创造的价值……

《多伦多环球邮报》在评论世界财富500强会议时称：“《财富》论坛有一个古老而新鲜的问题：财富是什么？在知识经济和数字化时代，或许财富就是文化。经过产业结构调整的重新洗牌，许多昨天的巨头离开了500强的位置。”

这种重新洗牌的真实含义恰如美国学者沃尔太所言，“文化——而不是那些看上去更实在的汽车制造、钢铁、金融服务业——正在迅速成为新的全球经济增长的驱动轮”。

文化通过创意产生财富，现在多少已经成为人们理解文化产业的一个基本思路了；甚至，“文化＋创意＝财富”一类更为直观的表述，最近也频繁地见诸报端。

如果说，这是一种“文化—财富”的思想启蒙的话，那么，启蒙之后防止对“文化—财富”的“直观预期”和“非理性热情”，也同样是必要的。

文化通过创意产生财富，甚至是巨大的财富，这是毋庸置疑的。但文化怎样通过创意而演变为财富，却又是道路曲折，环节百结的。这里绝不存在“阿里巴巴”的神话，有的仍然是马克思所说的从产品到商品的“惊险的一跃”。

科学把握“文化—财富”的关系，树立科学的财富观，正是中国文化产业发展的关键所在，也是“文博会”秉持的最高理念。

文化创造财富，财富也创造文化。

这不仅体现在文化产业所获得的财富可以反哺于文化，造成文化事业的繁荣。更重要的是，在“文化·创意·财富”这一循环互动的链条上，财富既是目的，也是前提——它是文化产业得以启动、发展、壮大的基本前提。

换言之，没有资本（财富）的介入和运作，任何文化产业都将是空中楼阁。

文化部副部长孟晓驷博士指出：“资本是文化产业发展的基础，资本运作能力决定着文化产业的生存能力和发展空间，这其中包括资本投入方式和融资模式。”依据她的研究，“早在 20 世纪 80 年代，美国文化产业集团已经形成了比较完善的融资体制，一些有实力的文化产业集团其背后都有金融资本的有力支撑，文化产业集团与金融集团互相渗透，互相参股、控股，二者之间建立了稳定的伙伴关系。从支出的角度来说，1999 年美国平均每部电影的拍摄成本为 5150 万美元，这相当于中国电影全年的拍摄费用；2000 年，美国的大公司共拍摄故事片 84 部，平均每部影片的投入高达 8210 万美元。从回报的角度看，1999 年美国电影的票房收入为 75 亿美元，而中国同期票房收入仅为 8.1 亿元人民币”。

由此可见，资本运作的能力正是决定文化产业发展规模和水平的关键因素，财富的确可以创造文化。

文化产业的行业特点，容易使人们更为关注“文化的创意”，而忽视“资本的运作”，所以，强调资本对文化产业的决定作用，是十分必要的。

“文博会”既是文化的盛宴，也是资本运作的平台，招商引资是它的题中应有之义。而在“文化·创意·财富”这一循环互动的链条上，突出财富对文化的决定作用（而不是把财富看成文化的结果），正是一种高点起飞的思路，对推动文化产业迅速形成较大的规模和效益，具有重要的理论和实践意义。

文化需要财富（资本），财富（资本）也需要文化。

追求高附加值、高回报率、低成本、低风险，是资本投资的最大特点，而文化产业恰恰符合资本的这种要求。“在很多产业，100亿做不成大事，但是文化产业却蕴含巨大价值，两亿美元就足够让投资者在新媒体市场里面创造70倍的价值。”唐龙传媒集团董事长陆兴东如是说。

财富通过操纵“文化的舞蹈”实现增值，文化依靠财富的力量得以更加广泛地传播。这种互动的结果是，文化被筛选，被改造，形成新的文化特点，新的文化品格；财富也被重新定义，具有了文化的内涵。

所以，在“文化·创意·财富”这个互动循环的链条上，我们可以说，文化通过创意产生财富；但也可以反过来说，财富通过创意环节作用于文化，形成文化产品。

这种文化产品通过营销环节到达消费者手中，既完成了文化传播的使命，同时也实现了财富的增值。而通过文化生产实现增值的财富，也同时具有了某种文化特性。

“文化·创意·财富”，三个词组精准地点出了文化产业的核心要素，同时也自然地包含了三者循环互动的生成关系，凸显了“文博会”作为文化盛宴、创意天地和融资平台的三大功能；纲举目张，多维尽开，为“文博会”乃至文化产业的发展，营造了一个无限延展而又生生不息的辽阔空间。

主要参考文献

1. 胡惠林：《文化产业概论》，昆明，云南大学出版社，2005。

2. 胡惠林：《中国文化产业政策文献研究综述 1999—2009》，上海，上海人民出版社，2010。

3. 金元浦：《中国文化概论（第二版）》，北京，中国人民大学出版社，2012。

4. 欧阳坚：《文化产业政策与文化产业发展研究》，北京，中国经济出版社，2011。

5. 王育济、齐勇峰、侯样祥、韩英：《中国文化产业学术年鉴 1979—2002 年卷》，济南，山东大学出版社，2009。

6. 王育济、齐勇峰、侯样祥、韩英：《中国文化产业学术年鉴 2003—2007 年卷》，北京，文化艺术出版社，2009。

7. 王育济、齐勇峰、侯样祥、韩英：《中国文化产业学术年鉴 2008 年卷》，北京，文化艺术出版社，2009。

8. 熊澄宇：《世界文化产业研究》，北京，清华大学出版社，2012。

9. 花建等：《文化产业竞争力》，广州，广东人民出版社，2005。

10. 陈少峰、朱嘉：《中国文化产业十年》，北京，金城出版社，2010。

11. 李向民《中国文化产业史》，长沙，湖南文艺出版社，2006。

12. 欧阳友权：《文化产业通论》，长沙，湖南人民出版社，2006。

13. 祁述裕：《中国文化产业发展战略研究》，北京，社会科学文献出版社，2008。

14. 蔡尚伟、温洪泉等：《文化产业导论》，上海，复旦大学出版社，2009。

15. 李思屈、李涛：《文化产业概论》，杭州，浙江大学出版社，2007。

16. 李怀亮、刘悦笛：《文化巨无霸——当代美国文化产业研究》，广州，广东人民出版社，2005。

17. 顾江：《文化产业规划案例精析》，南京，东南大学出版社，2008。

18. 程恩富、顾钰民：《文化经济学》，天津，南开大学出版社，2007。
19. 宫承波：《新媒体的多维审视》，北京，中国广播电视出版社，2008。
20. 蒋宏、徐剑：《新媒体导论》，上海，上海交通大学出版社，2006。
21. 张胜冰、徐向昱、马树华：《世界文化产业概要》，昆明，云南大学出版社，2006。
22. 王国荣：《信息化与文化产业》，上海，上海文化出版社，2004。
23. 吴予敏：《传播与文化研究》，北京，北京大学出版社，2007。
24. 毕佳、龙志超：《英国文化产业》，北京，外语教学与研究出版社，2007。
25. 孙又中等：《美国文化产业》，北京，外语教学与研究出版社，2007。
26. 侯聿瑶：《法国文化产业》，北京，外语教学与研究出版社，2007。
27. 汤莉萍、殷瑜、殷俊：《世界文化产业案例选析》，成都，四川大学出版社，2006。
28. ［美］尼葛洛庞蒂著，胡泳、范海燕译：《数字化生存》，海南，海南出版社，1997。
29. ［美］赫斯蒙德夫：《文化产业》，北京，中国人民大学出版社，2007。
30. ［英］保罗·杜盖伊：《做文化研究——索尼随身听的故事》，北京，商务印书馆，2005。
31. ［加］马歇尔·麦克卢汉：《理解媒介》，北京，商务印书馆，2009。
32. ［美］霍尔：《文化：社会学的视野》，北京，商务印书馆，2009。
33. ［美］尼尔·波兹曼：《娱乐至死》，广西，广西师范大学出版社，2009。
34. ［意］艾柯、［法］卡里埃尔著，吴雅凌译：《别想摆脱书：艾柯、卡里埃尔对话录》，广西，广西师范大学出版社，2010。
35. ［美］罗伯特·达恩顿著，熊祥译：《阅读的未来》，北京，中信出版社，2011。
36. ［英］维克托·迈尔-舍恩伯格、肯尼思·库克耶著，盛杨燕、周涛译：《大数据时代：生活、工作和思维的变革》，杭州，浙江人民出版社，2012。
37. ［英］尼尔·麦格雷戈著，于燕译：《大英博物馆世界简史》，北京，新星出版社，2014。

后　　记

2004年，教育部在山东大学等国内四所高等院校首设文化产业管理专业，山东大学于当年招收的首届文管专业学生所修的第一门专业课就是“文化产业概论”。当时，全国还没有一本“概论”的教材。因而，边收集资料边编写讲稿，就成了这本“概论”的最初开端。在资料收集的过程中，学院启动了《中国文化产业学术年鉴》的编撰工作，这一方面使我们的授课始终占有大量的资料和信息，同时也为这本教材的写作打下了坚实的基础。

2006年，山东省人民政府举办首届山东（国际）文化产业博览会，山东大学文管专业的师生直接参与了首届“文博会”的筹备、宣传等各项工作。其间，围绕着山东大学王育济教授提出的“文化、创意、财富”这一“文博会”主题词，我们专门组织召开了两次校内小型研讨会，这两次研讨会直接奠定了这本教材的基本框架。

自山东大学文化产业管理专业设置以来，曾先后有多家出版社向我们约稿。在前来咨询专业设置等问题的国内近40所高校中，也有很多学校建议山东大学能出版一套文化产业的本科基础教材。我们认为，作为学科建设来说，文化产业在国内还刚刚起步不久，它的奠立和成长都需要一个过程，它的学术定位、学科规范、内涵与外延以及专业的归口等等都要求我们做深入的研究和探讨，只有做足这样一门功课，才能“久久见功”，夯实这个学科的基础，这也是这本《文化产业概论》自2004年启动，历经八年方才出版的主要原因。希望此书的出版可以将我们八年来的心得、体会与大家分享和交流。但由于水平所限，缺漏之处在所难免，还望读者不吝指教。

福建人民出版社对于本书的出版提供了大力支持，在此，对福建人民出版社和给予本书审稿、编校的各位编辑表示由衷的谢意！山东大学的章军杰、陈少锋、孙克、齐一放、何晓倩等同学参与了本书的相关工作，感谢他们的付出！本书写作过程中，我们也参考了国内外相关论著，对各位专家学者给予我们的智力支持表示感谢！

韩英　付晓青

2012 年 2 月

图书在版编目（CIP）数据

文化产业概论/韩英，付晓青编著．—2版．
—福州：福建人民出版社，2016.11
高等院校文化产业基础教材
ISBN 978-7-211-07491-4

Ⅰ.①文… Ⅱ.①韩…②付… Ⅲ.①文化产业—高
等学校—教材 Ⅳ.①G114

中国版本图书馆CIP数据核字(2016)第270282号

文化产业概论(第二版)
WENHUA CHANYE GAILUN

作　　者：韩　英　付晓青
责任编辑：黄须友
出版发行：海峡出版发行集团
　　　　　　福建人民出版社　　　　　　**电　　话**：0591-87533169(发行部)
网　　址：http://www.fjpph.com　　　**电子邮箱**：fjpph7211@126.com
地　　址：福州市东水路76号　　　　**邮政编码**：350001
经　　销：福建新华发行（集团）有限责任公司
印　　刷：福州万达印刷有限公司
地　　址：福州市仓山区金山大道618号桔园洲工业园19号楼
开　　本：787毫米×1092毫米　1/16
印　　张：16.5
字　　数：268千字
印　　数：3001—6000
版　　次：2016年11月第2版　　　2016年11月第1次印刷
书　　号：978-7-211-07491-4
定　　价：33.00元

本书如有印装质量问题，影响阅读，请直接向承印厂调换
版权所有，翻印必究